Herrad Schenk

Das Haus, das Glück und der Tod

Herrad Schenk

Das Haus, das Glück und der Tod

Verlag C. H. Beck München

Die Deutsche Bibliothek – CIP-Einheitsaufnahme

Schenk, Herrad:
Das Haus, das Glück und der Tod / Herrad Schenk. – München :
Beck, 1998
ISBN 3 406 44101 7

ISBN 3 406 44101 7

Gesamtherstellung: Freiburger Graphische Betriebe, Freiburg
Gedruckt auf säurefreiem, alterungsbeständigem Papier
(hergestellt aus chlorfrei gebleichtem Zellstoff)
Printed in Germany

Für Leonhard und Simone
und alle Freunde, die sich erinnern

Inhalt

DAS HAUS

Die Nacht 11 ✦ Das Haus 12 ✦
Haus- und Grundbesitzer 17 ✦ Der Holunder 19 ✦
Brecheisen 21 ✦ Das zerbrochene Paradies 28 ✦
Schuttwannen 30 ✦ Die Dreiseitenhofanlage 40 ✦
Sommer 44 ✦ Stillstand 48 ✦ Der Zustand des
Fachwerks 53 ✦ Talsohle 55 ✦ Memento mori 58 ✦
Wiederaufbau 61 ✦ Das Unzeitgemäße 69 ✦
Endspurt 72 ✦ Der Trost der Tiere 76 ✦ Der
Ochsenkopf 80 ✦ Einzug 85 ✦ Umzüge 93

DAS GLÜCK

Traumleben 99 ✦ Nachbarschaftlicher
Umtrunk 105 ✦ Nie wieder Frühling 110 ✦
Ausgrabungen 116 ✦ Achterbahn 122 ✦
Die Botschaften der Träume I 127 ✦ Unverschämt
glücklich 130 ✦ Die zweite Bauphase 134 ✦ Aber auch
Angst 136 ✦ Abenddämmerung 141 ✦ Das
Apfelbaumfest 147 ✦ Innerer Umbau 154 ✦ Die
Botschaften der Träume II 162 ✦ Winter 164

DER TOD

Die Jahreszeitenuhr 175 ✦ Die Boten des Todes 181 ✦ Die Alemannengräber 188 ✦ Die Sprache der Hühner 195 ✦ Advent 203 ✦ Weihnachten 211

DAS HAUS

Die Nacht

DIE Nacht hier ist so dunkel, wie sich das wohl niemand von den Freunden in der Stadt vorstellen kann.

Bevor ich zu Bett gehe, setze ich die Katzen vor die Tür, die dann auch gleich, nach kurzem Lauern, mit gespitzten Ohren zielstrebig im Dunkeln verschwinden. Sie gehen ihren Geschäften nach, denke ich dann, Katzenstammtisch, das eine oder andere Date vielleicht. Ich weiß immer noch nicht, welchen Kater die schwangere Klio zum Vater ihrer Kinder erwählt hat – trifft sie ihn noch? Gehen sie freundschaftlich miteinander um? Jedenfalls haben meine Katzen in der Nacht ihre eigenen Verrichtungen, und ich bin bis zum nächsten Morgen, wenn sie geduldig vor der Hintertür ihr Futter erwarten, abgeschrieben. Ich verschließe für die Nacht die Kellertür und die Tür zur Brennkammer, das ist das Abendritual noch aus guten Zeiten, und sehe zum Mond auf.

Es ist oft sternklar in diesen Tagen, und der Himmel breitet sich über dem Hof wie eine Landkarte aus. Jupiter. Der Große Wagen. Die Milchstraße ein Nebelstreif und der sich rundende Mond, der über mein Scheunendach dahinsegelt. Ich kenne nicht viele Sternbilder, und das wenige, das ich weiß, habe ich von W. – leider habe ich kaum etwas behalten. Alles dahin, nur die Stille ist geblieben. „Willkommen, silberner Mond, schöner stiller Gefährte der Nacht ..."

Um mich herum ist eine große gesammelte Stille, in der sogar der Wind den Atem anhält. Die Schleiereule kommt erst später, zwischen Mitternacht und drei Uhr morgens – und da fällt mir auf, daß ich sie schon einige Zeit nicht mehr gehört habe. Es mag daran liegen, daß ich jetzt wieder besser schlafe, aber vielleicht hat sie auch den Winter nicht überlebt. Im vergangenen Jahr hatte sie zeitweilig in unserer Scheune Quartier genommen, wohl aus einer anderen in der Nachbarschaft vertrieben, die man abgerissen hatte. Jedenfalls fand ich immer wieder Kot und Gewölle. Von Angesicht habe ich sie nur einmal gesehen, als ich spätabends zu ungewohnter Zeit in die Scheune trat; sie saß oben auf dem Balken vor dem Fensterloch und sah mich aus ihrem silbrigen Maskengesicht an, bevor sie ohne Eile die Flügel ausbreitete und durch die Luke im Nordgiebel davonflog, geheimnisvoll und majestätisch, ein Wesen aus einer anderen Welt. Sonderbarerweise schien sie mir auch unverletzlich, als könne niemand und nichts ihr etwas anhaben. Um so mehr wird sie mir fehlen, wenn sie nun wirklich fort ist, denn ihre nächtlichen Schreie wie der Ton einer altmodischen rostigen Nähmaschine waren oft das einzige, wenn ich wach lag und mich fragte, warum ich noch lebe. Bleiben mir immer noch die Fledermäuse, wenn ich in den langen Sommernächten draußen sitze.

Das Haus

ICH weiß nicht, ob ich an Vorzeichen glaube. Viele Dinge fallen einem nachträglich ein, dann ist es leicht sich einzubilden, bestimmte Ereignisse hätten auf andere, ihnen später folgende hingewiesen.

Auf jeden Fall war die Begegnung zwischen uns und dem Haus schicksalhaft. Wir waren auf der Suche nach einem Haus, das ist wahr, aber wir suchten keineswegs dringend, wir hatten uns gerade erst verständigt, daß wir irgendwann in der Zukunft, wenn sich gewisse berufliche Umstände für W. geklärt hätten, in dieser Gegend eine Wohnung oder ein Haus kaufen wollten. Es bestand jedoch keine Eile, im Gegenteil, es war geradezu leichtsinnig, an Kaufen zu denken, bevor sich die Dinge geklärt hatten. Wir wohnten damals in Freiburg in einer nur vorübergehend gemieteten Zweitwohnung und wußten noch gar nicht, ob W. nicht in Kürze nach Bonn würde zurückgehen müssen, wo sich in einer anderen kleinen Übergangswohnung und der dazugehörigen Garage der größte Teil unserer Möbel und Bücher befand. Wir hatten, weil es uns im Südwesten Deutschlands so gut gefiel, lediglich über die fernere Zukunft zu phantasieren begonnen: daß wir in zehn Jahren, wenn er pensioniert sei, lieber hier als wieder im Norden leben würden und lieber auf dem Dorf als in der Stadt. Wir erlaubten uns auch Gedanken wie: Wenn wir sicher wissen, daß dein Arbeitsvertrag hier noch ein paar Jahre verlängert wird, dann könnten wir es vielleicht bald riskieren, uns dauerhaft niederzulassen, eine Perspektive von drei oder fünf Jahren würde reichen, ein paar weitere Jahre könnte man zur Not pendelnd überbrücken, das machen andere auch; vorübergehend ließe es sich aushalten.

Daß wir im Spätsommer ein paar Makler anriefen und uns unverbindlich Angebote zuschicken ließen, hatte auch etwas mit dem Sterben meiner Mutter zu tun. Ihr qualvolles Dahinsiechen hing wie eine Wolke über dem sonst vollkommenen Sommer. Ich war in Gedanken oft bei ihr, obwohl sie vierhundert Kilometer entfernt lebte und ich sie nur alle zwei bis drei Wochen besuchen konnte. Ihr nahender Tod war zwischen den leuchtenden Blumen, im flirrenden Sonnenlicht, immer präsent, und ich glaube, W. schlug auch deswegen häufig vor, an den Wochenenden über Land zu fahren, uns verschiedene Dörfer und verkäufliche Häuser anzuschauen. Es sollte einen Gegenakzent setzen, mir einen Ausblick in die Zeit danach eröffnen, Hoffnungspünktchen, Lichtstrahlen, die den grauen Schleier durchdringen. Wir sagten uns, es gehe darum, einen groben Überblick über den Immobilienmarkt zu bekommen, denn wir hatten keine Ahnung. Erst einmal ganz allgemein herausfinden, was für Objekte man für wieviel Geld in dieser Gegend überhaupt erwerben könne. Für eine so wichtige Entscheidung müsse man sich Jahre Zeit nehmen, sagten wir, inzwischen könne man die Orientierungsphase einfach unter dem Gesichtspunkt schöner Ausflüge genießen.

Das Haus begegnete uns zum ersten Mal an dem Wochenende, an dem ich meine Mutter zum letzten Mal lebend gesehen hatte. Ich kehrte an diesem Samstag nach Hause zurück, müde von vielen Nachtwachen, noch tiefer erschöpft und aufgewühlt zugleich von widersprüchlichen Gefühlen. Es war schwer mitansehen zu müssen, wie sie sich an der Schwelle zwischen Leben und Tod festklammerte, obwohl sie sich selbst nicht und niemand sonst mehr sie auf dieser Seite noch halten konnte. Sie war in diesen letzten Tagen nurmehr ein Händchen voll Mensch, bestand eigentlich nur noch aus Schmerzen und der Angst vor der Ungewißheit des Übergangs, zugleich tapfer und jämmerlich, pathetisch und gehetzt. Ich spürte schmerzlich, wie mein sonst enger Kontakt zu ihr schwächer wurde, daß ich sie nicht weiter begleiten konnte. Wir Schwestern wechselten uns mit der Pflege ab, und ich war nach meiner Woche buchstäblich fortgestürzt. Gewiß, ich mußte nach Hause zurück, es war so verabredet und ich hatte schließlich auch zu arbeiten, aber ich empfand meine Abreise doch als feige Flucht.

Als W. mich mit dem Auto am Bahnhof abholte, schlug er eine kleine Rundfahrt vor, zur Ablenkung, unter anderen Objekten stand auch das Haus auf seiner Liste, „älteres Anwesen, 17. Jahrhundert, denkmalgeschützt, renovierungsbedürftig“, das an diesem Samstag in der Zeitung angeboten war. Das klang romantisch, wir wollten auch am liebsten ein altes Haus, aber solche Umschreibungen deuten in der Regel auf Ruinen hin, zumal wenn der Kaufpreis, wie in diesem Fall, erschwinglich schien. Man kann es sich ja mal von außen ansehen, die Wohnlage. W. hatte gar nicht erst den Makler wegen eines Termins bemüht. So verfuhren wir meistens, da es uns ohnehin noch nicht ernst war; es war eigentlich mehr ein Tändeln mit Möglichkeiten: Wie würde unser Leben aussehen, wenn wir hier oder dort wohnen würden?

An diesem Tag war mir allerdings gar nicht zum Spielen zumute. Ich war in mich gekehrt, wie umnebelt saß ich neben ihm im Auto, an einem leuchtenden Nachmittag Ende August.

Das Haus stand unbewohnt in der Spätsommersonne, der Hof war unkrautüberwuchert und verlassen. Es schaute uns aus dunklen nachdenklichen Augen an, hockte da, gedrungen und solide, quadratisch das Fundament, darauf der hohe Spitzgiebel. Im rechten Winkel schlossen sich die Nebengebäude an, Schopf und Scheune, zusammen bildeten die Gebäude einen u-förmigen Innenhof, von der Straße her nicht einzusehen.

Wir umschlichen das Anwesen wie Einbrecher. An der Nordseite konnten wir die Nasen an die Fensterscheibe drücken und in einen großen Raum mit niedriger Decke spähen, dunkle Holzbalken, verheißungsvoll. Verlassene Häuser sind immer voller Geschichten.

Das Haupthaus, Wohnhaus, war vor nicht allzu langer Zeit gestrichen worden, so daß es von außen einen gefälligen Eindruck machte, aber die Ökonomiegebäude wirkten vernachlässigt. Hinten im Innenhof klebte ein scheußlicher unverputzter Anbau wie ein Geschwür am Wohnhaus. „Den würden wir als erstes abreißen." Wir redeten oft so, es gehörte zum Spiel. Eine Katze döste auf den ausgetretenen Steinstufen der Hintertreppe. „Hier würden wir in der Abendsonne sitzen und lesen." Sie blinzelte, als sie uns kommen sah, sprang auf und verdrückte sich unter dem Scheunentor. Es war keine Menschenseele zu sehen, auch nicht auf dem benachbarten Grundstück. Wir waren mit unserem zukünftigen

Haus allein. Vielleicht war in dieser ersten Begegnung schon alles enthalten: das Glück und der Tod.

Das Anwesen erschien uns verwunschen: verträumt, verwahrlost, auch ein bißchen unheimlich, mit seinem großen düsteren Scheunentor, den dicken Bruchsteinmauern aus gelblichem Sandstein, den warm dunkelrot glühenden Ziegeldächern. Jedenfalls war es ein Wesen mit einem Eigenleben. Es hob sich unverwechselbar von den vielen gesichtslosen Neubauschachteln ab, die wir schon besichtigt hatten. Hier wartete Geheimnis und Möglichkeit. Es döste in der Sonne und brütete und hütete in seinem Gemäuer alte Geschichten. Es sah uns an und wartete. Wir sahen einander an.

„Wenn wir irgendwann mal etwas kaufen sollten, dann stelle ich es mir so ähnlich vor", sagte ich, und W. erwiderte vorsichtig: „Das habe ich auch gedacht."

Wir stöberten noch eine Weile, ganz versunken. Ich bemerkte an den Rändern des Innenhofs Kräuter: Lavendel, Minze, wilder Majoran. In einem üppigen Salbeibusch krabbelten hunderte von Feuerwanzen, ihre brennend rot und schwarz gezeichneten Rückenschilder leuchteten in der Sonne. Daneben wucherte ein verwilderter alter Rosenstock, der dicke Hagebutten trug. Ich dachte an die langen Sommernachmittage der Kindheit, an Juckpulver und Hagebuttenmarmelade. „Ich glaube, in dieser Ecke war mal ein Küchengarten."

Die Lage am Rande des alten Ortskerns nahm uns für das Haus ein, auch die Tatsache, daß das Dorf umher sich noch eine gewisse Ursprünglichkeit bewahrt hatte. Es schien ein wenig abseits der Welt, kam meinem Bedürfnis, mich zu verkriechen, entgegen. Drei Häuser weiter oberhalb begannen die Weinberge, und noch etwas höher, hinter den Weinbergen, säumte vor blauem Himmel Mischwald die Hügelkuppen.

„Jetzt wissen wir immerhin, daß man in der Gegend noch etwas anderes bekommen kann als diese langweiligen Neubauten", sagten wir, als wir davonfuhren, die Bilder im Kopf.

Haus- und Grundbesitzer

ANFANG September starb meine Mutter. Wenig später entschieden wir uns, das Haus zu kaufen. Zu Beginn des neuen Jahres wurden wir offiziell seine Eigentümer.

Wir hatten uns selbst und anderen jahrzehntelang versichert, daß Eigenheime spießig seien. Wir wollten frei sein, Nomaden mit leichtem Gepäck im Lande der Ideen und Phantasien, an niemanden und nichts gebunden. Dieses Gefühl änderte sich erst in den letzten Jahren, und nun entdeckte ich in meinem Spott über die Hauseigentümer auch verkappten Neid, weggedrängte Sehnsucht nach Heimat und Zugehörigkeit. Doch wir hatten noch immer Angst, nicht nur vor der schwerwiegenden finanziellen Belastung, sondern auch vor längerfristiger Bindung, vielleicht sogar vor der Endgültigkeit.

Wir hatten einander nach der Besichtigung des Hauses mehrfach erklärt: Wir kaufen es nicht. Es ist gewiß etwas besonderes, aber es wäre mehr als unvernünftig, es ist noch viel zu früh für einen so schwerwiegenden Schritt, und außerdem weiß man ja, wie problematisch alte Häuser sind.

Vier Wochen später stand die Anzeige wieder in der Zeitung: „Älteres Anwesen, 17. Jahrhundert, Renovierung nur in Absprache mit dem Denkmalamt."

Wir verständigten uns: „Das hat doch etwas zu bedeuten. Mit dem Haus muß doch etwas faul sein." Das Ergebnis war, daß wir mit dem Makler eine Besichtigung vereinbarten, um einen Blick in sein Inneres tun zu können.

Nach dem Maklertermin, der ausgiebigen Inspektion auch der Nebengebäude, die rundherum in einem desolaten Zustand waren, fühlten wir uns in unserer vernünftigen ersten Reaktion bestätigt: die Finger davon zu lassen. „Viel zu riskant" (W.). „Wir haben es ja auch nur angeschaut, um klarer zu sehen, was wir uns wünschen" (ich). „Allerdings ist es einigermaßen preiswert, für diese Gegend“ (W.). „Aber gerade deswegen verdächtig, wahrscheinlich ein Faß ohne Boden“ (wir beide). „Es wäre etwas anderes, wenn wir jetzt schon wüßten, ob mein Arbeitsvertrag hier verlängert wird“ (W.).

Ich mußte wieder einmal beruflich verreisen. Unterwegs erzählte ich meiner ältesten Schwester von unserer Liebäugelei mit dem Haus wie von einer verrückten Anfechtung, der wir widerstanden hatten. Doch zu meiner Verwunderung begrüßten Schwester und Schwager, sonst nicht leichtsinnig in finanziellen Angelegenheiten, die Idee. „Kauft es doch“, sagten sie, „wir könnten euch auch, falls nötig, vorübergehend etwas Geld leihen.“ Meine Schwester, noch angeschlagen vom Tod unserer Mutter, wollte mich beheimatet wissen, das rührte mich. „Es ist noch zu früh“, erwiderte ich. Ich traute meinen Ohren nicht, als W. am selben Abend anrief: „Was meinst du, sollten wir es nicht doch tun? Wenn du einverstanden bist, will ich morgen den Vorvertrag unterschreiben.“

Der Makler hatte ihm mitgeteilt, daß der Verkäufer mit dem Preis noch einmal um 50.000 DM heruntergehen würde, wenn wir uns innerhalb der nächsten drei Tage entscheiden könnten. Er wolle nicht noch einmal annoncieren. „Sie sind in Zeitdruck. Erwarten ein Baby und brauchen das Geld, um etwas anderes zu kaufen.“ Wir würden dann 50.000 DM mehr für die notwendigen Reparaturen haben, das schien uns eine gewaltige Summe.

Natürlich hatten wir auch gefragt, warum die jungen Leute nicht selber dort einziehen wollten. Das Haus war ihnen zu altmodisch, die Zimmer zu klein, die Decken zu niedrig. Sie hatten es in größerem Stil umbauen wollen, doch das Denkmalamt hatte ihre Pläne kategorisch abgelehnt.

W. hatte zurecht vermutet, daß ich begeistert zustimmen würde. Es war genau das, was wir beide, gegen alle Vernunft, wollten.

Der Holunder

EINE Notiz aus meinem Tagebuch: „Als wir das erste Mal im Haus arbeiteten, besuchte uns eine kleine schwarze Katze, vermutlich aus der Nachbarschaft. Sie inspizierte neugierig das ganze Haus, strich durch die leeren Zimmer, sauste vor uns die Treppen hoch und versteckte sich auf dem Dachboden. Wir hatten Mühe, sie aufzustöbern und wieder herauszutreiben, bevor wir gingen. – Ein alter Volksglaube sagt, eine schwarze Katze in einem leeren Haus kündigt an, daß dort bald jemand sterben muß. Wir nahmen ihren Besuch als freundlichen Willkommensgruß."

Immerhin war das Haus schon mit dem Tod meiner Mutter verknüpft; mir war jedenfalls klar, daß das zeitliche Zusammentreffen kein Zufall war. Weil die Kindheit mit ihr endgültig versank, suchte ich neuen Boden unter den Füßen. Während ich in den folgenden Wochen mit meinen Schwestern ihre Hinterlassenschaft ordnete und aufteilte, vor allem Bücher und Papiere, einige Möbel, etwas Geschirr und Wäsche, dachte ich oft daran: Etwas ist zu Ende gegangen, und zugleich hat mit dem Haus etwas Neues begonnen. Das eine hängt mit dem anderen zusammen, Anfang und Ende, Tod und Neugeburt.

Die schwarze Katze habe ich übrigens nie wieder gesehen. Aber schon bei unseren ersten Streifzügen durch das Anwesen waren wir unter dem Schopf, zwischen Gerümpel, auf alte Grabsteine gestoßen. Einer gehörte dem Kind Anna Mayer, das nur ein knappes Jahr gelebt hat, von 1880 bis 1881. Der andere war der Sockel zum Grabdenkmal ihres Vaters German, den W. und ich unter uns nur „den früh Entrissenen" nannten. Dieser Sockelstein trägt nämlich vier Zeilen eingemeißelt: „Ein stilles Grab umschließet deine Hülle./ Zu früh entriß des Schicksals Macht uns dich./ Nur tröstet uns, es war so Gottes Wille/ Ins bessre Jenseits rief er dich zu sich." Auf der Schmalseite war das Jahr 1888 zu lesen und der Zusatz „gewidmet von dessen Gattin und Kindern". Wer der früh Entrissene war, fanden wir erst später heraus, im Jahr nach unserem Einzug, als wir die Vorgartenmauer erneuern ließen und dabei auf den Grabstein stießen, den der Sockel einst getragen hatte: „German Mayer. Geboren 1843. Gestorben 1888." Sie hatten ihn einfach mit eingemauert.

Im Holunder wohnen die beschützenden Hausgeister. Im „Handwörterbuch des deutschen Aberglaubens" kann man nachlesen, daß es Unglück bringt, wenn man einen Holunder verstümmelt, und daß derjenige, der einen Holunder fällt, bald sterben muß. W. hat vier Holunder gerodet: einen vor dem Haupteingang, zwei auf der Nordseite des Anwesens, an der Scheune und beim Küchenfenster, und einen im Innenhof neben dem Wassertrog. Der am Wassertrog ließ sich verhältnismäßig leicht bezwingen. Eigentlich hätte er sich an mir rächen müssen, denn es war meine Schuld, ich wollte dort einen Flieder; ein Holunder schien mir zu ordinär für einen so schönen Standort. Der vor dem Haupteingang war besonders zäh: Seine Wurzeln hielten, zwei Spatenstiche unter der Erdoberfläche, einen großen Steinklotz umklammert, und es half nur, den Stein vollständig auszugraben, ein sehr mühsames Geschäft. Wir bewahrten den behauenen Steinquader im Griff der Holunderklauen als Kunstwerk bei der Stalltür auf, aber das konnte die empörten Hausgeister anscheinend nicht besänftigen. Das Wurzelungetüm des Holunders beim Küchenfenster bekamen wir nur mit Hilfe eines Seils heraus, das an Nord-Nachbars Traktor gebunden wurde. Und der Holunder an der nördlichen Scheunenmauer war so mit den Bruchsteinen des Mauerwerks verwachsen, daß er noch aus der Wand ausschlug, als wir ihm schon unten die Erde abgegraben und die Füße durchgesägt hatten. Er hat sich danach erholt und lebt heute noch. Eigentlich gefiel er uns dort durchaus, aber wir befürchteten, daß er auf Dauer die

Mauer zerstört. Inzwischen habe ich einen anderen dicht davor gepflanzt, um den Teufel mit Beelzebub auszutreiben.

Der Holunder hat sich nach Kräften gewehrt, wir hätten es merken müssen.

In unserem zweiten Jahr trieb ein weiterer Holunder aus, den wir da stehenließen, wo er zu wachsen beschlossen hatte, am Zaun zum südlichen Nachbarn, gleich bei der Trockenmauer. Wenn ich den beschneide, was ich von Zeit zu Zeit tun muß, damit genügend Sonne auf das Gemüsebeet fällt, darf ich nie vergessen, mich bei ihm zu entschuldigen, wie es der alte Brauch vorschreibt.

Brecheisen

ANFANG Dezember erhielten wir die Schlüssel zum Haus. Der Voreigentümer hatte in der Scheune noch seinen Traktor und verschiedene Gerätschaften abgestellt, noch gehörte uns das Anwesen nicht offiziell, doch wir mußten hin und wieder vorbeifahren, wie um uns zu vergewissern, daß der Kauf auch wirklich stattgefunden hatte.

Zunächst einmal kamen viele organisatorische Aufgaben auf uns zu, die fremd und aufregend waren. Wir besichtigten das Haus mit sachkundigen Freunden und hörten mit roten Ohren ganz unterschiedliche und verwirrende Urteile über den Zustand der Bausubstanz und die erforderlichen Sanierungsmaßnahmen. Wir überprüften, zunächst noch hoffnungsvoll, den Stand unserer Finanzen und ließen uns von der Bausparkasse beraten. Wir sahen uns nach Handwerkern und einem Architekten um. Wir nahmen Kontakt mit dem Denkmalamt auf. Am meisten Spaß machte es, mit einer langen Einkaufsliste zum Baumarkt zu fahren und all das Werkzeug zu besorgen, daß wir jetzt bald unbedingt brauchen würden. Wir besaßen kaum handwerkliche Fertigkeiten, dennoch waren wir entschlossen, soviel wie möglich selber zu machen, um Geld zu sparen und auch, um unser Haus besser kennenzulernen. Schon der Besitz von Fäustling und Stemmeisen vermittelte ein Gefühl von Kraft und Kompetenz.

Wenn wir durch das Haus gingen, zogen wir immer wieder, hier und da, vorsichtig an den Tapeten, schlugen mit dem Zimmermannshammer verstohlen kleine Löcher in Balken und Wände. Die Neugier war unbezwingbar – wie mochte es dahinter, darunter aussehen? Wir konnten kaum erwarten, daß es endlich richtig losging. Die Fachwerkbalken im Innenbereich waren weitgehend verputzt, die alten Holzböden teils unter Linoleum, teils unter Tischlerplatten und festgeklebten Teppichböden versteckt. In welchem Zustand würden sie sein? Waren die Balken des Dachbodens hinreichend solide oder angefault?

Es war alles so aufregend. Man hatte mehrere Räume vor nicht allzu langer Zeit gestrichen und tapeziert, so daß sie einigermaßen manierlich, wenn auch etwas kleinbürgerlich wirkten. Alles war, nüchtern betrachtet, ziemlich klein und eng und roch muffig – verständlich, da das Haus inzwischen mehr als ein halbes Jahr leer stand. In einer Ecke des ersten Stockwerks war das Dach undicht, notdürftig mit einem Stück Folie ausgebessert, und der Boden darunter sah schon auf den ersten Blick bedenklich aus. In Schopf und Scheune gab es mehrere solcher Stellen, wo seit Jahren Regenwasser melancholisch in rostige Eimer tropfte.

Manchmal stand ich am Fenster des kleinen Südostzimmers im ersten Stock, das einmal mein Arbeitszimmer werden sollte, lehnte mich aus dem Fenster der Dachgaube, befühlte die sonnenwarmen, stellenweise bemoosten, angewitterten Biberschwanzziegel und schaute hinaus, zur Kapelle mit der vergoldeten Kuppel, zu den Rebhügeln, die über die Dächer stiegen, dem Waldkranz dahinter, und dachte daran, wie es wohl sein würde, wenn wir hier lebten. Es war wie der Versuch, sich im Winter den Sommer vorzustellen.

Wir stöberten in den alten Schränken, die noch im Haus herumstanden. Auch die Scheune war mit Trödel gefüllt. Unter der Treppe fanden wir ein altes schmiedeeisernes Grabkreuz, von eisernem Weinlaub umrankt, metergroß, die Christusfigur war ehemals vergoldet gewesen, der Goldüberzug bis auf wenige Spuren abgeblättert. Zwischen einem Haufen von Lumpen stießen wir auf einen kleinen Gedenkstein, den ein gewisser Fridolin Mäyer (das „a" ein Umlaut) im Jahre 1858 seiner verstorbenen Frau gewidmet hatte. Immer wieder das Memento mori, die Erinnerung an den Tod. Der Familie Mayer, Winzer und Steinhauer, hatte unser Haus zweihundert Jahre lang gehört.

Zweihundert Jahre Familiengeschichte, aber das Wohnhaus in seinen jetzigen Mauern war mindestens doppelt so alt, der Keller noch viel älter, erfuhren wir bei der ersten Begehung mit dem Denkmalamt, 15., möglicherweise sogar 14. Jahrhundert. Wir nahmen staunend immer mehr solcher ehrfurchtgebietender Informationen zur Kenntnis. Im Keller atmete man die Jahrhunderte, sie krochen aus dem gewaltigen unverputzten Mauerwerk, Stein um Stein sorgfältig aufgeschichtet, als habe man keinerlei Bindemittel benötigt, sie steckten im gestampften, leicht gewölbten Lehmlößboden, den man wie Dielen sauber fegen konnte. In den kleinen Wandnischen mit den Sandsteinplatten als Ablage hatten frühere Bewohner vielleicht schon während des Dreißigjährigen Krieges ihren Kienspan abgestellt, wenn sie Kartoffeln holen gingen, die im Haufen in der Ecke lagerten, oder in Sand eingemietete Karotten, alles unter derselben hohen alten Eichenbalkendecke.

Allerdings waren drei der mächtigen tragenden Balken angerissen, häßliche Querrisse, die wir erst nach dem Kauf entdeckten. „Der Schornstein, der nachträglich vom Erdgeschoß aus errichtet wurde, steht an falscher Stelle und drückt mit seinem Gewicht auf die Kellerdecke", lautete das Votum der Experten. Man müsse sie mit Pfosten stützen, auch den Schornstein abreißen und vom Keller, vom Erdboden aus, neu errichten.

Aufregende, auch beunruhigende, immer neue Informationen. Das Ausmaß der Sanierungsarbeiten, die auf uns zukommen würden, begann uns allmählich Angst zu machen, aber zugleich wurde immer deutlicher, daß wir wirklich ein besonderes Haus gekauft hatten, das Achtsamkeit und eine respektvolle Renovierung verdiente.

Das Jahr, in dem wir offiziell Hauseigentümer wurden, begann mit kleineren Katastrophen. Wir waren während der Weihnachtsferien in Bonn gewesen und kehrten in der zweiten Januarwoche nach Freiburg zurück. Zum Jahreswechsel hatte es Frost gegeben, acht Tage lang, aber an den Heiligen Drei Königen kletterte die Temperatur plötzlich rasch auf fünfzehn Grad, eine unnatürlich milde Witterung für die Jahreszeit, begleitet von heftigen Stürmen. „Auf dem Schauinsland müssen sie sich jetzt gut festhalten", sagten die Leute. W. hatte dienstlich in Wien zu tun und reiste gleich nach unserer Rückkehr weiter; ich sollte den inzwischen fertiggestellten Bauantrag so bald als möglich bei der Gemeindeverwaltung abgeben.

Ich fuhr mit gemischten Gefühlen, nachdem ich ihn an den Zug gebracht hatte. Wir hatten das Haus jetzt drei Wochen lang sich selbst überlassen. Ich war auch noch nie allein dort gewesen. In meine zugleich feierlichen und ängstlichen Gefühle mischte sich ein elementares Bedürfnis. Sobald ich das Auto in der Hofeinfahrt geparkt hatte, rannte ich zum Klo, das in dem häßlichen kleinen Anbau untergebracht war, ohne nach rechts und links zu schauen. Als ich mit großer Erleichterung abziehen wollte, gab die Wasserspülung nur ein paar krächzende Laute von sich. Kein Wasser – und natürlich wurde mir sogleich klar, was das bedeutete: Wasserrohrbruch. Ich bemerkte dann auch, was mir zuvor in der Eile nicht aufgefallen war, daß der Heißwasserboiler im Badezimmer geplatzt sein mußte. Jedenfalls war rundum die Emaillefarbe abgeblättert, und am Boden stand eine große Wasserlache.

Voller Panik machte ich mich auf die Suche nach dem zentralen Wasserhahn. Bedrohliche Kindheitserinnerungen stiegen auf, Rohrbrüche im alten Haus meiner Großmutter, wo Wasserschwälle die Treppen herabstürzten und die Erwachsenen kopflos umherliefen, bis jemand den Haupthahn im Keller fand. Mein erster Gedanke war: Flucht. Einfach wegfahren, die Dinge sich selbst überlassen, bis W. in drei Tagen wieder zurückkommt.

Aber ich zwang mich, mit der Taschenlampe in den Keller zu steigen. Der schöne runde Sandsteinbogen des Kellereingangs verschwand ganz unter dem Betonfundament des häßlichen Anbaus. Die Wasserleitungen verliefen abenteuerlicherweise außen an der Hauswand, oberhalb der Kellertür. Sie waren zu Isolierungszwecken aufs scheußlichste in alte Bettücher und Lumpen gehüllt, die sich feucht anfühlten. Im Keller hatte Wasser gestanden, das bereits im Erdboden versickert war, man sah es an der breiten dunklen Spur, die sich bis in den hinteren Teil des Raumes zog. Ich stand mit der Taschenlampe vor dem Gewirr der Leitungen und rostigen Hähne, kleine und große, und wagte nicht, an einem von ihnen zu drehen – wer weiß was dann passieren würde? Immerhin betastete ich sie mit der Hand. Da nichts mehr tropfte, beschloß ich, die Sache auf sich beruhen zu lassen, und ich verließ fluchtartig das Terrain.

Kaum war ich zurück in der Wohnung, klingelte das Telefon. „Sie hatten einen Wasserrohrbruch", verkündete der Voreigentümer. Er habe schon mehrfach bei uns anzurufen versucht. Die südliche Nachbarin hatte am Vortag ein merkwürdiges Rauschen gehört und ihren Mann herübergeschickt, damit er nachschaue. „Das lief so schnell, da hätten Sie nicht hinterherlaufen können." Der Nachbar hatte den Wassermeister benachrichtigt und der hatte den Haupthahn abgedreht. Ich bedankte mich, erleichtert, daß ich nichts mehr zu unternehmen brauchte.

Hatten wir also kein Wasser im Haus. Als W. wieder bei mir war, schien es längst nicht mehr so unheimlich und dramatisch. Macht nichts, erklärten wir, da es nun einmal geschehen ist; es lohnt auch nicht, das Rohr zu reparieren, da ohnehin alle Leitungen neu gelegt werden müssen. Kein Schaden, wenn die Lumpenkonstruktion über dem Kellertorbogen so rasch wie möglich verschwindet. Holen wir eben das Wasser, das wir im Laufe der Bauarbeiten brauchen, aus dem Keller!

Ähnlich gelassen reagierten wir, als ich wenig später bei Abrißarbeiten im Wohnzimmer mit dem Zimmermannshammer versehentlich ein zentrales Stromkabel erwischte. Es gab eine Stichflamme und danach keinen Strom mehr im ganzen Haus. W. fand den Sicherungskasten unter der Treppe und schaltete alle Sicherungen aus. Macht nichts, erklärten wir nach dem ersten Schock fröhlich. Auch die Elektroleitungen sollten ja vollständig neu verlegt werden. Arbeiten wir eben ein paar Tage nur bei Tageslicht, bis der Elektriker den Baustellenanschluß für den Strom in der Scheune gerichtet hat!

Später erfuhren wir vom Elektriker, daß wir großes Glück gehabt hätten: Trotz der ausgeschalteten Sicherungen hätte es leicht zu einem Schwelbrand kommen können, in dem alten Haus, mit dem vielen trockenen Holz. In dieser Phase waren wir, was solche kleineren Dramen betraf, einigermaßen unbekümmert. Es gab inzwischen so viel größere Sorgen und Ängste, deretwegen wir schon laut im Wald pfeifen mußten. Wir hatten also Strom in der Scheune und schafften uns eine große Kabeltrommel an. Wir hatten Wasser im Keller, und bis im Frühjahr das Baustellen-WC für die Zimmerleute angeliefert wurde, stand neben dem stinkigen kleinen Klo beim geplatzten Boiler nach guter Altvätersitte ein Wassereimer zum Spülen.

Die ersten Wochen, in denen wir im Haus arbeiteten, waren eine Zeit der Euphorie, voller Überschwang. Wir hatten Bärenkräfte, Freude an der körperlichen Arbeit, genossen selbst die Müdigkeit nach Stunden anstrengender Arbeit in Staub und Dreck. Wenn wir zum Haus fuhren, um Zwischenwände einzureißen, Putz abzuschlagen, alte Öfen auseinanderzunehmen, Deckenverschalungen herunterzuholen, Bauschutt zu schleppen und immer wieder zu sortieren und in Mulden zu kippen, an den Wochenenden, an manchen Abenden, dann nahmen wir den Weg über die Hügel und sangen. Wir fuhren nicht über die Schnellstraße im Tal, weil der etwas weitere Weg der viel schönere war und weil dort oben die Bäume so paradiesisch blühten. Wir nannten die blühende Hügellandschaft unseren Hintergarten, prahlten auch vor Freunden damit, die kopfschüttelnd unser Haus besichtigten.

Wir sagten zueinander: „Wir haben es getan! Wir haben es wirklich gemacht! Wir haben uns wahrhaftig getraut!" Und wir sangen: „The bear ran over the mountain – to see what he could see ..." Das ist jetzt unser Leben, sagten wir: herausfinden, was auf der anderen Seite des Berges wartet, nun da wir es gewagt haben, ins Unbekannte zu springen, mit Haut und Haar.

Der Frühling kam, die Kirschbaumblüte leuchtete weithin, Schaumwogen vor dem blauen Himmel. Auf unserem Grundstück gab es ein Amselpaar, offenbar alteingesessen, das sich bei der Familiengründung im Holunder nicht von Gewühl und Getrieb, nicht von rangierenden Autos und in die Mulde donnerndem Bauschutt stören ließ. Sie hüpften durch den Innenhof und warfen uns nur manchmal vom Scheunendach aus hochmütige Blicke zu, als wollten sie sagen: Guckt mal, wie die Neuen sich wichtig tun! Was wollt ihr überhaupt auf unserem Grundstück?

Dann kam der erste Absturz.

Das zerbrochene Paradies

ICH lebe in der Ruine meines zerbrochenen Paradieses. Nur daß die anderen keine Ruine sehen können. Sie sehen nur das schöne alte Haus, an dessen Südwand die Glyzinie wuchert, sie sehen den üppig blühenden Garten. „Wie in einem Märchen sieht es bei Ihnen aus", sagte neulich eine Frau aus dem Dorf, als sie die Straße heraufkam. Sie sehen die alte Scheune mit dem leinölgestrichenen Tor und den Biberschwanzziegeln in warmen Pastelltönen, sie sehen die dachwurzbewachsene Trockenmauer, die W. gebaut hat, und das Stalltor und die weißen und die roten Rosen, die sich um den bruchsteingemauerten Stützpfeiler der Scheune ranken, tiefes dunkles Rot vor gelblichem Sandstein, und das Kräuterbeet, wo sich zwischen Rosmarin und Salbei die Katzen in der Sonne räkeln unter dem ewigen Sommerhimmel des Markgräflerlandes.

Eine unwirkliche Schönheit, immer noch, aber unsichtbar dazwischen die Trümmer, die schwarzen Ruinen des ausgebrannten Hauses und ein stummes Schreien und lautloses Weinen, um die Wette mit dem Abendkonzert der Vögel, das ich manchmal daran ersticken könnte – an der Schönheit und dem Schmerz.

Die Schwalben sausen aus und ein, um im Nest unterm Schopfdach ihre Jungen zu füttern. Koriander schaut ihnen interessiert nach, sie hat sich auf die Hinterpfoten gestellt und wippt am untersten Zweig der Kiwi wie an einer Schaukel. Sie ist die schönste und wildeste der acht Wochen alten Kätzchen. Thymian ist die verständigste, Ysop mit dem Schmutznäschen die anhänglichste.

Manchmal erschreckt mich der Gedanke, daß ich mein Haus mehr liebe als alles andere auf der Welt; keinen Menschen liebe ich so sehr wie mein Haus. So etwas darf doch nicht sein, denke ich, Menschen müssen einem doch wichtiger sein als Sachen. Natürlich habe ich W., als er noch da war, mehr geliebt als das Haus. Da fällt mir eine Zeile aus einer Schnulze ein, die er manchmal sang: „Ich hab' dich lieb, Luana, ich habe ja nichts als dich und deine Liebe auf der Welt, ich darf dich nie verlieren ...", mit Inbrunst schmalzig, nach zwei, drei Gläschen Wein. Das war die Stimmung, in der er auch gern das Bein beim Treppensteigen nachzog, als ob es steif sei. Er tat es, weil es mich entzückte, daß er noch zu solchen Albereien fähig war, selbst in den Zeiten der Sorge noch. Und der Gipfel war es, wenn er mit zwei steifen Beinen die Stufen nahm – man muß das selber mal probiert haben, es ist wirklich nicht ganz einfach, und es brachte mich jedesmal auf die gewünschte Weise zum Lachen. Denn es war ein untrügliches Zeichen für gute Laune bei ihm.

„Ich hab' dich lieb, Luana." Hdl, sagten wir, kleine Geheimformel, hab-dich-lieb, ich-dich-auch, sagten wir. Mehr als alles in der Welt, sagte ich zu ihm, Beschwörungen, die wir in den ersten Jahren unseres Zusammenlebens nie zu benutzen gewagt hätten. Andere sagen sie sich am Anfang und später nie mehr, wir taten es immer öfter. Mehr als alles in der Welt, sagte ich ihm noch in der Nacht des Heiligen Abends, vor seinem Tod. Und er murmelte im Einschlafen: „Geht gar nicht. Muß heißen: am meisten von allem auf der Welt. Sonst bedeutete es, daß ich gar nicht in der Welt wäre." Manchmal war er ein Pedant.

Heutzutage liebe ich nur mein Haus. Natürlich habe ich manche meiner Freunde sehr gern. Vielleicht sind sie, alle zusammengenommen, jetzt ebenso wichtig für mich – aber keine einzelne Person ist für mich mehr so bedeutsam wie das Haus. Vage ahne ich auch warum: Es ist etwas wie ein gemeinsames Kind, W. lebt für mich darin weiter. Es war unser letztes gemeinsames Lebensprojekt und für ihn ein Werk, in das er sich noch einmal mit seiner ganzen Person hineingeworfen hat nach mancher Enttäuschung. Es symbolisierte seine Bereitschaft sich einzubinden, nachdem er sich Jahrzehnte nicht hatte binden wollen, gebranntes Kind nach gescheiterter Ehe. Es war das mit höchstem Einsatz gestaltete Produkt unserer Liebe auf ihrem Höhepunkt. In ihm ist jetzt unsere Geschichte ebenso enthalten wie die der vielen Generationen, die vor uns in diesen Mauern geboren wurden und starben. Mit seinem Tod hat W. unser Leben verbunden mit den Menschen vor uns, ich kenne nur die wenigsten mit Namen, verwoben mit den Sorgen, Ängsten und dem Glück aus mehr als vier Jahrhunderten

Schuttwannen

WÄHREND des Frühlings, im Laufe des Frühsommers kamen zahlreiche Freunde von weither, das Haus zu besichtigen. Ihr Kopfschütteln wurde immer länger. Ihr Bemühen, uns ihre Zweifel, ihre wachsende Bestürzung nicht spüren zu lassen, immer deutlicher. „Da habt ihr euch aber was vorgenommen!"

Zur Begrüßung und um auf die Vergangenheit und die Zukunft des Hauses anzustoßen, erhielten die Freundinnen und Freunde im Stall einen symbolischen Schluck Sherry. Der ehemalige Stall war ein von den Umbauten bisher verschonter und in groben Strukturen noch ordentlicher Raum, in dem wir uns für unsere Arbeitseinsätze umzogen, jedenfalls während des Sommers, im Winter wählten wir den Keller wegen seiner gleichbleibend gemäßigten Temperaturen. Im Stall hängten wir unsere zivilisierte Bekleidung an Haken und schlüpften in ausgeleierte Jeans, die die meiste Zeit vor

Dreck starrten, streiften je nach Wetter verblichene T-Shirts oder gammelige Pullover über und fuhren in ausgediente Wanderschuhe. Meist befestigten wir noch ältliche Küchentücher um den Kopf – exotisch, wie türkische Frauen auf der Putzstelle, aber unisex. Oft waren die Arbeitsklamotten kalt und klamm, so daß wir nur mit Überwindung hineinstiegen. Um so mehr beeilte man sich, in Gang zu kommen, denn nur beim Arbeiten wurde man warm. Überhaupt wurden wir im Laufe des Jahres abgehärteter, kräftiger und geschickter, und das machte, bei aller Plackerei, auch stolz und zufrieden.

Die Sherryflasche bewahrten wir in einem ausrangierten Regal zwischen verschiedenen Gerätschaften, Werkzeugen und Farbeimern auf. Die einfachen Schnapsgläser standen auf einer Lage aus Zeitungspapier, kopfüber, damit kein Schmutz hineinfiele. Mangels heißen Wassers wischten wir sie nach dem Umtrunk immer mit einem Tropfen Sherry und Klopapier aus. „Alkohol desinfiziert!" Es war sehr romantisch, unser Begrüßungsritual im ehemaligen Stall, wo frühere Generationen jahrhundertelang ihre Kuh gehalten hatten, als wichtigste Grundlage der Ernährung, vielleicht auch ein Pferd oder Ziegen. Hühner hatte es natürlich ebenfalls gegeben, im hinteren Stall, wo ich sie heute wieder untergebracht habe, während die Schweine des Hauses in den noch erhaltenen Koben unter dem Schopf logierten.

So standen wir also im Stall und tranken auf unser und des Hauses Wohl, bevor wir die Gäste auf der Baustelle herumführten. Es war ein bloß symbolischer Schluck, und meiner Erinnerung nach hat ihn niemand von den Freundinnen und Freunden abgelehnt, auch die hygienebeflissenen nicht. Sie werden im Stillen gedacht haben: „Man kann es den beiden nicht abschlagen. Verständlich, daß sie sich bei diesem furchtbaren Unternehmen Mut antrinken müssen."

In der Tat, das Haus, das wir zwar etwas muffig und piefig, vom Zahn der Zeit ein wenig angenagt, aber dennoch erkennbar als ein Haus gekauft hatten, wurde im Frühjahr erst zur Baustelle und im Sommer dann zur Ruine. Das war schwer zu ertragen. Zum ersten Mal begriff ich die Bedeutungsschwere des Ausdrucks: „Kein Dach über dem Kopf." Solange ein Haus ein Dach hat, bleibt es immer noch ein Haus, egal wie verheerend es drinnen ausschauen mag. Ein Haus ohne Dach dagegen, notdürftig mit einer zerrissenen blauen Plane seine Scham bedeckend, nämlich eine Reihe von geborstenen Dachsparren, die wie verfaulte Zähne in den Himmel ragen, ist kein Haus mehr, sondern ein schrecklich zerstörtes Wesen, das alle Katastrophenphantasien in Gang setzt, von Bombennächten und Erdbeben, Brandschatzung und Mord. Nachts sprengten die apokalyptischen Reiter durch meine Träume.

Diese Mauern hatten Jahrhunderte auf dem Buckel, waren stellenweise fast ein Meter dick und hätten eigentlich Vertrauen einflößen sollen. Aber als das Dach abgedeckt war, ragten die Sparren nur gelegentlich in einen blauen Himmel, denn dieser Sommer war gründlich verregnet. Es regnete und regnete und regnete, auch durch die von den Zimmerleuten schlampig angebrachte Schutzplane, so daß sich in den Zimmern des ersten Stocks Pfützen bildeten, wo wir die zum Teil noch gut erhaltenen Holzdielen der Böden notdürftig mit Linoleumfetzen und Plastikfolien bedeckt hatten. Der Regen floß in Rinnsalen durch die Bauschutthaufen, die trotz unserer unermüdlichen Räum-, Sortier- und Schlepparbeiten nie abnehmen wollten, bildete schmutzige kleine Tümpel um verloren herumliegendes Werkzeug.

Die Zimmerleute aus dem Elsaß besaßen manche bei uns schon in Vergessenheit geratene handwerkliche Fertigkeit, sie kannten sich wirklich aus mit alten Häusern, doch sie waren scheußlich schlampig; man konnte es nur gequält als genialisch bezeichnen. Der Vorteil: Sie ließen sich durch kein noch so großes Chaos aus der Ruhe bringen. Der Nachteil: Sie trugen erheblich zur Verschärfung desselben bei und schienen angesichts der immer katastrophaler werdenden Verhältnisse immer geruhsamer zu arbeiten. An manchen Tagen erschienen sie gar nicht. „Heute müssen wir laden", erklärte dann der Chef, wen oder was und wofür blieb weitgehend unklar. Kommst du nicht heute, kommst du eben morgen – als sei eine Welt, in der das unterste zuoberst gekehrt ist, ihr eigentliches Element. Manchmal suchten sie mehrmals am Tag, stundenlang, schien es uns, unter fröhlichem Fluchen Werkzeug, das am Vortag noch da war, das sie selber vermüllt hatten, und es hätte komisch sein können, wenn es sich nicht um unser Haus gehandelt hätte und um unseren Schuldenberg, der zugleich mit dem Chaos wuchs, und unsere Zeit, die mit dem Geld davonlief.

Überhaupt verstanden wir nicht, warum auf einmal so viel abgerissen werden mußte und wie es dann zu einem Stillstand von Wochen und Monaten kam. Beim Kauf hatten wir angenommen, wir könnten im Sommer einziehen!

Irgendwie war bei unserem Bau alles verkehrt herum angelaufen. Zum Beispiel hatten wir den Zimmermann eher als den Architekten, gewöhnlich ist die Reihenfolge anders. Beide kamen auf Empfehlung desselben Freundes, doch sie faßten gleich zu Beginn eine herzliche Abneigung gegeneinander und machten sich wechselseitig auf unsere Kosten das Leben schwer. Der Zimmermann versuchte den Architekten als Bauleiter zu ignorieren, und der wiederum versuchte den Zimmermann wegzuekeln. Der Architekt war auch voll von verächtlichem Mißtrauen gegenüber dem Denkmalamt und wollte uns dazu bringen, die denkmalpflegerischen Auflagen weitestmöglich zu unterlaufen. Die in Aussicht gestellten Zuschüsse seien ohnehin unbedeutend, und wir kämen billiger weg, wenn wir großzügig modernisierten. „Weg mit dem alten Zeug!" war sein Lieblingsspruch. Wir fragten uns immer wieder, warum er die Bauleitung überhaupt übernommen hatte, da ihm nichts von den vorgefundenen Bedingungen paßte.

Im Frühsommer begannen wir schlecht zu schlafen, wälzten uns nebeneinander im Bett und lagen stundenlang grübelnd wach. Da war der Bauantrag, der zwischen dem Denkmalamt und dem Landratsamt hin und her wanderte und bei jeder Nachfrage an einer neuen Behördenklippe hing. Herr X. war in Urlaub, Frau Y. konnte ohne Herrn Z. nichts unternehmen, der aber auf unbestimmte Zeit krank war, und die Vertretung, Frau A., kannte sich mit dem Computer nicht aus, stellte aber nach geraumer Zeit mit Hilfe von Frau B. fest, daß da ja überhaupt noch ein entscheidender Zusatzplan in unseren Antragsunterlagen fehlte. Den sollten wir erst einmal nachliefern, und dann würde man weitersehen.

Das Landratsamt erschien uns manchmal wie eine kafkaeske Institution. Mit dem Denkmalamt gelangten wir dagegen zu einer guten Zusammenarbeit, nachdem es uns gelungen war, anfängliches Mißtrauen auszuräumen. Sie waren dort an Bauherrschaften gewöhnt, die ihre eigenen Vorstellungen von neo-rustikalem Wohnen in alten Häusern hatten, die die Denkmalpfleger reden ließen und anschließend doch taten, was sie wollten. So hatte uns auch der Makler, der offenbar wußte, wie schwer denkmalgeschützte Objekte zu vermitteln sind, augenzwinkernd geraten, einfach noch ein paar Dachziegel aus dem Scheunendach zu ziehen, um dem Verfall nachzuhelfen – in ein paar Jahren könne uns dann auch das Denkmalamt nicht mehr zumuten, diesen Gebäudeteil zu erhalten, und wir hätten freie Hand, sie abzureißen, nach Belieben unseren Garten zu vergrößern oder wertsteigernd anzubauen. Doch wir waren inzwischen so in unser Haus vernarrt, daß wir die Denkmalschützer als Verbündete empfanden. Es machte uns stolz, welchen Wert sie unserem Haus beimaßen, ganz wie Eltern, deren außergewöhnlich schönes oder hochbegabtes Kind man lobt; wir empfanden sie als wichtige Informationsquelle über die Geschichte und das Umfeld und bald sogar als Komplizen gegen den eigenen

Architekten, dessen Wahl sich immer mehr als folgenschwerer Mißgriff entpuppte.

Wir erhielten relativ zügig, wenn auch nicht mit überwältigender Geschwindigkeit, eine Teilbaugenehmigung für das Abdecken des Dachs – dringend erforderlich, damit die Experten ihr Urteil über die Qualität der Dachsparren abgeben konnten – für den Abriß des Schornsteins, der auf die Kellerdecke drückte und für die notwendigen Stütz- und Sicherungsmaßnahmen im Keller. Die eigentliche Baugenehmigung ließ dagegen bis in den Juli auf sich warten, obwohl wir den Bauantrag Anfang Januar gestellt hatten und wöchentliche Anrufe beim Landratsamt zu W.'s Routine gehörten.

In den ersten beiden Monaten des Jahres hatten wir allein im Haus vor uns hingewerkelt. Da schien es uns noch wunderbar voranzugehen. Es war vereinbart, daß die elsässischen Zimmerleute im März mit ihrer Arbeit beginnen sollten. Bis dahin, dachten wir, würde die Baugenehmigung vorliegen, und bis dahin wollten wir schon einmal an allen Innenwänden den Putz abschlagen und das Fachwerk freilegen, damit man sehen könne, in welchem Zustand die Hölzer seien. Wir waren sehr fleißig, wir schufteten jedes Wochenende und manchmal auch an Wochentagen abends, gelegentlich unterstützt von Freunden und W.'s Kindern, so daß wir unser Pensum termingerecht schafften.

„Es geht voran", dachten wir, zufrieden mit uns selbst.

Einen ersten Dämpfer erhielt unsere gute Arbeitsmoral, – „Arbeiter der Stirn, Arbeiter der Faust", sagten wir vergnügt, wenn die Putzbrocken in die Mulde donnerten – als wir wegen verbotener Sonntagsarbeit einen Anpfiff vom Bürgermeister erhielten. Wir hatten samstags wie sonntags unbekümmert gehämmert, in unseren verdreckten Klamotten mit dem Brecheisen hantiert und in graue Staubwolken gehüllt die vollen Schuttwannen nach draußen befördert. Dabei war uns gar nicht aufgefallen, wie ernst man hierzulande den Sonntag noch nahm. Unsere Nachbarschaft war uns bisher zurückhaltend, aber freundlich begegnet, doch an Palmsonntag mußte jemand die Geduld verloren und sich beim Bürgermeister beschwert haben. Dessen Anruf kam völlig überraschend am Montagmorgen, als ich am Schreibtisch vertieft war. Ihm sei zu Ohren gekommen, daß wir auch sonntags auf unserer Baustelle schafften, sagte er recht scharf; im Dorf hielte man aber noch auf den alten Brauch, die Feiertage zu ehren; er bäte uns also, dies in Zukunft zu unterlassen. Ich bekam am Telefon einen roten Kopf, stotterte hilflos etwas von der vielen Arbeit, die wir während der Woche hätten – „das haben andere auch!" erwiderte er kurz und knapp. Ich entschuldigte mich, fühlte mich gemaßregelt wie ein Schulmädchen, und auch W. reagierte beschämt, als ich ihm davon erzählte.

Von diesem Tag an arbeiteten wir nur noch samstags auf dem Bau. Interessanterweise erwies sich diese eher peinliche Konfrontation mit dem selbstbewußten Traditionalismus unseres Dorfes im Laufe des Sommers, während die Dinge immer anstrengender und wir immer erschöpfter wurden, als ein wahrer Segen. Das Verbot der Sonntagsarbeit verschaffte uns nämlich die einzige kleine Mußeinsel in unserem verhetzten Dasein. Es erlaubte uns, sonntags mit gutem Gewissen spazierenzugehen oder in Ruhe auf dem Sofa zu lesen, was wir uns sonst bestimmt nicht genehmigt hätten, bei all der Arbeit da draußen. Erst in den allerletzten Wochen vor dem Einzug, als sich die Dinge überschlugen, schlichen wir uns manchmal wieder sonntags zum Arbeiten ins Haus – aber wir vermieden es tunlichst, dabei Lärm oder Dreck zu machen.

Im März wurde das Dach abgedeckt, an einem strahlenden Sonnentag, und wir schauten begeistert zu, mit welch tänzerischer Eleganz die elsässischen Bauhilfsarbeiter dabei zu Werk gingen. Sie benötigten kein Gerüst, kletterten mit großem Geschick blitzschnell auf den Querlatten hoch –

„meine, die sind wie die Affen!“ erklärte der Chef stolz – und warfen sich oben die Biberschwänze in einer Kette von Hand zu Hand zu. Der Mann am First deckte ab und warf die Ziegel einzeln einem anderen etwas unterhalb zu, der wiederum gab sie mit schönem Schwung an den weiter, der sie bei der Regenrinne auf die Rutsche legte, die aus zwei zusammengenagelten, gegen das Dach gelehnten Brettern bestand. Von dort sausten sie in großem Tempo in den Innenhof hinab, wo ein Junge die unversehrt gebliebenen beim Stall zu einer Mauer aufschichtete und die mit Getöse zerspringenden auf einen gewaltigen Schutthaufen beförderte. Sie gingen nicht gerade sanft mit unseren alten handgebrannten Ziegeln um, aber der Chef behauptete, das sei gerade recht so, ein guter Test für ihre Haltbarkeit; was dabei kaputtginge, würde ohnehin nichts mehr taugen. Zwei Tage später füllten wir eine ganze Mulde mit Ziegelbruch.

„Es geht voran!“ dachten wir wieder begeistert, „es geht voran.“

Aber dann folgten die großen Ortstermine mit dem Landratsamt und dem Denkmalamt, dem Architekten und dem Zimmermann sowie mit den von diesen Parteien hinzugezogenen weiteren Experten; es kam zu Meinungsverschiedenheiten über den Zustand des Hauses und die notwendigen Sanierungsarbeiten, bei denen die Fronten zunächst nur schwer zu überschauen waren. Der Architekt behauptete, daß der ganze Dachstuhl morsch sei und neu gemacht werden müsse; der Zimmermann meinte, man könne sich darauf beschränken, einzelne Balken auszuwechseln. Der Leiter des Denkmalamtes traute uns nicht, weil der Architekt beständig von modernen Geschoßhöhen redete, die man bei dieser Gelegenheit einziehen solle, und das Landratsamt verlangte einen Statiknachweis, den wiederum das Denkmalamt für überflüssig hielt, sofern das Haus in seiner alten Struktur erhalten bliebe. Man vertagte sich und zog weitere Experten hinzu, einmal waren es acht und ein weiteres Mal sogar vierzehn Fachleute, die heftig debattierend durch unser bereits ziemlich gerupftes Haus zogen und sich nicht einig werden konnten. Das Denkmalamt bestellte externe Gutachter, die den Zustand des Fachwerks und des Mauerwerks prüften, ein jeder bemüht, sich allen anderen gegenüber zu profilieren. Die angespannte, beinahe feindselige Stimmung lastete auf uns, die wir wie geprügelte Hunde im Troß mitschlichen. Wir hatten, so schien es, am wenigsten zu melden. Manchmal verstanden wir gar nicht, worum es bei den erregten Auseinandersetzungen eigentlich ging; unsere verwirrten Nachfragen schien man als störend zu empfinden. Wir waren nur die Bauherrschaft, die die Rechnungen zu zahlen hatte.

Der Bauherr, die Bauherrin – wohltönende Worte, in denen noch ein Klang aus feudalen Zeiten mitschwingt – wo gibt es denn heute sonst noch den Herrn und die Herrin? Worte, die nach Souveränität und Entscheidungsgewalt klingen, Herrscher über die wenigen und teuer bezahlten Quadratmeter, auf denen das eigene Haus stehen soll. In Wirklichkeit fühlten wir uns immer mehr wie die nützlichen Idioten, wie naive idealistische Dummköpfe.

So behandelte uns zumindest der Architekt. Immer deutlicher stellte sich heraus, daß er ein völlig anderes Haus im Sinn hatte als wir. Er wollte modernisieren, nicht nur die Stockwerke anheben – „wer will denn heute noch in so niedrigen Räumen leben?“ – sondern auch statt der alten Balken neue Leimholzkonstruktionen einziehen – „sonst wird das doch alles krumm und schief“. Er versuchte, uns eine neue Treppe zum ersten Stock aufzuschwatzen – „die hier zerbricht Ihnen doch unter den Füßen“ – und schlug vor, alle alten Türen durch neue zu ersetzen – „wie sieht denn das aus, wenn sämtliche Türen andere Maße haben!“ Er war gegen die Sprossenfenster – „für die Hausfrau viel zu schwer sauber zu halten“ und wollte ein Betonfundament im Keller, außerdem eine Feuchtigkeitssperre in den Kellerwänden – „Sie können ja sonst kein einziges Möbelstück an die Wand stellen, das fault Ihnen alles so weg.“ Die Fußbodendielen seien wurmzerfressen – „auch da, wo sie von oben in Ordnung scheinen, taugen sie nicht mehr, das können Sie mir glauben.“ Es war der falsche Architekt, denn er mochte unser Haus nicht. Seine Vorstellung war, innerhalb der alten Mauern ein neues pseudo-altes Haus hochzuziehen. Das merkten wir aber erst nach und nach.

Beim ersten Kontaktgespräch hatte er behauptet, alte Häuser seien seine Spezialität, offenbar verstand er darunter das Vergewaltigen alter Häuser. Es hätte uns stutzig machen sollen, wie er uns bei der ersten Begegnung einen Leitzordner mit Zeugnissen vorblätterte, die bis in seine Volksschulzeit zurückreichten. Es waren auch ein paar Fotografien von alten Häusern in seiner Mappe, die er renoviert hatte; man konnte ihrem Äußeren jedoch nicht ansehen, was ihnen im Inneren angetan worden war. Es half uns nichts, ihm immer wieder zu versichern: „Aber wir haben doch ein altes Haus gekauft, weil wir es schön finden, in niedrigen Räumen zu leben und krumme Balken anzuschauen; wir wollen keine Treppe aus dem Baumarkt, sondern diese mit den Fraßspuren des Hausbocks, der man ihre Geschichte ansieht – wir wollen, daß so viel von der alten Substanz erhalten bleibt wie eben geht.“

Nach jedem dieser grundsätzlichen Gespräche dachten wir: Jetzt haben wir es klar genug ausgedrückt, jetzt hat er endlich kapiert, was wir wollen, denn er lenkte jedesmal ein und schien uns beizupflichten. Aber beim nächsten Anlaß gingen die grundsätzlichen Gespräche von vorn los. Er brachte abwechselnd immer die gleichen Argumente: Was Sie wollen, geht bautechnisch nicht, selbst wenn es ginge, wäre es ungeheuer kompliziert, dafür kann ich die statische Verantwortung nicht übernehmen, und außerdem würde es viel zu teuer.

Damit behielt er allerdings recht. Doch es wäre erheblich billiger geworden, wenn wir uns gleich zu Beginn von ihm getrennt hätten.

Die Dreiseitenhofanlage

AN das Landratsamt:
„Sehr geehrte Damen und Herren!
Der Verfall der o.a. Dreiseitenhofanlage ist in einem fortgeschrittenen Zustand. Wenn nicht unmittelbar mit den Sicherungsarbeiten begonnen wird, die auch Bestandteil des Restaurierungsplans sind, ist mit einer weiteren Zerstörung der historischen Bausubstanz zu rechnen. Dies würde zwangsläufig zu einer weiteren Kostenerhöhung bei der Sanierung führen, die den Eigentümern nicht zuzumuten ist. Die Eigentümer sind guten Willens, die Auflagen des Denkmalamtes bei der Restaurierung zu berücksichtigen. Wir bitten um eine beschleunigte Bearbeitung des Antrags auf vorzeitigen Baubeginn ..."

Beschreibung des Dreiseitenhofes:

„Das Anwesen liegt in einem alten Winzerdorf in der westlichen Vorbergzone des Schwarzwalds zum Rheintal hin. Die Siedlung stammt aus alemannischer Zeit; schon damals haben die dort ansässigen Menschen Weinbau betrieben. Außerdem haben die beim Dorf liegenden Sandsteinbrüche während des Mittelalters und bis ins 19. Jahrhundert hinein große regionale Bedeutung gehabt.

Die Geschichte des Dorfes ist eng mit der des Hauses Habsburg verbunden, da es jahrhundertelang zu Vorderösterreich gehörte; es besteht auch eine enge historische Verbindung zum Kloster St. Gallen, das bis ins 18. Jahrhundert einzelne Anwesen und Rebhänge des Ortes als Lehen besaß. Im sogenannten Eggenen-Krieg, einem regionalen

Erbfolgekrieg Mitte des 14. Jahrhunderts, fielen in diesem Ortsteil fast alle Häuser einem großen Brand zum Opfer; der Dreißigjährige Krieg richtete weniger Zerstörungen an. Einige Häuser des Dorfes stammen noch aus dem 16. und 17. Jahrhundert.

Das Wohnhaus der o.a. Dreiseitenhofanlage gehört zu den ältesten des Ortsteils. Es liegt an dem früheren Hauptverbindungsweg, der „steinin straß" nach Freiburg, die heute nur noch Anliegerstraße und landwirtschaftlich genutzter Fahrweg ist, während die Autostraße parallel im Tal verläuft. Es ist vermutlich früher das erste Haus am nördlichen Ortseingang gewesen. Die Dreiseitengehöfte mit Wohnhaus, Schopf (früher: Trottschopf und Waschhaus) sowie der Scheune mit Stallung sind typisch für die regionale Hauslandschaft des 19. Jahrhunderts. Das Wohnhaus in seiner jetzigen Form wurde im 17. Jahrhundert errichtet; die Ökonomiegebäude stammen aus dem 18. Jahrhundert.

Das eingeschossige Wohnhaus erhebt sich auf einem halbhohen Kellersockel; der bündige Abschluß des steilen Satteldachs am Giebel hat sich sehr schön bewahrt. Neben dem Wohnhaus, das firstparallel zur Straße steht, betritt man das Anwesen über eine schmale Hofeinfahrt. Rechts liegt der für das Ortsbild typische hohe Treppenaufgang, die einläufige Podesttreppe führt zur rundbogigen Vordertür, die von einem kleinen biberschwanzgedeckten Vordach geschützt wird. Am Treppenaufgang vorbei gelangt man in den von Wohnhaus, Schopf und Scheune dreiseitig gerahmten Innenhof. Von dort ist auch der Keller zugänglich, der mindestens zweihundert Jahre älter ist als das Wohnhaus in seinen jetzigen Mauern. Das Wohnhaus ist im 17. Jahrhundert aus unbekannten Gründen seitenverkehrt auf dem Keller errichtet worden; sein Vorläufer stand wahrscheinlich giebelseitig zur Straße und entsprach im Grundriß den Ausmaßen des Kellers. Der Keller ist groß, mit hohen Mauern aus unverputztem Bruchstein. Auffällig sind die beiden in einem Abstand von einem halben Meter übereinander liegenden Reihen von Konsolen; auf der oberen lagern die Deckenbalken. Vereinzelte Konsolen, Spuren einer früheren Anhebung der Geschoßhöhen, finden sich durchgehend in allen Stockwerken.

Die außergewöhnliche Größe und Ausstattung des Kellers deutet daraufhin, daß es sich nicht immer um ein Wohnhaus einfacher Steinhauer und Rebbauern handelte. Einige Experten vermuten einen ehemaligen Vogtshof oder einen Lehenshof des Klosters St. Gallen. Andere halten das Anwesen für ein ehemaliges Eigentum der Deutschordensritter, die im 14. Jahrhundert zeitweise die Pfarrstelle des Dorfes innehatten, weil im Verlauf der Restaurationsarbeiten im südlichen Giebel unter älteren Putzschichten eine Nische mit aufgemaltem Deutschordensritterkreuz gefunden wurde. Auf ein besonderes Haus mit ungewöhnlich großen Weinvorräten deuten auch die Reste einer überdimensionierten alten Baumtorkel oder Baumtrotte (Weinpresse) hin: Im Keller lagern noch zwei zu Rinnen ausgehöhlte Baumstämme, und unter dem Schopf befinden sich zwei gewaltige trapezförmige, etwa 2x1m großeTrottsteine, Gewichte dieser ehemaligen Weinpresse. Einer dieser Trottsteine fungiert inzwischen als Fundament eines Kleintierstalls, der vor Jahrzehnten errichtet wurde.

Wahrscheinlich war der Keller früher auch von der Küche aus durch eine Falltür zu erreichen. Dieser Treppenabgang ist irgendwann zugemauert worden. Heute ist der Keller nur noch vom Hof aus zugänglich. Das zweiflügelige Holztor stammt vermutlich aus dem vorigen Jahrhundert; große Vertiefungen in den Wänden rechts und links der Kellertür weisen darauf hin, daß es ursprünglich mit einem Querbalken von innen verriegelt werden konnte.

Im Wohnhaus wurde zu Beginn des Jahrhunderts das erste Dachgeschoß ausgebaut; dabei erhielt es eine große Schleppgaube zur Straße hin, die im Zuge der Restaurierungsarbeiten in zwei kleine passendere Gauben umgewandelt werden soll. Regionaltypisch sind die kleinen schießschartenähnlichen Fensteröffnungen auf der Nordseite. Die Innenwände bestehen überwiegend aus Fachwerk, zum Teil noch mit Lehmausfachungen. Die noch vorhandenen Lehmwickeldecken mußten wegen der Einsturzgefahr entfernt werden.

Das Wohnhaus hat einen quadratischen Grundriß; vier etwa gleich große Räume im Erdgeschoß und im ersten Dachgeschoß. Durch das erste Dachgeschoß gelangt man über einen Türaustritt in die Ökonomiegebäude, in den Schopf und das obere Stockwerk der Scheune, außerdem über eine steile Stiege ins spitzgiebelige zweite Dachgeschoß. Der Dachstuhl weist eine rauchgeschwärzte, verzapfte, teils liegende, teils stehende Konstruktion auf.

Die Mehrzahl der Fenster im Erdgeschoß hat noch die ursprünglichen hohlkehlig abgefasten Gewände. Interessant ist die Wohnstube, die sich in der südöstlichen Gebäudeecke befindet. Hier wurde ein in Ölfarben und Putz gemaltes geometrisches Deckenornament vorgefunden, ein großer Stern, von einem Kreis umschlossen, mit Segmenten in verschiedenen Brauntönen, das vermutlich aus dem 19. Jahrhundert stammt. Da das Gemälde stark beschädigt und die Decke sehr niedrig abgehängt war, entschied man sich mit Zustimmung des Denkmalamtes für die Entfernung. Darunter kam die ursprüngliche, weitgehend unbeschädigte Holzdecke aus dem 17. Jahrhundert zum Vorschein. Sie besteht aus westöstlich verlaufenden Deckenbalken und eingenuteten Brettern mit jeweils die Stöße abdeckenden profilierten Leisten. Die Leisten sind mit handgeschmiedeten Nägeln am Untergrund befestigt. Die Holzoberfläche enthält Restspuren eines weißlichen Kalkanstrichs, mit dem die Decke ursprünglich gefaßt war. Die Fußbodendielen bestehen aus Fichtenholz in unterschiedlich gutem Zustand.

Das Haus wurde ursprünglich mit einem Kachelofen aus dem ortstypischen sogenannten „falschen Marmor“ beheizt, mit Ziegeln, die marmoriert bemalt wurden. Verschiedene Kacheln mit braunem Fleckenmuster auf beigefarbenem Grund, aber auch ältere güne Ofenkacheln mit Ornamenten, die wahrscheinlich zur Ofenbank, der „Kunst“, in der ehemaligen Küche gehörten, fanden sich überall im Haus und auf dem Anwesen, als Teil der Deckenfüllungen, hinter der Bretterverschalung des Dachs und im Schutt des Innenhofs. Es ist geplant, im Haus wieder einen Kachelofen zu errichten.“

Sommer

„NUR einen Sommer gönnt, ihr Gewaltigen, und einen Herbst zu reifem Gesange mir, daß williger mein Herz, vom süßen Spiele gesättiget, dann mir sterbe ...“ W.'s Lied, wissentlich oder unwissentlich? Oder mein Lied jetzt? Gedichte, zu viele Gedichte und Liedfetzen in meinem Kopf. „We got joy, we got fun, we got seasons in the sun ...“ Mein Lied oder seins? „... goodbye my friend, it's hard to die when all the birds are singing in the sky.“

Nur zwei Sommer hatten wir miteinander in diesem Haus, aber trotzdem waren es unzählige Sommernächte, die wir unter dem Schopf saßen, trockenen Gutedel tranken und den Mond vorübersegeln sahen. Er kam links hinter dem Dach des Wohnhauses hervor und wanderte nach rechts, und wenn er hinter dem Scheunendach verschwand, war es höchste Zeit, ins Bett zu gehen, eine Theateraufführung, für die wir nicht einmal Eintritt bezahlen mußten.

„Der Abendstern“, erklärte W., „die Achse vom kleinen Wagen. Cassiopeia.“ Manchmal las ich Gedichte vor, bei Kerzenlicht: „Willkommen, silberner Mond, schöner stiller Gefährte der Nacht.“

„Da war die Fledermaus wieder“, stellte W. fest, „oder sind es vielleicht doch zwei?“ Manchmal redeten wir gar nichts und schauten schweigend in die schwärzer werdende freundliche Nacht. Um diese Zeit hatten wir die Alltagsthemen meist schon hinter uns gelassen. Über das, was am Tag geschehen war, Ärger im Institut, Schwierigkeiten am Schreibtisch, bevorstehende Arbeiten, redeten wir meist beim Abendessen. Im Sommer kam W. bei Tageslicht nach Hause; spät, meist erst zwischen sieben und acht, knirschte der Kies, wurde ungestüm das Hoftor aufgestoßen, und wieder knirschte es und W. schob sein Rad durch den Innenhof, mit rotem Gesicht, durchgeschwitzt, nach immerhin elf Kilometern, und weil er ständig andere Dinge ausprobieren mußte: „Zum ersten Mal den Anstieg beim Wäldchen ohne abzusteigen!“ Oder er hatte einen neuen Weg nach Hause erkundet und mußte sich beeilen, um die Zeit wieder herauszuholen. Manchmal kam er zerknirscht, später als versprochen, denn unterwegs waren die ersten Himbeeren oder Pflaumen, Birnen oder Äpfel reif. „Mußte ich leider probieren.“

Dann hatte ich bereits unter dem Schopf den Tisch gedeckt; im Sommer lebten wir nur draußen, Frühstück, Mittagessen, Abendbrot. Meist gab es noch dies und das zu tun bis zum Einbruch der Dunkelheit, Gießen, Unkraut zupfen im Gemüsebeet, einen Fliegenschrank reparieren, Hölzer sortieren, Steine schichten. Manchmal genehmigten wir uns statt dessen noch einen kleinen Rundgang über die Hügel oberhalb des Dorfes, bevor wir uns zum Dämmerschoppen niederließen. Dann waren die Hektik und das nagende Gefühl des Ungenügens, auf dem Höhepunkt des Sommers ohnehin verblaßt, schon weit weg gerutscht. Unbestimmte Ängste und konkrete Sorgen lösten sich auf in der Abendstimmung, zumal wenn der Mond Vorstellung gab, und bevor wir zu Bett gingen, sagten wir oft zueinander: „Wie gut wir es haben!“

Sagten wir es vielleicht etwas zu oft? –

Wenige Wochen nach W.'s Tod beende ich einen Spaziergang beim Friedhof. Ein sonniger Vorfrühlingstag geht zu Ende, ich habe unterwegs geweint, ich bücke mich am Grab über Unkraut, das nicht da ist, damit man meine Augen nicht sehen kann. Meistens gehe ich ganz früh oder ganz spät, wenn sonst niemand da ist, und ich hatte auch jetzt gehofft, daß ich allein dort sein würde im letzten Licht des Abends. Aber das Wetter hat noch andere Gestalten herausgelockt. Zwischen Tränenschleiern nehme ich im weiteren Umkreis drei Frauen und einen Mann wahr, alle alt, alle über siebzig, registriere ich plötzlich, und ich denke erschauernd: Das hier ist nicht wirklich. Es kann gar nicht sein, daß ich hier stehe, und mein Liebstes liegt unter diesem Erdhaufen. Ich kann doch nicht mit einem Schlage so alt sein wie diese da und mein Leben ist vorbei; das geschieht nicht in Wirklichkeit, es ist nur eine alptraumhafte Vision von dem, was irgendwann einmal sein wird. – Aber ich stand hier und es war jetzt.

Heute, im zweiten Sommer, bin ich manchmal so müde, daß ich weinen könnte oder im Stehen einschlafen. Im Sitzen sowieso. Ich hocke apathisch, lethargisch herum. Von außen erscheint das so. Innen bin ich ganz aufgewühlt, viele Stimmen schreien durcheinander: was ich alles tun müßte, um was ich mich kümmern sollte, berufliche Verpflichtungen, der überquellende Schreibtisch, überfällige Telefonate, liegengebliebene Post, jemand will die Kurzzusammenfassung eines Vortrags, ein anderer ein versprochenes Vorwort. Da soll ich eine Festrede halten, die Steuererklärungsunterlagen müssen zusammengesucht, die Rechnungen abgeheftet werden, mein Terminkalender jagt mir Entsetzen ein, und Besucher strömen bei mir aus und ein, als sei mein Haus eine Pension. Habe ich die wirklich alle eingeladen?

Was wollt ihr alle? Warum laßt ihr mich nicht zufrieden? In ein Erdloch krabbeln, Deckel drüber, Ruhe. Endlich Ruhe.

Was möchtest du am liebsten? Sterben. Und am zweitliebsten? Schlafen. Und nie wieder aufwachen. Oder ausgeruht und kraftvoll erwachen, mit einem aufgeräumten Schreibtisch und einem Bürokalender, auf dem niemand und nichts eingetragen steht.

Wenn man untätig sitzt, ist man dem unaufhaltsamen Verfall der Dinge ausgesetzt, man hört und sieht die Vergänglichkeit ticken wie eine Uhr. Unermüdlich nagt der Fichtenbock in den Balken. Alles verrottet und verfällt, Risse in den Wänden, abblätternde Farbe, Kleinigkeiten müßten selber repariert, Handwerker bestellt werden. Kein Geld. Der Garten wuchert wie ein Dschungel, Salate schießen, weil sie nicht rechtzeitig pikiert wurden, weil sie keinen Raum zum Wachsen haben. Wo bleibt die Hand der Gärtnerin? Selbst meine Katzen, scheint mir, blicken mich vorwurfsvoll an, weil ich keine Zeit für sie habe. Was mache ich falsch? W. war meine Mitte und mein ruhender Pol, um den herum und mit dem sich Prioritäten setzen ließen. Nun zerrt an mir und fordert von mir und wuchert um mich alles zugleich.

So sitze ich im Sessel und verweigere mich. Habe den Anrufbeantworter angestellt und sitze und glotze vor mich hin. Die Glyzinie, die wir noch gemeinsam pflanzten, als kleinen Stecken mit Knospenansätzen wie eingetrocknete Warzen, wuchert zum Fenster des Arbeitszimmers herein, so daß es sich nur schwer öffnen und dann vielleicht nie wieder schließen läßt. Eine schöne Phantasie ist es, sich vorzustellen, wie ich allmählich hinter der Dornröschenhecke verschwinde. Die Amsel hat dieses Jahr ihr Nest in der Glyzinie gebaut, wie dürfte ich sie also schneiden? Ich habe auch gar keine Kraft dazu. Ich bin ein großer Holzklotz, der allmählich in sich selbst, einem Sumpf, versinkt.

Ich sitze im Sessel, es ist mehr ein Liegen, und horche auf die Geräusche von drinnen und draußen. Das innere Schreien, draußen die Idylle. Kein Auto. Vögelgezwitscher und das Gackern der Hühner, mal lauter, mal leiser. Wie kannst du dich beklagen, hast du es nicht gut, trotz allem, sagt eine innere Stimme vorwurfsvoll. O ja, o ja, aber alles ist hin. Gebt mir die Ruhe zurück, freundliche Hühner, die ihr friedlich glucksend eure Tage verbringt, scharrend und flügelschlagend, und selbstgenügsame Katzen, die ihr zusammengerollt auf der Treppe schlaft, nur gelegentlich blinzelnd. Gebt mir etwas von dem, was ich nicht mehr habe!

Drinnen im alten Haus ist es kalt, mitten im Sommer, soviel kälter als im Garten. Ich trage einen Strickrock über der Jogginghose und habe eine Wolldecke um die Schultern gelegt. Ich schaue an mir herunter, stelle fest, daß ich zwei verschiedenfarbige Wollsocken trage und fühle mich wie eine uralte Bäuerin, in einem spanischen Bergdorf, in ihrer steinernen Kate, nur ein Zimmer, die Schlafstätte in der Ecke, Knoblauchzehen puhlend mit knotigen Händen beim flackernden Herdfeuer, und nur manchmal, wenn es Frühling wird oder in der milderen Abendsonne der Hochsommertage, komme ich aus der Nacht meiner steinernen Höhle gekrabbelt, um auf einer Bank zusammengekauert in der Sonne zu dösen. Ein von der Welt vergessenes Dorf, ein Leben in der vollendeten Vergangenheit. Ich bin mit einem Schlag achtzig geworden, eher neunzig, ich bin in Wirklichkeit schon lange so alt, eine Norne. Mein verstorbener Mann könnte inzwischen längst schon mein Sohn sein, mein einziger verstorbener Sohn.

Ich wohne in einem Denkmal. Ich bin das verwitternde Denkmal für sein und mein eigenes Leben.

Stillstand

BIS zum großen Krach im Sommer glaubten wir noch, der Architekt und der Zimmermann würden sich irgendwie zusammenraufen. Anfangs hofften wir sogar, die zwanghaft schulmeisterliche Art des Architekten könne ein gutes Korrektiv für die genialische Schlampigkeit des Zimmermanns sein.

Immerhin spürten wir bei dem elsässischen Zimmermann, daß er dasselbe Haus meinte wie wir. „Wenn man ein altes Haus entkernt, dann zerstört man seine Seele“, verkündete er uns, sehr laut, denn es war eigentlich an die Adresse des Architekten gerichtet, der in der Nähe stand. Dieser antwortete auch prompt, mit verächtlichem Schulterzucken: „Dann bekommt es eben eine neue Seele.“ „Aber so eine Seele braucht Jahrzehnte, manchmal Jahrhunderte, um zu wachsen“, trumpfte der Zimmermann auf.

Allerdings war er nicht besonders zuverlässig, ein Prahlhans und Sprücheklopfer, was sich aber auch erst nach und nach herausstellte. Fatal war, daß er noch vor Beginn seiner Arbeit einen größeren Vorschuß bekommen hatte, als Anreiz, bald zu beginnen, denn er hatte sich sehr beschäftigt gegeben. Er ließ sich im Laufe des Jahres immer wieder Vorschüsse auszahlen und machte, fast erpresserisch, seine Weiterarbeit davon abhängig, vermutlich weil er selber in Liquiditätsschwierigkeiten war. Hätten wir ihm den Laufpaß gegeben, wären einige zehntausend Mark dahingewesen – oder wir hätten mühsam darum prozessieren müssen, mit Gerichtsstand in Frankreich. Zudem hörten wir von allen Seiten, daß es nicht einfach sei, deutsche Zimmerleute zu finden, die sich an ein solches Haus heranwagten.

Die von Anfang an spürbaren Spannungen zwischen dem Architekten und dem Zimmermann spitzten sich böse zu. Der Zimmermann machte sich über den Architekten mit seinem typisch deutschen Ordnungstick lustig; der kämpfte anfangs verbissen um Autorität und mied dann die Baustelle. Er tauchte nur selten und nur in Abwesenheit der Zimmerleute dort auf, beschränkte sich darauf, an ihrer Arbeit herumzumäkeln und beschäftigte sich vorwiegend mit aufwendigen

Vermessungen für einen Statiknachweis, den wir doch gar nicht brauchen würden, wenn wir uns an das Reparaturkonzept des Denkmalamtes hielten. Zweimal sprach er Abmahnungen an den Zimmermann aus, weil der elementare Arbeitsschutzvorschriften nicht eingehalten habe.

In der Tat turnten die Zimmerleute auf dem Bau herum wie in vorindustriellen Zeiten; sie benutzten nur wenige und oft veraltete Maschinen; sie verbreiteten bei ihrer Arbeit in fröhlicher Rücksichtslosigkeit Lärm und Dreck, so daß es wiederholt Ärger mit den Nachbarn gab, für uns besonders unangenehm, weil wir Ortsfremde waren und nicht ständig präsent sein konnten. Ganz offensichtlich waren unsere Zimmerleute es gewohnt, nach eigenem Gutdünken ohne Bauleiter vor sich hin zu werkeln.

Ihre Arbeit sei Pfusch, behauptete der Architekt, wir sollten sie zum Teufel schicken; er wolle dann das Gewerk, wie es sich gehöre, ordnungsgemäß ausschreiben. Seine Zweifel ließen uns nicht völlig unberührt, aber als er uns den Entwurf seiner Ausschreibung zeigte, ging daraus nicht hervor, daß bei uns überwiegend repariert werden sollte. Er suchte offenbar einen Zimmermann, der innerhalb des alten Gemäuers eine neue Konstruktion aus neuen Hölzern errichten sollte. Vom Denkmalamt hatten wir längst den Wink bekommen, uns von ihm zu trennen. Doch er war entschlossen, statt dessen den Elsässer aus dem Feld zu beißen.

Zum Eklat kam es Anfang Juni. Bis dahin hatten die Zimmerleute nur das Dach abgedeckt und eine Stützkonstruktion unter den angerissenen tragenden Balken der Kellerdecke errichtet, einen von zwei mächtigen Holzpfosten getragenen Unterzug, der auf uns einen ebenso schönen wie soliden Eindruck machte. Auch in diesem Zusammenhang hatte es heftige Auseinandersetzungen gegeben. Der Architekt verlangte, daß die beiden Holzpfosten auf Betonfundamenten von je einem Kubikmeter Ausmaß stehen müßten; der Zimmermann fand das völlig überflüssig und schimpfte über ein solches Verbrechen an dem alten Haus: „Ist der denn vom Affen gebissen? Beton in einem solchen Keller! Sandsteinquader braucht es da!“ Früher habe man Holzkonstruktionen auch nicht auf Beton gesetzt und die Häuser hätten trotzdem jahrhundertelang gehalten. Wir baten den Vertreter des Denkmalamtes zur Schlichtung; er tendierte zur Meinung des Zimmermanns, sah aber den Beton auch nicht als Sakrileg an und schlug einen Kompromiß vor: die Betonfundamente in den Erdboden zu versenken und sichtbar darauf Sandsteinsockel zu setzen.

Bei der nächsten Auseinandersetzung ging es um einen Unterzug im Wohnzimmer, ebenfalls eine sichtbar bleibende Stützkonstruktion, die der Architekt in Leimholz ausgeführt haben wollte, weil er nur so die statisch erforderlichen Maße exakt berechnen könne. Leimholz unter unserer alten Eichendecke! In diesem Fall waren wir mit der ganzen Empörung unseres Herzens auf Seiten des Zimmermannes, der „Nur über meine Leiche!“ rief. Er erklärte sich bereit, einen passenden alten Eichenbalken aus seinen Beständen, die er aus Abbruchhäusern bezog, herbeizuschaffen. Diese Runde ging als Punktsieg an den Zimmermann.

In der Wand zwischen Wohnzimmer und Diele sollte das Fachwerk erneuert werden. Nachdem die Zimmerleute fertig waren, kontrollierte der Architekt in ihrer Abwesenheit und ordnete dann an, das Ganze sofort wieder abzureißen: Die Holzverbindungen seien nicht solide gearbeitet. Der Zimmermann, der von vornherein nur knurrend an diese Arbeit gegangen war, weil seiner Meinung nach das alte Fachwerk völlig in Ordnung war, tobte und weigerte sich. Der Architekt sprach eine weitere Abmahnung aus. Ohnehin seien diese Elsässer keine richtigen Handwerker, erklärte er mir gegenüber finster, wären sie ordentliche Zimmerleute, würden sie Zimmermannskluft tragen. Der Zimmermann reagierte auf die Abmahnung nicht und verlangte einen erneuten Schiedsspruch des Denkmalamtes. Darauf verfügte der Architekt den sofortigen Baustopp und teilte mir telefonisch lapidar mit, er habe dem Zimmermann den Laufpaß gegeben. Zu dieser Eskalation kam es, während W. auf Dienstreise in den neuen Bundesländern und telefonisch nicht erreichbar war. Wir gewannen den Eindruck, daß der Architekt die Dinge ganz bewußt in diesen Tagen auf die Spitze trieb, um vollendete Tatsachen zu schaffen. Mit mir allein glaubte er leichtes Spiel zu haben.

Wir waren ohnehin schon Wochen und Monate im Verzug, wir mußten spätestens zum Jahresende einziehen, und ein Baustopp war genau das, was wir am wenigsten brauchen konnten. Ich bat den Architekten, mit dieser doch sehr grundsätzlichen Maßnahme wenigsten zu warten, bis W. wieder zurück sei – auf zwei Tage käme es dabei doch nicht an. Er weigerte sich. Wir hätten ja ohnehin noch keine richtige Baugenehmigung, argumentierte er auf einmal, und bis die vorliege, habe er einen ordentlichen Zimmermannsbetrieb gefunden. Jetzt mußten wir uns also endgültig entscheiden: Zimmermann oder Architekt. Wir entließen, einigermaßen wütend über sein Vorgehen, den Architekten.

Kurze Zeit, nachdem wir uns von ihm getrennt hatten, kontrollierte die Baubehörde unangemeldet unser Haus. „Die Baupolizei war bei Ihnen!" erzählte uns mit einer gewissen Genugtuung der Nachbar, der sich schon mehrfach über Schmutz und Lärm beklagt hatte. Als wir, einigermaßen verwirrt, beim Landratsamt nachfragten, was das denn zu bedeuten habe, erfuhren wir, daß uns unser ehemaliger Architekt denunziert hatte: wegen Bauens ohne Baugenehmigung.

Zum Glück für uns bewegten sich die Stützmaßnahmen, an denen zur Zeit gezimmert wurde, noch im Rahmen der vorläufigen Teilbaugenehmigung, so daß die inspizierenden Beamten nichts an unserer Baustelle auszusetzen fanden.

Der Zustand des Fachwerks

AUS dem Gutachten des vom Denkmalamt bestellten Experten:

„Mauerwerksarbeiten: Die Außenmauern des Kellers und des Erdgeschosses sind aus Bruchstein ausgeführt. Sie sind noch genügend standfest und kaum verformt. Bereichsweise sind lediglich die Mörtelfugen bis tief ins Mauerwerk entleert; diese sind wieder vollfugig zu schließen. Als Mörtel kommt nur eine Mischung von Trasskalk und einigen Anteilen Traßzement und als Zuschlag Grabsand in Frage.

Holzarbeiten Keller: An drei Balken der Kellerdecke ist ein Bruch sichtbar. Um die Deckenbalken zu erhalten, ist es notwendig, einen Mittelunterzug einzubauen. Dieser sollte in der Mitte durch eine Stütze und ein Sattelholz unterfangen werden.

Holzarbeiten Erdgeschoß: Die längslaufende Mittelwand sowie die Querwand weisen infolge der überlasteten und gebrochenen Deckenbalken der Kellerdecke starke Senkungen zur Gebäudemitte hin auf. Um die Gefache der Fachwerkwände zu erhalten, sollte auf ein Anheben bzw. Ausrichten der Wände verzichtet werden. Stark fraßgeschädigte Hölzer sind vorsichtig auszutauschen. An der Straßenseite sind die Balkenköpfe durch früher eindringende Feuchtigkeit zerstört. Hofseitig müssen die zwei Balken im Bereich des Ausgangs erneuert werden ...

Holzarbeiten erstes Dachgeschoß: Die Fachwerkhölzer der Längs- und Mittelwand sowie die Querwand im Bereich der mittleren Bundachse weisen zum Teil Befall auf. Der Schädigungsgrad liegt bei 10–20% ... Die Kehlbalken über dem ersten Dachgeschoß sind für eine Wohnnutzung des zweiten Dachgeschosses zu schwach. Als Verstärkung wird ein Beilegen von neuen Kehlbalken empfohlen. Durch Fraß sind 15% der Kehlbalken beschädigt ... Die vorhandenen Mittelpfetten sind durch eine neue, oberhalb der Kehlbalken einzusetzende Pfette zu verstärken.

Holzarbeiten zweites Dachgeschoß: Die Bundfüße und Bundecken müssen überarbeitet und gesichert werden ... In der südlichen Bundachse fehlt hofseitig das Kopfband. Straßenseitig ist das Kopfband stark befallen. Am Dachriegel ist aktiver Befall erkennbar ... Durch Fraß sind ca. 20% der Kehlbalken geschädigt; diese sollten ersetzt werden ... An der hofseitigen Mittelpfette ist aktiver Befall erkennbar.

Holzarbeiten Gespärre: Ein Überarbeiten und kraftschlüssiges Sichern der Firstverbindungen ist unbedingt notwendig. Die Aussteifung des Daches ist sinnvoll. Die Aufschieblinge müssen komplett erneuert werden.

Arbeiten Dachhaut: Angesichts der Sparrenabstände sollte die Dachlattung mit 30er Latten ausgeführt werden ... Bei der Biberschwanz-Doppeldeckung können die aussortierten Ziegel wieder verwendet werden.

Allgemein: Wegen aktiven Schädlingsbefalls sind umfangreiche Holzschutzmaßnahmen erforderlich. Da die Deckenbalken, Kehlbalken und die Hölzer der Dachkonstruktion sichtbar belassen werden sollen, ist ein behutsames Vorgehen erforderlich. Außerdem ist darauf zu achten, daß nach Möglichkeit Altholz in den entsprechenden Querschnitten verwendet wird."

Das Denkmalamt hatte dieses Gutachten in Auftrag gegeben und auch die Kosten für die Expertise übernommen. Wir verstanden nicht alles, dafür klang es um so bedrohlicher. Dem Schadensbericht war ein Kostenvoranschlag für die empfohlenen Maßnahmen beigefügt. W. wurde sehr blaß, als er zur letzten Seite umblätterte. Die veranschlagte Summe für den Erhalt von Fachwerk und Gemäuer war das Doppelte von dem, was wir für die gesamte Renovierung eingeplant hatten. Blechner-, Putz- und Malerarbeiten, Heizungs-, Elektro- und Sanitärinstallationen waren darin noch gar nicht enthalten.

Talsohle

INZWISCHEN war es Juni, das Haus eine Ruine, es regnete beinahe täglich, und wir standen noch ganz am Anfang der Sanierungsarbeiten, ohne Architekten, jetzt ganz dem triumphierenden genialischen Zimmermann ausgeliefert, der alle paar Wochen seinen pauschalen Kostenvoranschlag wie beiläufig um ein paar Zehntausender erhöhte – mit der Begründung, durch die sinnlosen Auflagen des Architekten seien immer neue überflüssige und zeitaufwendige Arbeiten hinzugekommen. Der gekränkte Architekt schickte eine unverschämte Rechnung, teils für die angeblich so intensive Baubetreuung, teils für den Statiknachweis, der uns doch erlassen worden war. Wir weigerten uns, die volle Summe zu zahlen, mußten nun auch noch einen Rechtsanwalt suchen und weitere kostbare Energien auf die schriftliche Rekonstrukton dieser unerfreulichen Zusammenarbeit wenden.

In dieser Zeit fühlten wir uns oft zum Heulen, hilflos und erschöpft, in Panik wegen der unübersehbaren Kosten, fast schon am Rande unserer Kräfte. Wir hetzten zwischen Beruf, Ämtern und Haus hin und her, arbeiteten auch körperlich ziemlich hart, doch der Bau rührte sich nicht vom Fleck, die Ruine verfiel vor unseren Augen; wir mußten neue Kredite aufnehmen und die finanzielle Belastung wuchs von Monat zu Monat. Zu den Kreditzinsen kamen die Wohnungsmieten in zwei Städten. Die Situation wurde immer verfahrener. Zum ersten Mal seit dem Kauf sprachen wir voreinander den verzweifelten Gedanken aus: „Hätten wir doch die Finger davon gelassen!“ Aber es gab kein Zurück. Niemand hätte uns dieses Wrack von einem Haus abgenommen, nicht einmal für die Hälfte des Preises , den wir bezahlt hatten, bei den bestehenden Auflagen des Denkmalamtes. Derweilen regnete und regnete es; die blaue Folie, die unser Haus zum Schutz um seinen kahlen Kopf trug, war so schlampig befestigt, daß sie sich bei jedem Gewittersturm loszappelte; dann drang das Wasser gleich an mehreren Stellen ins Hausinnere. Aus den Balken in der Diele wuchsen schon die Pilze.

An diesem tiefsten Punkt des Jahres erlitt W.'s Mutter einen Schlaganfall. Als er die Nachricht erhielt, weinte er am Telefon. Wir erfuhren es um zehn Uhr abends, als wir müde und verdreckt von der Baustelle zurückkehrten. „Warum das noch!" schluchzte W. Wir schliefen wenig in dieser Nacht. Am nächsten Morgen nahmen wir, bleiern müde und verstört, den Sieben-Uhr-Zug nach Osnabrück und besuchten mit Schwester und Schwager das Krankenhaus. Die Mutter erkannte uns, das schien mir ein gutes Zeichen, obwohl der Arzt von einem schweren Schlaganfall gesprochen hatte. Die Augen der Kranken blickten trüb aus halbverhängten Lidern; sie fixierten uns nicht, die noch funktionstüchtige Hand krabbelte unruhig über die Bettdecke, nestelte am Infusionsschlauch. Mit schwerer Zunge, schleppend, fragte sie: „Konntet ihr denn trotz der vielen Arbeit kommen? Geht es voran mit dem Haus?"

Sie war erst zwei Wochen zuvor bei uns gewesen, ihr jährlicher Sommerbesuch, und hatte staunend die Baustelle besichtigt. Sie war sogar die frei ins Nichts schwingende Treppe zum ersten Stock so weit hochgestiegen, daß sie die obere Etage überblicken konnte. „Das da sind die beiden Arbeitszimmer", erklärten wir ihr, „und dies hier wird die Bibliothek." Zur Zeit gelangte man zu den Arbeitszimmern nur, indem man über die nackten Fußbodenbalken der Bibliothek turnte, über die provisorisch ein Brett gelegt war, und von der Treppe aus konnte man in den Himmel schauen – oder vielmehr in die blaue Folie, die über den Dachsparren wehte. „Meine Güte!" sagte W.'s Mutter nur. Sie neigte nicht zum Dramatisieren und bemühte selten gewaltige Worte. „Hoffentlich bleibt ihr beide gesund!" war alles, was sie sagte, als sie, ermüdet vom Erkundungsgang, vom Klettern über Steinbrocken und herumliegende Balken, auf einem Hocker saß und uns beim Steineschleppen zuschaute.

Sie war ein bißchen müde geworden und sie war alt, aber niemals zuvor ernsthaft krank gewesen und für ihre dreiundachtzig Jahre noch ungemein rüstig. Der schwere Schlaganfall traf uns alle völlig unerwartet. „Sie war doch noch so fit!“ klagte W. im Zug, sonst war er sehr still auf der Rückreise. „Vielleicht wird es wieder“, versuchte ich ihn zu trösten, „immerhin war sie bei Bewußtsein, immerhin war sie orientiert.“ Würde sie aber je wieder gehen, den Arm bewegen und für sich selber sorgen können?

Die Nachrichten der nächsten beiden Tage klangen nicht ungünstig. Sie sehe besser aus, berichtete die Schwester am Telefon, meistens schlafe sie, sie habe etwas gegessen, sie sei ganz klar, man könne sich mit ihr unterhalten. Allerdings habe sie die Tatsache ihrer halbseitigen Lähmung wohl noch nicht registriert. „Aber natürlich kann ich den linken Arm bewegen!“ hatte sie gesagt und dabei den rechten Arm hochgehoben. – W. hatte sich wieder etwas gefaßt. „Wenn sie nicht mehr allein reisen kann, können wir sie mit dem Auto holen. Sobald es ihr etwas besser geht. Sobald das Haus fertig ist.“ Ihn quälte der Gedanke, daß er weit weg war, daß seine Schwester alle zukünftige Pflegearbeit allein würde leisten müssen, daß er sich in unserer ohnehin verzweifelten finanziellen Lage nicht einmal mit einer Unterstützung würde beteiligen können.

Vier Tage später rief der Schwager nach Mitternacht an; wir waren gerade eingeschlafen. „Mutter ist tot.“ Diesmal schluchzte W. nicht am Telefon; er saß mehrere Minuten auf dem Sofa und hielt den Kopf in beiden Händen. „Komm wieder ins Bett!“ sagte ich. Erst dort begann er zu weinen; er weinte wie ein Kind, stundenlang; er klammerte sich an mich; ich wußte nicht, was ich ihm sagen sollte und hielt ihn nur fest, wir schwitzten und wälzten uns, er redete in unzusammenhängenden Fetzen. „Aber es ging ihr doch schon wieder besser!“ „Ich wollte, daß sie das Haus noch sieht.“ „Immer war sie allein, sie war ihr ganzes Leben so allein.“ Draußen ging gegen vier Uhr ein schweres Gewitter nieder. Danach schliefen wir endlich ein.

Memento mori

HINTERHER, im zweiten und vergleichsweise ruhigen Sommer, erzählten wir Freunden und Bekannten immer wieder unsere Geschichte mit dem Haus. Wenn sie schaudernd die Fotos betrachteten, die die Baugeschichte dokumentierten, und „O Gott! O Gott!“ riefen, „Wie entsetzlich! Wie habt ihr das bloß durchgestanden!“, dann sagten wir oft lachend: „Während des Bauens haben wir manchmal gedacht: Hätten wir bloß vorher gewußt, was auf uns zukommen würde – dann hätten wir es nie gemacht. Und jetzt sagen wir: Wie gut, daß wir es vorher nicht wußten – denn sonst wären wir jetzt nicht hier.“

Wenn ich das andere vorher gewußt hätte, wenn ich den Preis gekannt hätte – hätte ich dann das Haus noch gewollt? Der Teufel verspricht einem im Märchen das, was man sich am meisten wünscht – aber er verlangt als Bezahlung das, was man am meisten liebt. Ich hätte ihm versprechen können, daß ich mit dem Haus für immer auf Geld und Ruhm verzichte – ich fühlte, daß ich hier vom äußerlichen Erfolg viel unabhängiger sein würde als in der Stadt. Hier, sagte ich zu W., könnte man getrost berühmt werden, ohne daß es einen entwurzelt und charakterlich versaut, aber man könnte auch in Ruhe das Schattendasein eines Winkelpoeten führen, ohne daß es einen bitter macht. Aber so ein bißchen Reife und Weisheit reichte dem Teufel nicht, nein, meine Liebe, sagte er höhnisch, mit solchen Lappalien bin ich nicht abzuspeisen, ich will etwas Lebendes als Belohnung. Wie wäre es mit dem ersten, was dir entgegenkommt, wenn du von einer Reise zurückkehrst? –

Manchmal würgt es mich heute noch, wenn ich nach einer Reise aus dem Zug steige, wenn ich meine, W. von weitem den Bahnsteig entlang auf mich zueilen zu sehen. Er kam meistens zur gleichen Zeit mit dem Zug an, nahm die Bahnsteigtreppen im Rennen, zwei Stufen auf einmal, immer auf den letzten Drücker, aber immer holte er mich ab; er war immer da, wenn ich mich umsah, seine hohe schlanke Gestalt, sein kleines Lächeln, wenn er mich in die Arme schloß – ich bin neidisch auf alle Paare, die sich auf Bahnsteigen umarmen.

Kann ich heute sagen: Selbst wenn wir gewußt hätten, daß du nach zwei Jahren dort sterben wirst, hätten wir es auch getan? – Ich würde ihn so gerne sagen hören: Ja. Das Haus ist es mir, trotz der vielen Arbeit, trotz der schrecklichen Sorgen, wert gewesen. Diese letzten Jahre waren für mich so besonders intensiv und schön.

Aber er lebte so gern. Er hätte sein Leben um nichts freiwillig hergegeben. „Ich kann Helden nicht ausstehen. Wenn mir jemand ans Leben wollte, würde ich weglaufen. Ich wäre nicht, wie mein Vater, in den Krieg gegangen, um mich abschlachten zu lassen – ich hätte mich irgendwo versteckt." Als er etwa vierzig war, hatte ihm ein Arzt gesagt, mit seiner gesundheitlichen Konstitution, bei diesem niedrigen Blutdruck, werde er uralt werden: „Sie werden ein langes, aber langweiliges Leben haben." W. erzählte es oft lachend, das mit dem „langweilig" gefiel ihm allerdings nicht. Tatsache ist, daß er ein kurzes, anstrengendes und sehr intensives Leben hatte.

Er liebte das Leben mehr als die meisten Menschen in den mittleren Jahren, die sich gelangweilt und freudlos nörgelnd durch ihre Tage schleppen. Er hatte Spaß am einfachen Leben, am Wandern, an der täglichen Fahrradfahrt ins Institut, an körperlicher Arbeit, deren Ergebnis man sehen konnte. An Besuchen von Freunden und guten Gesprächen. Am Essen und Trinken, es mußte nicht einmal etwas Großartiges sein. Am meisten aber an Ideen, er konnte sich ereifern für Gedankenzusammenhänge.

Ich liebte ihn noch mehr als in unseren ersten Jahren, denn er war runder geworden, ein altmodisches Wort wäre: weiser. Zum ersten Mal war mir hier, im Haus, der Gedanke gekommen, wie schön es sein würde, zusammen alt zu werden. „Wir haben hier so viel Möglichkeiten. Wenn dir dein Beruf stinkt, hängst du ihn an den Nagel, und du kannst immer noch wissenschaftlich arbeiten, etwas schreiben oder dich irgendwo politisch engagieren, Kurse geben, Vorträge halten, bei Amnesty oder Greenpeace oder sonstwo mitarbeiten, wenn du Angst hast, ganz aus der Welt und in die Idylle zu fallen." – Ich weiß nicht, wieweit das auch seine Gedanken waren; zwar spann er meistens weiter mit an diesen Bildern. „Wenn ich pensioniert bin, pachte ich mir einen Rebberg." Aber für ihn war das alles noch ganz weit weg.

Wir orientierten uns am nördlichen Nachbarn, der noch mit 83 Jahren seinen Traktor bestieg und in die Reben tuckerte, der jeden Mittag zum Acker zog, um das Gemüse für die Mahlzeit auszumachen, der im Winter täglich stundenlang Holz sägte. „Hier auf dem Dorf kann man noch mit Anstand altern", sagten wir, „etwas körperliche Betätigung, etwas geistige, wir werden, da wir hier im Paradies wohnen, auch immer viel Besuch, dadurch Anregung und Gespräch haben."

W. ärgerte sich über Menschen, die ihre Angst vor dem Alter vor sich hertragen. Man kann doch auch mit reduzierten Kräften und Fähigkeiten sein Leben noch genießen! „Wie gräßlich", sagten manche Freunde, „sich vorzustellen, daß man sich nicht mehr bücken und nicht mehr laufen kann, daß einem alles weh tut. Wie gräßlich, an einen Rollstuhl gefesselt zu sein. Da kann man sich doch nur umbringen."

„Man kann sich immer noch einen Rollstuhl mit Motor anschaffen", sagte W., „sollte ich mal gelähmt sein, kaufe ich mir so was und fahre jeden Tag damit über die Hügel spazieren."

„Das Allerschlimmste wäre es, wenn man so was wie Alzheimer hat", sagten die Freunde. „Mit körperlichen Gebrechen kannst du vielleicht noch fertig werden, wenn du klar im Kopf bist. Aber was ist, wenn du nicht mehr weißt, was du eben getan hast und wer Karl der Große ist?"

W. ärgerten diese Gespräche: Wenn das oder das auf mich zukommt, dann werde ich mich umbringen. „Wenn ich nicht mehr weiß, wer du bist", sagte er zu mir, „dann ist das sicher sehr traurig für dich, aber Hauptsache, ich erinnere mich noch, daß du eine ganz Liebe bist."

Warum stirbt jemand, der so am Leben hängt, so früh? Die Freunde, die ständig mit dem Suizid kokettierten, leben noch. W. ist tot.

Wiederaufbau

IN den ersten Wochen nach dem Tod der Mutter war W.'s Stimmung labil. Einmal brach er in Tränen aus, als er sich Erdbeermarmelade aufs Brot strich, die sie bei ihrem letzten Besuch noch eingekocht hatte. „Warum weine ich", sagte er mühsam, „Warum tut es so weh?"

Manche Freunde wunderten sich über die Heftigkeit seiner Trauer. Die Mutter war doch alt gewesen. Und es war ein schöner Tod: kurz, ohne langes Siechtum und ohne Schmerzen. Es war sogar genau der Tod, den sie sich selbst am meisten gewünscht hatte. Ich hatte W. in den vielen Jahren unseres Zusammenlebens zuvor fast nie weinen sehen.

Natürlich hing seine Verletzlichkeit mit unserer gesamten Situation zusammen, die kaum deprimierender hätte sein können. Aber ihr Tod zu diesem Zeitpunkt war für ihn auch schmerzlich, weil er ihr sein Haus und unser Leben darin so gern noch vorgeführt hätte. Er hatte ein unkompliziertes, eigentlich unsentimentales Verhältnis zu ihr gehabt, das im letzten Jahrzehnt noch einmal herzlicher geworden war. Erst jetzt, sagte er, fange er an, ihre Lebensleistung wirklich zu begreifen, die er früher einfach so hingenommen habe. Denn sie war Bäuerin gewesen; sie hatte, als sein Vater im Krieg vermißt blieb, unter großer Anstrengung den Hof noch jahrelang allein gehalten und widerstrebend erst dann aufgegeben, als klar war, daß er ihn nie und nimmer übernehmen würde. Dann ließ sie den einzigen Sohn ohne Vorwurf ziehen, obwohl der verschollene Vater doch immer noch hätte heimkehren können, obwohl sie die Kritik der väterlichen Verwandten fürchten mußte. Er machte Abitur, er studierte, er ging weit fort. Die erste Hälfte seines Lebens war eine Flucht gewesen vor allem, was ihn auf dem Lande fesseln und in seiner Entwicklung hemmen wollte. Daß er jetzt als Intellektueller zu einer Art Landleben zurückkehrte, enthielt auch eine Wiederannäherung an die Mutter. Er konnte auf diese Weise symbolisch zum Ausdruck bringen, daß er vielen Dingen, die ihr Leben bestimmt hatten, Wert beimaß; Dinge, die er als Junge geringschätzen mußte, um seinen eigenen Weg zu finden.

Immerhin ließ im Sommer der Druck der beruflichen Verpflichtungen etwas nach, so daß wir mehr Zeit für das Haus hatten. In einem entscheidenden Punkt hatte unsere Baugeschichte schon kurz vor dem Todesfall eine erfreulichere Wendung genommen. Wir fanden nämlich den richtigen Architekten.

Dieser zweite Architekt kam wie ein Geschenk, ein Zeichen, daß die Götter es doch gut mit uns meinten, als wir ganz unten in der Talsohle der Verzweiflung krabbelten; er war für uns und das Haus gerade so richtig wie der erste grundverkehrt gewesen war. Wir faßten schon bei der ersten Begegnung Vertrauen zu ihm. Als er sich die Baustelle ansah, regnete es mal wieder, die Ruine im Regen, tropfnasse Balken, die Bauschutthaufen ein Schlammbad, und kein einziger Zimmermann in Sicht – vermutlich mußten sie an diesem Tag wieder „laden". Es war kühl, Schafskälte, und wir stapften fröstelnd durch das, was von den Räumen noch übrig geblieben war. In der Wohnzimmerecke regte sich auf dem Müllhaufen ein weggeworfenes Baguette, zappelte, als wir scharf hinsahen, mit einem dunklen Schwanz, eine Ratte kam hervor und verschwand gleich wieder unter einem Stapel von heruntergerissenen Deckenlatten, widerwillig, jedenfalls nicht übermäßig geschwinde. Den neuen Architekten schien es nicht zu stören, daß unser Haus sich von seiner abstoßendsten Seite präsentierte. Er zeigte auch keine Spur von schlechter Laune, als wir mit ihm durch den Regen trabten, auf der Suche nach einem Lokal, wo man die Dinge im Trockenen bei einer Tasse Kaffee besprechen könnte, und als dann eines nach dem anderen geschlossen war – montags Ruhetag.

Wahrscheinlich konnte er das, was uns verlorengegangen war: durch das abgerissene Äußere hindurch die Qualitäten unseres Hauses wahrnehmen, noch in seiner unverschuldeten Häßlichkeit seine eigentliche Gestalt ahnen. Vielleicht hatte er auch ein bißchen Mitleid mit uns, den naiven Idealisten, die sich unvorsichtigerweise in ein altes Haus verliebt hatten und in diese verfahrene Lage geraten waren, weil sie keine Ahnung hatten. Jedenfalls übernahm er die Bauleitung, und wir hatten hinfort das, was uns bisher am meisten gefehlt hatte: einen Menschen mit viel Erfahrung und Kompetenz, dem wir vertrauen konnten. Er kannte sich nicht nur mit alten Häusern aus, sondern er bemühte sich leidenschaftlich um jedes Detail, das zu retten war. Außerdem verlor er nie die Ruhe, keine Katastrophe – und es warteten noch einige auf uns – ließ ihn je gereizt oder ungeduldig werden; in jeder Krise fiel ihm eine Lösung ein. Er wußte sogar mit den Starallüren unseres Zimmermannes umzugehen, konnte sich auch ihm gegenüber in seiner ruhigen Art durchsetzen.

Wenige Tage, nachdem er unseren Bau übernommen hatte, hörte ich W. morgens unter der Dusche singen: „Und wenn die Welt voll Teufel wär und wollt uns gar verschlingen, so fürchten wir uns nicht so sehr: Es muß uns doch gelingen!" „Das ist wohl das ‚Lied des Bauherren am Morgen'?" fragte ich ihn. Wir konnten jetzt zwischendurch wieder lachen, wir faßten wieder etwas Mut. Bei dem neuen Architekten fühlten wir uns von Anfang an aufgehoben, das Vertrauen wuchs im Laufe der Zeit, und schließlich hatten wir sogar einen Freund gewonnen.

Allmählich, anfangs noch sehr zögerlich, ging es aufwärts. Als erstes wurden die fehlenden Dachsparren ergänzt, Dachgauben gezimmert und das Dach gedichtet; da war bei uns schon ein großes Aufatmen. Drei Tage lang wurde das abgedichtete Haus mit den freiliegenden Hölzern einer Heißluftbehandlung ausgesetzt, um eventuell noch vorhandene Holzschädlinge abzutöten. Eine vorsintflutlich wirkende Maschine, die einen Höllenlärm verbreitete, pumpte von der Straße her aus einem dicken Rohr heiße Luft ins Haus. Dann ging es Schritt für Schritt an die Wiederherstellungsarbeiten im Inneren, das Ersetzen der fehlenden Wände und Wandstücke im Erdgeschoß, das Hochmauern des neuen Kamins.

Wir waren überwiegend mit Schuttsortieren beschäftigt; je nachdem Vor- oder Nachhut der Handwerker, immer wieder schleppten wir Steine, warfen Holzschindeln auf den Schindelhaufen, stapelten hier Balken, dort Latten, in einer anderen Ecke Bruchsteine, nach der Größe geordnet. Ein riesiger

Bauschuttcontainer nach dem anderen wurde angeliefert, Millimeterarbeit in der schmalen Straße und der engen Hofeinfahrt, von uns in Rekordzeiten gefüllt und wieder abgeholt. W.'s Kinder, Freunde, Geschwister halfen an den Wochenenden oder auf der Durchreise in die Ferien manchmal mit. Es gab auch wieder vergnügte, sonnige Tage, an denen wir mit einer großen Helferschar im Innenhof um ein zum Eßtisch umfunktioniertes Türblatt hockten und Kartoffelsalat aßen, während die Würstchen auf einem eisernen Fußabtreter schmorten, der über zwei großen Kalksandsteinen lag.

Nachdem das Dach gelattet war, sah das Haus schon beinahe wieder wie ein Haus aus. Unser Herz schlug höher, als es wieder mit seinen alten Ziegeln gedeckt war. Der Blechner trat auf den Plan, die Gaubenbacken wurden fertiggestellt, der Architekt beriet mit uns über das Heizungssystem und die Sanitärinstallationen. Als unsere Sommerferien zuende gingen, begannen die Zimmerleute im Haus mit den Blindböden. Der Architekt zeigte uns, wie man Fußböden dämmt: eine Bahn Ölpapier auf die kleinen Bretter legen, die „besäumten Schwarten", die die Zimmerleute von unten gegen die Deckenbalken geschraubt hatten, das Ölpapier mit dem Tucker an der Innenseite der Balken festheften, darauf dann eng, mit viel Spannung, die Steinwollematten stopfen. Das Dämmen war eine häßliche Arbeit, man hockte gekrümmt auf den Balken und durfte auf keinen Fall in die Zwischenräume treten, weil man sonst eingebrochen wäre, und trotz des Mundschutzes, den wir trugen, setzten sich winzige Steinwollepartikel in den Atemwegen fest; kratzten in der Kehle, wir räusperten uns unaufhörlich und schnieften. Das Zeug hing auch in den Kleidern, und nach jedem Einsatz juckte die schwitzende Haut von Kopf bis Zeh.

Die Zeit drängte jetzt, sie galoppierte uns davon; die Tage wurden schon merklich kürzer. Wir waren im Herbst beide wieder stärker beruflich eingespannt und mußten auch viel reisen; nutzten aber dazwischen jeden freien Abend, vor allem um zu dämmen, um wieder und wieder im Haus Ordnung zu schaffen, Hunderte von Nägeln aus den Deckenbalken zu ziehen, die sichtbar bleiben sollten, in der Scheune alle Fenster und Türen zusammenzusuchen, die zu Baubeginn ausgehängt und dort abgestellt worden waren, damit sie repariert, per Sandstrahl gereinigt und gestrichen werden könnten. Der neue Architekt wies uns nach Fähigkeiten und verfügbarer Zeit Hilfsarbeiten zu, nicht nur, weil er um unsere desolate Finanzlage wußte, sondern auch, weil die Zeit äußerst knapp war, wenn wir zum Jahresende einziehen wollten. Aber mit etwas Glück könnten wir es noch schaffen, hatte er zu Anfang gesagt. Die Wohnungen in beiden Städten waren zum Jahresende gekündigt.

Es tat gut, einen großen Teil der Verantwortung an jemanden abgeben zu können, der den Überblick behielt, auch wenn wir fort waren. Er schaute täglich nach dem Bau, er verpflichtete die Handwerker immer wieder auf den knapp kalkulierten Zeitplan; er war die Feuerwehr bei Krisen und Pannen.

Ein größerer Schock wartete noch auf uns. Die Bausparkasse wollte uns keine weiteren Kredite mehr bewilligen. Die Rechnungen trudelten fast wöchentlich in fünfstelliger Höhe ein, seit mehrere Handwerkerfirmen im Haus zu arbeiten begonnen hatten, uns wurde ganz schwindelig dabei. Nach dem ersten vorsichtigen Kostenvoranschlag unseres neuen Architekten, der ersten halbwegs verläßlichen Schätzung seit Baubeginn, würden wir rund 200.000 DM mehr brauchen, als wir bis jetzt zusammengeklaubt, geliehen oder in Aussicht hatten. Wir hatten nie zuvor in unserem Leben Schulden gemacht und waren zutiefst ratlos. Insgeheim hofften wir, einige unserer materiell besser gestellten Freunde würden uns von sich aus ein Darlehen anbieten. Aber sie murmelten davon, daß Geld die Freundschaft zerstört, wenn sie sich unsere verzweifelten Geschichten angehört hatten, oder sie hatten gerade sämtliche Gelder auf Jahre fest angelegt oder benötigten sie selber zur Zeit dringend. Direkt bei ihnen betteln gehen konnten wir nicht, obwohl wir es immer wieder probten, wenn wir uns nachts schlaflos wälzten. Die zu erwartenden Zuschüsse des Denkmalamtes würden wir erst im nächsten Jahr bekommen, und sie waren längst verplant.

Das war eine Sorte Angst, die ich bisher nicht gekannt hatte: lähmend, als würde eine riesengroße Planierraupe sich unaufhaltsam auf uns zubewegen, die uns unter sich begraben würde, alles verzweifelte Hin- und Herlaufen vergebens. Was, wenn wir die Rechnungen nicht mehr würden bezahlen können, die Bank unsere Girokonten sperrte? Dann würden der nicht bezugsfertige Bau und die Wohnungsmieten im Verein uns mit jedem Monat in höhere Schulden treiben. Am Ende würde die Zwangsversteigerung der Bauruine stehen, der Erlös würde nicht einmal die Ansprüche der Bausparkasse decken – und wir würden für den Rest unseres Lebens am Existenzminimum hangeln, nicht nur ohne Haus, sondern auch ohne die Schulden jemals loszuwerden. Die Summen, mit denen wir jonglierten, seit das Bauen begonnen hatte, bewegten sich in einer Größenordnung, in die wir uns nie zuvor gewagt hatten, sie klangen wie aus dem Monopoly-Spiel, und übertrafen bei weitem alle Ausgangsschätzungen der kundigen Freunde, die uns anfangs beraten hatten.

Die Hilfe kam dann schließlich von den Geschwistern. Die eine Schwester sparte schon seit Monaten für uns, die andere hob ihre eiserne Reserve ab, und der Mann der dritten, die wir um eine Bankbürgschaft gebeten hatten, stellte uns eine größere Summe zur Verfügung, die ihm glücklicherweise gerade eine Versicherung ausbezahlt hatte. Jetzt stiegen zwar auch unsere privaten Schulden ins Gigantische, aber hier durften wir uns Zeit lassen mit dem Zurückzahlen, und es entfielen wenigstens die enormen Zinsen. Wir hatten auch noch zum ungünstigsten Zeitpunkt gekauft, versicherte man uns zum Überfluß von allen Seiten; ein Jahr später wären die Zinsen bedeutend niedriger gewesen.

In dieser Zeit mühte sich W. zugleich bei seinem Bonner Arbeitgeber um eine Verlängerung des Arbeitsvertrages in Freiburg, ein zäher Prozeß, der erst nach quälenden Verhandlungen ein nur bedingt positives Ergebnis brachte. Die neue Situation war mit einigen persönlichen Nachteilen für ihn verbunden, aber wir waren bereit, sie hinzunehmen, für ein bißchen Luft, für eine Perspektive von wenigstens drei weiteren Jahren.

All diese Dinge lasteten auf uns, doch blieb in der sich steigernden Hektik nur wenig Zeit zum Grübeln. So schliefen wir beide schlecht und hatten oft Angstträume. Einmal träumte W., er sei mit seinem Institut auf einer Dienstreise in Moskau, das allerdings eher wie eine spanische Küstenstadt ausgesehen habe. Er fuhr ganz allein in einem Auto, während die vier Kollegen gemeinsam in einem anderen saßen. Sie waren auf der Suche nach einem Restaurant, aber die Straßen waren aufgerissen, eine einzige Baustelle, kein Durchkommen. Während sie noch herumsuchten, waren die anderen verschwunden, und W. fand sich allein, er steckte so fest, daß er weder vor noch zurück konnte. „Es gab nur Trampelpfade", sagte er, „nichts, wo man mit dem Auto hätte weiterfahren oder auch nur wenden können." Dann änderte sich die Szene; er stand im Stau, blockiert von einer Polizeistreife. Die Polizisten zerrten den jungen Mann vor ihm aus dem Auto und erschossen ihn auf offener Straße. „Er hatte eine kleinere Verkehrssünde begangen, so etwas wie ‚falsch parken'. Ein Polizist hielt ihn fest, und der andere setzte zweimal an mit dem Zielen und schoß ihm mitten ins Herz. Ich hatte schreckliche Angst, denn ich hatte dasselbe Verkehrsdelikt begangen."

Das Unzeitgemäße

WAR das Haus schuld an seinem Tod? Haben die Sorgen und die viele Arbeit ihn das Leben gekostet? Oder waren es die Kränkungen in seinem Beruf, die ihm in den letzten Monaten zu schaffen machten? Oder nichts davon – Veranlagung, Schicksal? Das unsinnige Bemühen, immerfort nach Erklärungen für das Unerklärliche zu suchen.

Natürlich war es unzeitgemäß, ein Haus zu kaufen. Wir waren eigentlich zu alt, uns in ein solches Abenteuer zu stürzen. Häuser, jedenfalls solche, erwirbt man in jungen Jahren, wenn man noch vor Kraft strotzt, wenn man die Herausforderung sucht, wenn man gerade eine Familie gegründet oder noch kleine Kinder hat, die in den eigenen vier Wänden groß werden sollen. Wenigstens baut man so spät im Leben nicht mehr, und wenn einen noch in dieser Lebensphase das Eigentum lockt, dann wohl eher, weil man nicht weiß, wie man sein vieles Geld anderweitig sinnvoll anlegen soll. Dann nimmt man aber eines von den unproblematischen Häusern, die fix und fertig dastehen; man läßt sich vom Makler die Schlüssel aushändigen und muß nur noch entscheiden, wo die Bilder aufgehängt werden sollen und ob man im Vorgarten einen Rosenbogen haben will.

Auf einmal fiel unser Leben ganz heraus aus dem der gleichaltrigen Freunde. Bei denen waren vielleicht gerade die Kinder flügge und sie überlegten womöglich schon, ob ihnen ihre Häuser nicht bald zu groß sein würden. Während wir jetzt jede freie Minute am Haus arbeiteten und jeden Pfennig sparen mußten, genossen sie es, wieder mehr Geld für sich ausgeben zu können und mehr Freizeit zu haben. Sie planten einen Urlaub nach dem anderen; sie segelten im Mittelmeer und bereisten den fernen Osten; sie besuchten diese Theateraufführung und jene Ausstellung. Den einen stand der Sinn nach Kultur, den anderen nach guten Restaurants und wieder anderen nach gehobener Sinnsuche, Spiritualität, Esoterik oder Psychohygiene; sie machten Meditation und Atemtherapie, sie besuchten Seminare über Zen-Buddhismus oder Schamanismus, Shiatsu, Fußreflexzonenmassage oder Ayurveda. Wenn sie sich körperlich betätigten, dann war es Tennis, Jogging oder das Fitneßzentrum, ein Workshop über Körperarbeit oder Tai Chi, im simpelsten Fall Gartenarbeit zur Entspannung. Jedenfalls wühlten sie in ihrer Freizeit ganz bestimmt nicht mehr im Bauschutt herum.

Nun war unser Leben mit einem Schlag anders geworden, aber wir bedauerten es nicht – im Gegenteil: Das Dasein der anderen schien uns plötzlich viel zu leicht und so beliebig. Und trotz der größeren Leichtigkeit ihres Lebens waren die meisten Freunde keineswegs glücklicher und zufriedener; im Gegenteil, latente Melancholie und eine von Überdruß durchzogene Geschäftigkeit schien oft auch ihren Freizeitaktivitäten anzuhaften. Im Reich der Notwendigkeit waren wir erst einmal aller Fragen nach dem Was und dem Warum enthoben; bei uns gab es zwar die Schlaflosigkeit, die Angst und die Sorge – aber auch ein klares Ziel und eine seit Jahren nicht mehr gekannte Lebensintensität. Wenn Freunde von ihrem Urlaub in Australien oder auf der Karibik erzählten, langweilten mich diese Geschichten auf einmal. Sie weckten Erinnerungen an ein fremdes früheres Leben, das wir für eine viel aufregendere Reise in ein noch exotischeres Gelände für immer verlassen hatten – blaß und unwesentlich schien dagegen, was sie erlebten.

Die Entscheidung für das Haus hatte auf einmal aller Tändelei in unserem Leben ein Ende gemacht. Was wie das Spielen mit einem Traum begann, hatte in kurzer Zeit eine unerbittliche Eigendynamik entwickelt, die uns mit sich fortriß; das Haus forderte uns ganz, Körper und Seele, und plötzlich ging es sogar um das Überleben. „Wer spricht von Siegen? Überstehn ist alles!" Es war noch einmal eine Konfrontation mit den eigenen Grenzen, eine Begegnung mit Kräften, die wir nicht mehr steuern konnten. Vielleicht nennt man das Schicksal.

Als uns das Haus begegnete, lebten wir zwei Jahrzehnte zusammen, sieben frühe Jahre der Verliebtheit und der Positionskämpfe, dann elf Jahre in einer Haus- und Wohngemeinschaft, die anfangs eine Bereicherung war, am Ende aber quälend und einengend, bis sie wie eine ungute Ehe mit einer besonders häßlichen Scheidung auseinanderging. Danach blühte zu unserem Erstaunen ein neuer Honeymoon auf.

Die intensive Zweisamkeit war eine Spätblüte unserer Lebensgemeinschaft. Davor hatten wir gute, aber auch kämpferische Jahre; lange Zeit hatten wir uns mehr als zwei Ichs denn als ein Wir verstanden. Am Anfang überwog das Abmessen und das Aufrechnen, das Bemühen um gerechte Arbeitsteilung, Gleichgewichtigkeit und Gegenseitigkeit. Beide hätten wir in der ersten Phase unseres Zusammenlebens Abhängigkeit und Schwäche nicht ertragen können, nicht die des anderen, erst recht nicht die eigene. In Wirklichkeit fürchteten und ersehnten wir die Symbiose; vielleicht brauchten wir deswegen viele Jahre lang nicht nur ein verbindendes, sondern auch ein trennendes Drittes. Manchmal war das die Berufsarbeit, manchmal waren es W.'s Kinder aus der ersten Ehe. Wir hatten auch beide allein intensive Freundschaften gepflegt, in denen der andere nur als Zaungast vorkam. Aber dabei waren wir uns doch über zwei Jahrzehnte die wichtigsten Menschen geblieben; das Wir konstituierte sich als die Klammer für alle anderen Erlebnisse und Erfahrungen.

Das Unzeitgemäße als ein immer wiederkehrendes Lebensthema: Die Ehe verweigern, wenn alle anderen heiraten. Kinder erst wollen, wenn die Fruchtbarkeitsphase fast vorüber ist. In den mittleren Erwachsenenjahren in eine Wohngemeinschaft ziehen, wenn andere, die diese Lebensform ausprobierten, sie schon längst als juvenile Durchgangsphase wieder hinter sich gelassen haben. Erst heiraten, wenn die meisten sich schon längst wieder haben scheiden lassen, manche schon zum zweiten Mal. Nach fast zwanzig Jahren des Zusammenlebens die Zweisamkeit noch einmal entdecken, als sei man ein Liebespaar, das sich erst vor kurzem kennenlernte – aber auf dem Hintergrund einer tieferen Wertschätzung des anderen, wie sie zu Anfang, in der Zeit der Selbstdarstellung und der Kraftproben, gar nicht möglich gewesen wäre.

Es wäre so schön gewesen herauszufinden, was alles noch kommen kann. Statt dessen muß ich ein anderes Unzeitgemäßes ertragen: meinen Gefährten viel früher zu verlieren als andere, die vielleicht weniger Freude aneinander haben.

Endspurt

IN diesen Tagen war jede Stunde verplant; es blieb uns so wenig Zeit für irgendwelche Gefühle, nicht einmal mehr für die Angst. W. erzählte mir seinen Traum von dem jungen Mann, der erschossen wurde – „der Polizist legte zweimal an und zielte und schoß ihm mitten in die Brust" –, als wir im November nach einer Woche der Abwesenheit frühmorgens vor der Arbeit zum Haus fuhren, um festzustellen, wieweit die Dinge inzwischen gediehen waren. Das Dorf lag im Herbstdunst, als wir über die Hügel herabkamen, die Berge in die graue Ferne gerückt. In der Einfahrt wären wir beinahe gegen den Turm aus Heizkörpern gefahren, die vor dem Treppenaufgang hochgestapelt waren.

Es ging also voran. Im Haus wurden jetzt die Fenster eingesetzt. Einge der alten Sprossenfenster hatte der Schreiner noch reparieren können; dort wo sie fehlten, waren andere nachgebaut worden. Mit den Fenstern wirkte das Haus fast schon wohnlich. In dem Teil des Wohnzimmers, der früher einmal Schlafstube gewesen war, hatten die Verputzer unter alten Mörtelschichten Reste eines blaßblauen Blumenmusters gefunden. Wir wollten es erst an der Oberfläche lassen, aber es war nur schwach zu erkennen, so wurde es vorsichtig wieder zugedeckt. Mitte November waren sie im Erdgeschoß mit den Putzarbeiten fertig, die Heizkörper waren montiert und die Heizung lief beim ersten Frost bereits auf Hochtouren, obwohl um die Fensterrahmen im ersten Stock noch durch handbreite Spalten die Kälte hereinstach. Das würde horrende Heizkosten bedeuten – aber was half es, das Haus mußte austrocknen, wenn wir in vier Wochen einziehen wollten. Ganz nach Zeitplan war jetzt der Trockenputz im ersten Stock an der Reihe, im Bad wurde der Estrich verlegt, und der Maler sollte im Erdgeschoß anfangen. Der Maurer mit dem traurigen Lächeln schleppte mit einem Kollegen die großen Steinplatten für den Dielenboden ins Haus.

Nach dem verregneten Sommer hätte ein sonniger Herbst gutgetan, aber es regnete auch jetzt oft, und das schlechte Wetter verschärfte das Gefühl des Zeitdrucks. Es gab nur eine Orientierungsmarke: Vor Weihnachten würden wir im Haus sein. Egal wie. Irgendwie. „Wir müssen lernen, gelassen zu bleiben", ermahnten wir einander, „wir dürfen uns nicht verrückt machen lassen, eins nach dem anderen, dann werden wir es schon schaffen." An einem Novembersonntag, als es wieder einmal in Strömen regnete und die Blätter durch die Luft wirbelten, saßen W. und ich auf einem Bauschutthaufen in unserer zukünftigen Küche und planten, wie wir sie einrichten wollten. Es war eine schöne, versonnene Stimmung; wir konnten durch das Chaos hindurch in die Zukunft sehen, als wir Spüle, Herd, Kühlschrank mit dem Bleistift auf das Papier und mit einer Latte in die feine graue Schmutzschicht am Boden zeichneten.

Aber wann sollten wir die Skizze mit den gewünschten Anschlüssen für den Elektriker machen, wenn wir uns in der kommenden Woche gar nicht sehen würden, da wir beide in verschiedenen Städten unterwegs sein mußten? Wir verabredeten uns auf halber Strecke in Mannheim, W. kam von Norden und ich von Süden, und wir besprachen in einem Café drei Stunden lang anhand der Baupläne, wo die verschiedenen Steckdosen und Leuchten sein sollten. Dann umarmten wir uns und stiegen in die verschiedenen Züge, W. nach Süden und ich nach Norden, er nahm unsere Skizze für den Elektriker mit. So etwas machte auch Spaß, weil es verrückt genug war. Manchmal allerdings blieben die Stunden im Zug die einzigen Augenblicke der Erholung.

Wir mühten uns, Schritt zu halten, dankbar für unseren Architekten, der uns, ohne Panik zu machen, die jeweils neuen Arbeitsaufträge gab, immer in einer netten verklausulierten Art, die die Illusion von Muße ließ: „Wenn Sie demnächst mal Zeit haben, dann könnten Sie ..." Wenn wir nicht auf Reisen waren, hatten wir drei, manchmal gar vier Abendeinsätze pro Woche im Haus. In manchen Räumen mußten die Decken von unten gedämmt werden, das war besonders scheußlich, weil einem die ekligen Steinwolleteilchen von oben in die Augen, die Nase und die Kleider rieselten. Wir brauchten mehrere Abende, bis wir die schöne alte Eichendecke im Wohnzimmer mit der Drahtbürste gereinigt hatten, Kassette für Kassette, auf Hockern stehend, mit dem Arm über dem Kopf und schmerzenden Nacken und Schultern, während der Staub in die Augen fiel. Die Schutzbrillen taugten nichts, weil man darunter schwitzte und sie sofort beschlugen.

Wir rannten, wir überschlugen uns, wir waren froh, wenn wir die Dinge halbwegs geschafft bekamen. Wir mußten uns jetzt dringend wegen der Kücheneinrichtung umsehen, wir hatten gar nichts, besaßen keinen Herd, keine Waschmaschine, keinen Kühlschrank, der Staubsauger war hochgradig altersschwach und sollte bei dieser Gelegenheit auch ersetzt werden. Eine Spülmaschine kommt mir nicht ins Haus, sagte ich. W. bestand – „vorsichtshalber“, sagte er – auf einem Anschluß dafür. Alle diese Anschaffungen verlangten etwas Überlegung und Absprache, also Zeit, einen Gang zur Verbraucherberatung, Vergleiche in mehreren Geschäften. W., sonst extrem gründlich bei Kaufentscheidungen, machte wegen der Zeitnot schon große Abstriche. Das Telefon mußte installiert, die Ummeldung in die Wege geleitet werden.

Dazwischen gab es manchmal wie kostbare kleine Inseln Augenblicke der Ruhe. Einmal saßen wir im Keller und spannen Geschichten über die Menschen aus, die früher in unserem Haus gelebt hatten – „zu denken, daß sie hier schon im Dreißigjährigen Krieg hockten wie wir jetzt, und es waren genau dieselben Wände, den dicken Balken als Riegel vor das Tor geschoben“ – weil wir einfach zu müde waren, uns umzuziehen und nach Hause zu fahren, wo das Bett wartete. Manchmal flackerte in dem atemlosen Leben, das wir führten, wieder etwas von der Euphorie der ersten Wochen auf, durchmischt mit Erschöpfung: „Oh, es wird schön, siehst du, wie schön es werden wird?“ Dabei konnte man allerdings die kommende Schönheit vorerst nur mit den Augen der Phantasie ahnen.

Manchmal hielten wir, wenn wir im Dämmerlicht draußen räumten, einen Augenblick inne und sahen von der Stalltür aus mit verliebten Augen das biberschwanzgedeckte steile Dach des Wohnhauses an und die kleinen Sprossenfenster von Küche und Diele und den Schopf mit seinen neuen kleinen Dachgauben und den hölzernen Schweineställen darunter, den Türsturz aus Sandstein um die Hintertür, den gewölbten Kellereingang. „Ich könnte immerfort stehen und nichts tun als schauen“, sagte ich, „wie in einem Märchen sieht es aus.“ In diesem Licht wirkte sogar die übliche Unordnung im Hof malerisch, tagsüber war es mehr wie ein Schlachtfeld. „Nur daß ich im Stehen einschlafe“, sagte W., müde und glücklich, auch er lehnte sich für Augenblicke gegen die Scheunenwand, um das Bild in sich aufzunehmen. „Wie unglaublich still es hier ist."

Dann liefen wir weiter räumend auf unserem Grundstück hin und her, bis es wirklich absolut schwarze Nacht war und man die Gegenstände nur noch ertasten konnte, bemüht, keinen allzu großen Lärm dabei zu machen. Aber manchmal öffneten die Nachbarn ihre Haustür einen Spalt weit, pfiffen nach der Katze und spähten ins Dunkel. „Noch kein Feierabend?" riefen sie, und wir fühlten uns schuldig.

Zurück in der Stadtwohnung, verdreckt, stinkend und uns kratzend, als hätten wir die Flöhe, genossen wir die köstlichen Augenblicke der Entspannung in der Badewanne, manchmal selbst zum Abendessen zu müde. Wir gingen immer zusammen in die Wanne, saßen einander gegenüber, das sparte Wasser und Zeit und war sowieso viel schöner, und nicht selten schliefen wir im langsam zusammensackenden und sich dunkel färbenden Badeschaum für kurze Momente ein.

Der Trost der Tiere

NOCH warm hole ich Erdmuthes Ei aus dem rechten oberen Legenest; Bilhildis hat gleich nach dem Frühstück gelegt, sie ist meist die erste und ihr Triumphgegacker kaum zu überhören. Endlich wird es wieder ein bißchen wärmer nach den Tagen der Schafskälte, ich stehe versonnen bei der Stalltür und trinke das Licht und futtere aus einem Körbchen Kirsche um Kirsche, bis mir übel wird, schwarze süße Kirschen, die mir der alte Herr von nebenan eben durchs Küchenfenster hereinreichte. Koriander macht an meinem linken Hosenbein Kletterübungen, während Mutter Klio sie leckt, die kleinen Krallen kitzeln mich an der Wade.

Den Hühnerstall habe ich im April gebaut. Ich brauchte einen ganzen Monat dazu, an jedem freien Tag drei oder vier Stunden. Der Hühnerstall ist Teil des hinteren Stalles – dort war er auch früher, denn als wir in unserem ersten Sommer dort aufräumten, fanden wir am Boden eine Schicht von plattgedrücktem alten Stroh und das Gipsei, das jetzt wieder im Legenest lockt. Ich habe den etwa zwölf Quadratmeter großen Raum mit einer Zwischenwand unterteilt, um auf der rechten Seite das noch von W. angelegte Hausmuseum zu erhalten. Die Bretter aus unserem großen Vorrat an altem Holz herausgesucht, teils mit der Kettensäge, teils mit der Handkreissäge zurechtgestutzt, die Fensterluken zum vorderen Stall mardersicher mit Maschendraht abgedichtet. Denn ganz in der Nähe bei der Kapelle ist ein Marder gesichtet worden. Auch den Fußboden habe ich allein gebaut, eine Etage über dem alten Fußboden aus gestampfter Erde. Ich habe zwei große Holzbalken herbeigeschleppt und längs gelegt, auf Teerpappe, damit sie nicht zu schnell faulen, und quer darüber die zurechtgesägten Dielen, drei Zentimeter stark. Sie sind nicht auf die Balken genagelt oder geschraubt, damit ich sie zum gelegentlichen Großreinemachen herausnehmen, abspritzen und kälken kann.

Die Innenausstattung des Hühnerstalls ist luxuriös. Sie besteht aus einem Gerüst mit der gut drei Meter langen Sitzstange und dem schräg eingelegten Kotbrett darunter – alles zum Herausnehmen. Außerdem gibt es drei Legenester aus alten Weinkisten, Designermöbel, mit Stroheinstreu und hübschen kleinen Schrägdächern, damit die Hühner nicht darauf hocken und sie vollkacken, sowie verschiedene Hühnerleitern zu den höhergelegenen Nestern und zum Fenster, durch das die Hühner in den Gartenauslauf beim Kompost spazieren. Zwei ältere Männer aus der Nachbarschaft haben für mich die Pfähle in die Erde gerammt und den Maschendraht für den Zaun gespannt.

Die Hühneridee war mein Wintertrost. An den langen dunklen Abenden des zweiten Winters allein lag ich auf dem Sofa, während das Holz im Ofen knackte, und studierte Hühnerbücher. Ich brauche wohl nicht zu erwähnen, daß ich noch nie im Leben einen Stall gebaut habe – in meinem früheren Stadtleben bestand dazu wenig Anlaß. Meine Schreiner-Erfahrungen beschränken sich auf die Bücherregale aus Preßspan, die ich während meiner Studentenzeit zimmerte. W. spottete darüber, weil sie ziemlich windschief waren, aber sie hielten trotzdem gut zwei Jahrzehnte lang eine Menge Bücher und einige Umzüge aus.

Wenn ich jetzt die Tür meines Hühnerstalls öffne – sie hat einen alten, angerosteten Riegel aus den Funden des Hausmuseums, frisch geölt, und eine ebensolche eiserne Kette auf der anderen Seite, mit der ich die Türe von innen verschließen kann –, komme ich mir vor wie im Lesebuch für das zweite Schuljahr. „Ein Besuch bei Oma auf dem Lande." Ein Lesebuch aus meiner Schulzeit, natürlich, denn heute kommen wohl keine Bauernhöfe mehr darin vor, sondern nur Computerküken.

Meine beiden Legehennen sind Italienerinnen, mit ein bißchen Leghorn durchsetzt, und die vier Junghennen, die erst in acht bis zehn Wochen legen werden, sind eine Kreuzung zwischen Australorps und Klein-Welsumern. Erdmuthe ist die Chefin, resolut und bodenständig; Bilhildis dagegen ist ein romantisches Huhn. Am Anfang schien mir, sie werde eher Gedichte schreiben als Eier legen; denn sie wanderte oft noch in der Dämmerung allein durch den Regen, wenn die anderen sich schon zu einem großen plustrig-warmen Federhaufen auf der Stallfensterbank lagerten, und sie liebte es, hinauf auf den Steinpfosten zu flattern und verträumte Blicke durch die rot-und-weiß blühende Kletterrose ins Weite zu werfen. Aber jetzt legt sie, trotz ihrer poetischen Ader, ebenso zuverlässig wie Erdmuthe.

Mir in der Stadt meinen Hof vorstellen: Wenn ich auf Reisen bin, müde, mich sehr allein und überfordert fühle, entwurzelt und überreizt von zu vielen Eindrücken, auf die man rasch und flexibel und scheinbar nimmermüde mit Fassadenlächeln reagieren muß, und hinter der Bühne, wenn der Vorhang fällt, ein schlappes, ausgelaugtes Bündel – dann mache ich die Augen zu und stelle mir den Innenhof vor, den meine Katzen wachsam durchstreifen, stelle mir Klio vor, die mit gespitzten Ohren das Hoftor beobachtet, ob der Kies knirscht, ob das Gatter sich öffnet, ob ich bald wiederkomme – wenn es jemand Fremdes ist, stieben die Katzen davon, verschwinden unter dem Scheunentor. Stelle mir das Gackern der Hühner vor, ihren herrlich würdevollen Gang – manchmal schreitet der Hahn Jonathan daher, hält inne, hebt eine Kralle und verharrt in dieser Pose sekundenlang, bevor er sie nachdenklich wieder zu Boden setzt und weiterschreitet. Als sei ihm mitten im Stolzieren ein sehr wichtiger Gedanke gekommen, der keine Sekunde Aufschub und volle Konzentration verlangt. Ich stelle mir das kleine girrende Geräusch vor, das Bilhildis macht, wenn sie, in der Regel unmittelbar nach dem Frühstück, ihr Legenest aufsucht. Sie steht davor und äugt und gurrt leise und hoch, ein beinahe zärtliches Zirpen, bevor sie flatternd hinaufhüpft. „Ich glaube, jetzt ist mir danach ein Ei zu legen" – heißt dieses Geräusch; es wirkt so weltvergessen, so selbstzufrieden, daß es auch mich zufrieden macht. Und es hilft mir, daran zu denken, wenn ich in einem überfüllten Zug sitze, über eine S-Bahn-Haltestelle haste, wo das Elend lauernd ausgebreitet liegt, wenn ich mich in angestrengter Konversation mit Menschen befinde, die mich nicht wirklich interessieren. Morgen, sage ich mir dann, oder übermorgen, je nachdem, wenn ich abends ausgelaugt in einem Hotelbett liege und die Stadtautobahn rauschen höre und aus dem Fenster Betonpaläste und Neonfestivals sehe, morgen nachmittag oder abend bist du wieder zu Hause, der

Apfelbaum hat inzwischen ein paar Äpfel fallenlassen und du sammelst sie ein und machst dir Hirsebrei mit Apfelmus zum Abendessen. Kindheits- und Großmuttererinnerungen.

Am Anfang war es schrecklich, sich so sehnsüchtig nach Hause zu wünschen und zu wissen, daß das Haus da sein würde, auch die Katzen und der Apfelbaum, aber W. nicht und nie wieder. In den ersten Monaten nach seinem Tod saß ich auf den vielen Rückreisen von den vielen Orten im Zug, erst stumpf und nur müde, dann spürte ich eine wider Willen wachsende Freude auf Zuhause, wieder zurück zu sein, Insel, Oase, Zuflucht, und je näher ich dem Dorf, dem Haus kam, desto heftiger wurde die erwartungsvolle Sehnsucht und desto mehr würgten mich die Tränen, und endlich angekommen, war alles wirklich so schön, verwuchert und verwunschen wie in meiner Phantasie, und ich rannte mit den Koffern ins Haus und heulte hemmungslos und konnte nicht einmal auspacken. Ich dachte, ich könnte es keine Minute zu Hause aushalten; es war, als müßte ich sofort wieder weg, das Auto nehmen und gegen einen Brückenpfeiler fahren.

Der Ochsenkopf

HEUTE habe ich den Schädel des Ochsen aus dem Keller geholt, wo er lange im Dämmerlicht auf dem Schrank stand, einigermaßen unbeachtet. Doch er verdient einen besseren Platz, wenn es wirklich der Kopf des Richtfestochsen ist, und außerdem ist es im Keller zu feucht, er könnte im Laufe der Zeit dort Schaden nehmen. Mir schien, auf der Innenseite des Schädels nagte allerhand winziges, unappetitliches Getier. Ich habe ihn erst einmal zum Austrocknen auf die Steinbank am Birnbaum gelegt. Später werde ich ihn an der Scheunenwand oder unter dem Schopf aufhängen, wo er hingehört. Leider hat sich schon vor unserer Zeit der Unterkiefer vom Oberkiefer gelöst und führt jetzt ein eigenes Dasein: ein gewaltiges Gebiß mit einem Satz riesiger kräftiger Mahlzähne – dieser Ochse hat zu Lebzeiten bestimmt keinen Zahnarzt gebraucht. In der Mitte der Stirn ist ein kleines Loch – von dem Bolzen oder Nagel, der ihn tötete.

Ich frage mich, ob es sich wirklich um den Richtfestochsen handelt und wie alt dieser Schädel sein mag. Früher gab es die Sitte, daß der Ochse, der die Dachsparren schleppte, zum Richtfest geschlachtet und verzehrt wurde; sie betäubten ihn mit einem Keulenschlag und hämmerten ihm ein Brett mit einem gewaltigen Nagel gegen die Stirn. Anschließend hängte man seinen Schädel zur Abwehr von bösen Geistern über das Scheunentor. Wir fanden diesen hier im Keller. Vielleicht war er früheren Bewohnern unheimlich geworden.

Zweihundert Jahre lang hat das Anwesen der Familie Mayer gehört, Winzer und Steinhauer, wie früher fast alle Bewohner unseres Dorfes. Der letzte männliche Eigentümer, Gottfried Mayer, war Anfang der 50er Jahre gestorben. Seither war das Haus, in dem seine Witwe und eine schwachsinnige Tochter noch zwei Jahrzehnte weiterlebten, immer mehr heruntergekommen. Die alte Frau Mayer hatte es an die Gemeinde überschrieben, und die wiederum hatte es unserem Voreigentümer weiterverkauft, dessen Sohn das Haus für sich hatte umbauen wollen.

Das erfuhren wir im Laufe der Zeit, setzten es uns nach und nach zusammen aus Gesprächen mit den Nachbarn, bei Gängen über den Friedhof, aus den Grundbüchern der Gemeinde. Zu Beginn des 19. Jahrhunderts übereigneten der aus dem Kaiserstuhl stammende Steinhauer Michael Meier und seine Ehefrau Zäzilia geborene Eckerle (die „wegen Unkunde in der Schreibkunst" nicht mit ihrem Namen unterzeichnen konnte) das Haus ihrem Sohn Fridolin Maier. Es war der einzige Sohn aus der zweiten Ehe der Frau Zäzilia, die in erster

Ehe mit einem Herrn Schuble verheiratet war und von diesem drei Kinder hatte. Vielleicht ist damals das Anwesen geteilt worden, denn manches an der Anlage spricht dafür, daß es früher größer war. Fridolin, geboren 1821, hat seiner Frau Anna Maria Elmlinger bei deren Tod im Jahre 1858 den kleinen Gedenkstein zugeeignet, den wir unter der Stiege zum Dachboden fanden. „Jesus, dir leb ich, Jesus, dir sterb ich", steht auf der einen Seite, und „Wer an mich glaubt, hat das ewige Leben" auf der anderen. Fridolin, beim Tod der Gattin erst 37 Jahre alt, schreibt sich auf diesem Stein als „Mäyer". Seine vier Kinder German, Elisabeth, Mainrad und Anna sind damals noch klein – German, der Älteste, ist gerade einmal zwölf. Früher Tod ist ein immer wiederkehrendes Schicksal in der Familie Mayer. 1877 überläßt Fridolin das Haus dem ältesten Sohn German, wahrscheinlich anläßlich dessen Eheschließung mit Agatha Kummle, „eine einstöckige Behausung, Scheuer, Trotte mit Trottschopf, Waschhaus mit Kraut und Gemüsegärtle und den danebenliegenden öden Plätzen, samt allen dazugehörigen Gebäulichkeiten nebst Faßlager im Keller oben in Oehlinsweiler dem sogenannten Dierenberg gelegen".

German Mayer, der „früh Entrissene" (1845–1888), dessen Gedenkstein wir unter dem Schopf und dessen Grabstein wir in der Vorgartenmauer fanden, könnte vom Alter her der Vater meiner Großeltern gewesen sein. Ich habe noch nicht herausgefunden, was die Ursache seines frühen Todes mit erst 42 Jahren war. Ein Unfall? Oder starb er, wie so viele, weil seine Lunge vom Steinstaub zerstört war? Jedenfalls hinterließ er drei kleine Kinder; das fanden wir über die Grundbucheintragungen, die sogenannten „Contractenprotokolle" heraus. Die als Baby gestorbene Anna (Juli 1880 bis Juni 1881), deren Grabstein ebenfalls unter dem Schopf steht, taucht dort schon gar nicht mehr auf. Die beiden älteren Kinder waren Mädchen; Josefine, geboren 1879, heiratete den

Schaffner Christian Silber und zog nach Freiburg, die andere, Maria Anna, geboren 1881, blieb im Dorf und wurde die Frau des Bäckers Luhr. Gottfried, der Jüngste, beim frühen Tod des Vaters erst drei Jahre alt, bekam das Haus im Jahre 1908. Deutet seine späte Heirat darauf hin, daß seine Mutter Agatha, die Witwe des früh Entrissenen, noch lange bei ihm wohnte?

Gottfried ehelichte eine Maria Winterhalter, die aus dem Schwarzwald kam – das waren damals Fremde im Markgräfler Land, „die von da oben", verschlossener, weniger heiter und lebensbejahend, anders jedenfalls. Einige Nachbarn erinnern sich noch an den „Mayer Gotter". Man hat mir ein Foto von ihm geschenkt, das einen hageren, finster blickenden Mann im dunklen Anzug zeigt. „Er saß immer auf den Stufen der Vordertreppe, und wenn wir Kinder beim Spielen in die Nähe seiner Hofeinfahrt kamen, dann rief er: ‚Warte, gleich hole ich das Messer!'"

Vielleicht, sage ich mir, war der Mayer Gotter so bitter und so böse, weil sein einziger Sohn Hermann mit neunzehn Jahren im Zweiten Weltkrieg fiel; auf einer Gedenktafel an der Pfarrkirche wird Hermann unter den Toten des Jahres 1942 geführt. Der Mayer Gotter war mit 57 schon ein alter Mann, als ihm der Sohn genommen wurde. Es gab da zwar noch die Tochter, Elisabeth, aber die war schwachsinnig; „zurückgeblieben", sagen die Leute, früher haben sie es sicher weniger vornehm ausgedrückt. Sie konnte nicht richtig sprechen, nur komisches Zeug lallen, aber sie war gutartig und freundlich. „Auch mannstoll", erzählen andere und kichern. Wahrscheinlich war das Lisbethle mongoloid, denn Frau Maria war schon 43 Jahre alt, als dieses zweite Kind zur Welt kam, und ihr Mann Gottfried noch ein Jahr älter.

Vielleicht lag dem Mayer Gotter nach dem Tod des einzigen tauglichen Erben nicht mehr viel an seinem Anwesen. Von da an, stelle ich mir vor, haderte er mit seinem Leben und bekam den menschenfeindlichen Gesichtsausdruck, den er auf dem Foto hat; vielleicht war er aber auch, so früh vaterlos, schon zuvor ein schwieriger Mensch gewesen. Der Mayer Gotter ist 1952 mit 67 Jahren gestorben; damit war dieser Zweig der Familie Mayer in der männlichen Linie erloschen. Seine Witwe Maria Winterhalter hat ihn um drei Jahrzehnte überlebt und ist uralt geworden, 96 Jahre. Aber ihr Haus, unser Haus, hat sie schon vorher verlassen müssen. Sie war die Treppe herabgestürzt und hatte sich den Oberschenkelhals gebrochen, und der Vormund der behinderten Tochter und der damalige Bürgermeister hatten ihr im Krankenhaus erklärt, sie müsse nun in ein Heim. Das Haus ging an die Gemeinde, gegen eine lebenslange Rente für die alte Frau Mayer und ihre Tochter Lisbeth, die nach dem Tode der Mutter noch sechs Jahre weiterlebte.

Es war unser und des Hauses Glück, daß seit drei oder vier Jahrzehnten niemand mehr ein rechtes Interesse an dem Anwesen gehabt hatte. Es dämmerte vor sich hin; es wurde nur aufs Notdürftigste repariert. So ist es ihm gelungen, seine alte Gestalt zu bewahren. Gerade in den 60er Jahren, als durch die Rebreform ein bißchen Geld in das vorher so ärmliche Dorf kam, sind dort viele alte Häuser abgerissen, umgebaut und bis zur Unkenntlichkeit verschandelt worden. Einheitsbilligbauweise, Glasbausteine und die Balkonstaketen aus dem Heimwerkermarkt. Nach und nach sind überall Schopf und Scheune verschwunden und durch Neubauten ersetzt worden. Denn niemand geht gern fort von hier, auch die jungen Leute nicht, und die Grundstückspreise sind für die durchschnittlichen Einkommen der Leute viel zu hoch. Was liegt da näher, als die alte Scheune abzureißen und ein modernes Wohnhaus für den Sohn oder die Tochter, für Kind und Kindeskind an ihre Stelle zu setzen? Die Hofeinfahrten wurden zugepflastert – „endlich kein Dreck mehr, alles viel besser sauber zu halten!" –, die alten Obstbäume um die Häuser herum gefällt, statt der bunten kleinen Küchen- und Bauerngärten entstanden sterile gepflegte Rasen mit der immergrünen immergleichen Umrandung aus Koniferen.

Einzug

WIR schafften es; tatsächlich feierten wir Weihnachten im neuen, alten Haus.

Es war ein eigentümliches Fest, eine Art Höhlenweihnachten; wir waren wie Tiere, die erschöpft in eine Höhle kriechen, nachdem sie lange unbarmherzig gejagt worden sind. Der größte Teil des Umzugs lag hinter uns, fünf Tage Hausrat und Bücher packen, Möbelwagen beladen, entladen, lange Autobahnfahrten zwischen den Städten. Auch an Heiligabend hatten wir den ganzen Tag geräumt und geputzt, doch gegen 18 Uhr beendeten wir die Arbeit, es war natürlich schon dunkel – und sehr dunkel hier draußen. Natürlich hätten wir endlos weiterarbeiten können, aber wir beschlossen: „Schluß jetzt – nun ist erst mal Weihnachten!"

Dann klaubte ich die letzten Putzbrocken aus der noch vorsorglich in ihrer Schutzhülle verpackten neuen Badewanne, wir ließen heißes Wasser ein und nahmen ein Bad, das uns verwandeln sollte. W.'s Sohn war bei uns, er hatte an den letzten beiden Umzugstagen geholfen; Heiligabend zu dritt. Es gab ein chinesisches Schnellgericht, ein Zehnminuten-Essen – für etwas anderes hatten wir keine Kraft mehr, todmüde, wie wir waren. Doch immerhin besaßen wir einen Weihnachtsbaum, den W. am Vortag im Vorüberfahren mit dem Möbelwagen gekauft hatte, ein dürftiges gezaustes Ding, das nicht ohne Grund bis zuletzt übrig geblieben war. Während ich das Essen warm machte, steckten die beiden Männer den Tannenbaum in einen soliden alten Aluminiumeimer, den wir im Stall gefunden hatten, stabilisierten den Stamm mit ein paar Bruchsteinen und Erde vom eigenen Grundstück und befestigten eher symbolisch ein paar Kerzen an den Zweigen. Das Essen zog sich nicht lange hin, der eigentliche Höhepunkt des Abends waren die beiden Stunden der Muße, die wir in Sesseln und Sofas verbrachten. Wir waren zu müde zum Reden, wir betrachteten den Lichtschimmer der Kerzen auf der alten Holzdecke aus dem 17. Jahrhundert, die wir so lange und so mühevoll geschrubbt hatten; jetzt schimmerte sie dunkel und warm und roch noch nach dem Leinöl, mit dem der Maler sie gestrichen hatte.

Wir schauten uns in dem großen alten Raum um, von dem bisher nur eine Hälfte wohnlich eingerichtet war, die dunklen Holzpfosten, die weiß gekälkten Wände; dahinter türmten sich im Halbdunkel Möbel, die eigentlich nicht hierher gehörten. Und wie zur Belohnung begann es genau jetzt zu schneien, nicht nachhaltig, nur ein paar sentimentale große feuchte Schneeflocken trieben eine Weile im Licht der einzigen Straßenlaterne dahin. Da rafften wir uns noch einmal auf und tranken auf den Stufen der Hintertreppe ein feierliches Glas Sekt, benetzten auch die Hauswand damit: Es ist geschafft! Wir leben jetzt hier! und starrten frierend in die Dunkelheit. Wir bemühten uns vergeblich, ein Gespräch aufrechtzuerhalten, das immer wieder in Müdigkeit versickerte, während die fünf flackernden Kerzen am schwindsüchtigen kleinen Tannenbaum herunterbrannten.

Dann sagte W.: „Jetzt möchte ich einmal allein in Ruhe durch das ganze Haus gehen." Ich konnte kaum die Augen aufhalten, aber ich wollte nicht, daß dieser Abend so schnell vorüberginge; der Sohn war auf seinem Sofa schon eingeschlafen. Ich hockte in meiner Ecke, sah die gewaltigen Schatten, die die übereinander gestapelten Möbel im Licht der Straßenlaterne auf die frisch geweißten Wände malten, das Schwarz der Hölzer, das Weiß der Wände, das Hell und Dunkel, alles alt und neu zugleich. Das Zimmer umgab mich mit einer feierlichen Fremdheit. Aber ich kenne dich doch, sagte ich zum Haus, wir kennen doch jetzt jeden Quadratzentimenter von dir. Ich kenne sogar die Erde unter den Fußbodendielen; W. und ich haben sie selbst noch vor kurzem ausgehoben, hier im nicht unterkellerten Teil, als der Boden begradigt wurde. Jetzt wohnen wir also hier, dachte ich, wie riesig dieses Zimmer ist! Gewaltig, fremd und geheimnisvoll, darüber noch der erste Stock, der hohe Dachboden, daneben der ausgebaute Schopf und dahinter die verwahrloste Düsternis der Scheune!

Ich fühlte mich sehr klein in meiner Ecke. Wie dunkel! Wie riesig! Es war alles so gewaltig, das Haus, der Umzug, der Umbruch in unserem Leben, es war noch überhaupt nichts abzusehen und die Erschöpfung verfremdete das Bild zu einem Ausflug in einen Traum. Wie werden wir dieses große Haus nur zu zweit ausfüllen! Irgendwann kam W. still zurück, mir schien, als sei er lange fort gewesen. Dann ging auch ich meine Runde durch das noch weitgehend leere Haus. Im ersten Stock waren die Verputzer und die Maler nicht ganz fertig geworden, da standen noch Farbeimer und Gerät herum, und wir hatten nur in der Mitte der Räume ein paar Möbel abgestellt und mit Folie bedeckt.

Ich stieg ganz hoch in den Spitzboden, öffnete das Fenster und schaute eine Weile hinaus. Schwarz lagen die Hügel um uns her, verhangen der Waldrand. Der graue Himmel leuchtete aus sich selbst heraus, es tanzten noch vereinzelte Schneeflocken. Im Dorf ein paar helle Fenster, man sah auch vereinzelte illuminierte Weihnachtsbäume, sie zerrissen aber nicht den Mantel der Dunkelheit. Die Stille lag wie eine Verheißung um den hohen alten Giebel, über dem im schweigenden Tal geborgenen Dorf. Weihnachten. Natürlich gab es keine Geschenke: Wir hatten uns das Haus geschenkt. – Eine Stunde später schliefen wir, auf unseren Matratzen am Schlafzimmerboden, der Sohn auf der Wohnzimmercouch.

Vier Tage waren wir nur mit dem Umzug beschäftigt gewesen, mit geliehenen Möbelwagen zwischen Bonn und Freiburg hin und her gefahren, tags und nachts, zwischen Stadtwohnung und Dorf, lebten in der einen Stadt von einer vorgekochten, über drei Tage hingezogenen Linsensuppe, in der anderen war es Bohnensuppe, viel zu wenig Schlaf, anfangs halfen ein Schwager und ein Freund, zuletzt der Sohn, viel zu viele Möbel, fast zehntausend Bücher, immer wieder Einladen, Autobahn, Auspacken, auch bei Nacht und Nebel, im Vorweihnachtsverkehr, zwischendurch strömender Regen und Stau. Ein kommerzielles Speditionsunternehmen konnten wir uns bei den noch ausstehenden Handwerkerrechnungen nicht leisten.

Als wir mit dem ersten Möbelwagen in unserem neuen Zuhause ankamen, ging ein Schauer aus Regen und Graupel nieder. Erst am Vortag waren die Abwasserrohre gelegt worden, und die Bauarbeiter hatten es gerade noch geschafft, in der Einfahrt den Graben über der Abwasserleitung wieder zu schließen, im Innenhof aber lagen die Gräben noch offen. Unser Architekt empfing uns mit dem Besen in der Hand in der Vordertür, er fegte die Treppe, damit wir nicht zuviel Dreck hineintrügen – ein fürsorglicher Empfang. Als er sah, wie wir schon bei den ersten Schritten knöcheltief im Matsch versanken, half er uns, Stege aus alten Brettern zu den verschiedenen Eingängen zu legen. Nur das Erdgeschoß war rechtzeitig fertig geworden; der erste Stock rauchte noch vom weißen Staub der Rigips-Platten. Im Haus benutzten wir große Pappen, zusammengefaltete Umzugskartons, um die frisch geschliffenen und gewachsten Bodendielen zu schützen.

Als wir einen Tag später mit der zweiten Möbelladung kamen, hatte der Architekt in der Einfahrt eine Fuhre Kies ausschütten lassen, was dem schlimmsten Schlammbad ein Ende machte. – Später planten wir um diesen Kies herum unseren

Garten; er bildete den knirschenden Belag des Hauptweges, der jeden Besucher schon lange vor der Türglocke ankündigte.

Die Handwerker hatten sich am Tag vor Heiligabend verabschiedet. Für die Dauer der Weihnachtsferien hatten wir das Haus für uns.

Am ersten Weihnachtstag kamen die Schwestern und Schwager, die Neffen und Nichten, der ganze Clan. Sie brachten Krach und Fröhlichkeit und sämtliche Weihnachtsmahlzeiten fertig vorgekocht mit; sie schliefen auf Luftmatratzen und Schlafsäcken über die verschiedenen fertigen und halbfertigen Räume verteilt. Mit ihnen kam der Schnee, und wir kehrten unserem Haus für einen Tag den Rücken, um oben im Schwarzwald Schlitten zu fahren. Einige Geschwister blieben über Weihnachten hinaus und halfen beim Rest des letzten Umzugs, beim Saubermachen in der alten Wohnung, beim Fensterputzen und Lampen aufhängen im neuen Haus. Noch einmal Unordnung, Dreck, Chaos, viel Unterstützung und Zuwendung, aber auch viel Einmischung und Bevormundung von zu vielen hilfsbereiten und wohlmeinenden Menschen mit unverbrauchten Kräften, und wir mit unseren bloßliegenden Nerven dazwischen. Wir freuten uns, daß sie kamen, aber wir waren auch froh, als sie an Neujahr alle wieder abreisten und wir endlich allein waren mit unserem alten Haus.

Zwischen Weihnachten und den Heiligen Drei Königen liegen die Rauhnächte: Das ist die dunkelste Zeit des Jahres, und so klingt der Name auch: nach einem Abstieg in die dunkelsten Tiefen der Unterwelt. Das Jahr an seinem tiefsten Punkt kriecht in die Höhlen, in denen es überwintert, schwarz und schweigend, unbeweglich. Es hört für Augenblicke auf zu atmen.

In den ersten Tagen, die wir allein im Haus waren, wandelten wir herum wie die Schlafwandler. Wir fühlten uns dumpf, wie betäubt; schliefen viel, acht oder zehn Stunden. Es gab noch immer reichlich zu tun, aber wir ließen es jetzt gemächlich angehen. W. hatte sich für die Woche ohne Handwerker Urlaub genommen. Die Verlangsamung des Tempos fiel gar nicht leicht, nachdem wir uns so lange nur rennend fortbewegt hatten. Euphorische Glücksgefühle stellten sich nicht ein. Es war eher ein vorsichtiges Durchatmen. In Sicherheit? Es war als würde man nach einem Erdbeben langsam aus einem verschütteten Keller krabbeln, sich verstört umsehen, während die Trümmer noch vom Staub rauchen. Oder wie das Nachlassen des Sturmgetöses im Ohr, die plötzliche Stille, wenn man nach langer Wanderung an der Meeresküste, gegen brüllendes Wetter gestemmt, plötzlich in das schützende Innere eines Hauses tritt.

Wir ließen uns also Zeit. Räumten ein paar Kommoden und Regale ein. Schafften ein paar geordnete Ecken in den Arbeitszimmern. Hängten Kleider in einen provisorischen Schrank, den wir aus einem Maurergerüst und alten Stangen bauten; die eigentlichen Einbauschränke in den Wandschrägen ließen noch ein paar Monate auf sich warten. Bauten unser Bett auf. Im Keller türmten sich die Kartons auf einer hölzernen Laderampe, immer fünf oder sechs Stück aufeinander, Bücherkartons zumeist, in vielen Reihen, hundertdreißig Stück. Es hat über ein Jahr gedauert, bis der letzte dort verschwand.

Es gab eine weihnachtlich frohe Botschaft: Die Deutsche Stiftung Denkmalschutz würde uns die Mittel zur Restaurierung der Scheune zur Verfügung stellen; sie würde auch die Renovierung der Wohnhausfassade und die Wiederherstellung des alten Kelleraufgangs finanzieren. Ohne diese Unterstützung hätten wir den unbewohnten Scheunenkomplex verfallen lassen müssen. Inzwischen war das Haus zwar von innen ansehnlich und wohnlich; von außen sah es aber schäbiger aus als zu dem Zeitpunkt, da wir es gekauft hatten.

Schwarze Rinnsale, die von den Fensterhöhlen herabflossen, verschmierten die Fassade; die Schönheit der alten Vordertür verschwand unter mehreren häßlichen Anstrichen, die teilweise abblätterten. Die Bruchsteinmauer des Vorgartens zur Straße hin war von Baufahrzeugen an mehreren Stellen beschädigt worden und brach auseinander. Nach dem Abriß des häßlichen Anbaus waren Hinteraufgang und Kellertreppe verstümmelt zurückgeblieben. Für alle diese Dinge wäre auf lange Sicht kein Pfennig mehr dagewesen, zumal wir noch immer dabei waren, das Geld für bereits geleistete Handwerkerarbeiten zusammenzukratzen. Die Zuwendung der Deutschen Stiftung Denkmalschutz schloß die gewaltige Finanzierungslücke für die bisherigen Bauarbeiten nicht; wir mußten in dieser Zeit noch einmal einen größeren Kredit aufnehmen. Aber wir würden mit diesem Zuschuß auch die unbewohnten Gebäudeteile erhalten können und in Zukunft in einem rundum restaurierten historischen Dreiseitenhof leben.

Wir registrierten diese gute Nachricht wie betäubt, eigentlich ungläubig. Wir hatten uns auf Empfehlung eines Freundes halbherzig bei der Stiftung Denkmalschutz um Unterstützung beworben wie bei anderen Stellen auch, ohne dem wirklich eine Chance zu geben. Der positive Bescheid kam uns so unwirklich vor wie die immer noch gigantische Höhe unserer Schulden, wie alles andere, das in den letzten Monaten geschehen war, so unwirklich wie unser Leben in den ersten Wochen im Haus.

Wir bewegten uns langsam, sehr reduziert durch die dunkelsten Tage des Jahres, krabbelten nur dann und wann aus dem Haus, um das Notwendigste zum Essen einzukaufen, um mit einem kurzen Rundgang über die Hügel das Dorf zu umkreisen. Wir räumten Schränke ein, brachten Regale, Spiegel, Handtuchhalter an. Wir hängten Bilder auf. Und wir machten uns, widerwillig, weil wir diese Arbeiten für immer hinter uns gelassen zu haben hofften, daran, den spitzgiebeligen Dachboden mit Steinwolle zu dämmen. Dort sah man noch die nackten Dachsparren; wenn es kälter würde, müßte er isoliert sein, schon der Heizkosten wegen. Wir zwangen uns jeden Nachmittag zwei bis drei Stunden zu dieser verhaßten Arbeit, auf den freiliegenden Deckenbalken turnend.

Als unsere Weihnachtsferien zu Ende gingen, kamen noch einmal für zwei Wochen die Verputzer und die Maler ins erste Stockwerk. Dann ruhten die Bauarbeiten bis zum Frühsommer, bis mit der Restaurierung der Scheune begonnen wurde.

Vorerst lebten wir in unserem Haus wie die Maulwürfe; die Dunkelheit, die Verlangsamung, die Stille entsprachen unserem Lebensgefühl. Wir fühlten uns so seltsam, nicht schlecht, aber auch nicht überschwenglich glücklich, vielleicht brauchten unsere Seelen Zeit, erst einmal anzukommen. An Freunde schrieb ich: „Man erlebt die Dunkelheit hier viel intensiver als in der Stadt. Es ist ein Gefühl wie Winterschlaf, nach der brüllenden Hektik der letzten Wochen, in der schönen Stille, die um unser Haus liegt. Wir freuen uns, daß wir im tiefsten Winter eingezogen sind und von jetzt an auf den Frühling zuleben."

So war es auch. Langsam wich die Dumpfheit, die Lebensgeister erwachten, Freude keimte auf. Wir rieben uns die Augen, wir gingen durch das Haus, und je mehr Möbel wir an die richtigen Stellen rückten, desto deutlicher erkannten wir, wie schön es war. Zuletzt war es doch nur noch um das Fertigwerden gegangen, darum, irgendwie, noch halbwegs rechtzeitig, einzuziehen. Wir wollten es nur noch überleben, ein Dach über dem Kopf haben. Aber jetzt nahmen wir wahr, daß wir nicht in irgendeine hektisch fertiggewurstelte Behausung eingezogen waren, wir sahen, mit welch eigenwilliger Schönheit unser altes Haus uns umgab, mit seinen krummen dunklen Balken, seinen schrägen Wänden, den geschliffenen und gewachsten Dielen, die sich gar nicht erst mühten, die Fraßspuren des Fichtenbocks zu verleugnen, mit seinen frisch gestrichenen Sprossenfenstern und alten Türen mit ganz unterschiedlichen Griffen und Beschlägen – keine Tür wie die andere, jede eine eigene Gestalt. Es war nicht nur um ein Vielfaches schöner, als wir in den letzten Horrormonaten zu hoffen gewagt hatten, sondern auch weitaus schöner, als wir es in den euphorischen Anfangszeiten phantasiert hatten.

„Ich habe immer gewußt, daß es schön wird“, sagte unser Architekt mit ruhigem Selbstbewußtsein.

Umzüge

ALS meine Mutter im Sterben lag und ich mit dem Zug zu ihr fuhr, durchquerte ich auf der Rheinstrecke eine Gewitterfront. Am gegenüberliegenden Ufer bildete sich ein Regenbogen, und innerhalb dieses Regenbogens bemerkte ich einen Möbelwagen, auf dem „Umzüge Schulz“ stand. Schulz war der Mädchenname meiner Mutter. Ich kam zu spät, sie war gerade gestoben, als ich im Haus meiner Schwester eintraf, wo sie die letzten Jahre gelebt hatte.

Ich habe über die Umzüge meiner Kindheit nachgedacht. Ich war sechs Jahre, als wir das Haus meiner Großmutter verließen, das Paradies meiner Kindheit. Es ist eine meiner ersten deutlichen Erinnerungen: die endlos scheinende Nachtfahrt im Auto einer Freundin der Eltern – ich kannte noch keine Autofahrten – über dunkle Straßen, Dösen, Einschlafen, immer wieder ängstliches Erwachen, eine Fahrt durch konturenloses Niemandsland. Ankommen, das Hocken in einer Ecke der neuen Wohnung, das fremde Kinderzimmer, in dem ich mich an den Anblick vertrauter Gegenstände klammerte, aber selbst die gewohnten Möbel sahen so anders aus. Verstörtes Hocken in der Ecke, die Puppe Lörchen unter den Arm geklemmt, die Erwachsenen laufen hin und her und haben so viel zu tun, daß sie sich nicht kümmern können. Alleinsein, Daumenlutschen gegen die Heimatlosigkeit, den Verlust der Geborgenheit, die entsetzliche Fremdheit. Ich habe diese Bilder dunkel in Erinnerung, dunkle fremde Möbel, dunkle Wohnungsecken, als habe es am Umzugstag noch kein elektrisches Licht in der Wohnung gegeben, nur Kerzen. Damals war es November.

Als ich ein Kind war, lebten wir nie lange in einer Wohnung, wir zogen immer wieder um, das längste waren acht Jahre, dann fünf, dann vier, und wieder vier. Es lag daran, daß die Mieten in zum Abbruch bestimmten Häusern niedriger waren, gerade erschwinglich für eine siebenköpfige Familie. Mit dem Schlaganfall meiner Mutter ging die letzte Familienwohnung verloren, in der mein Vater schon ein paar Jahre zuvor gestorben war. Ich wechselte inzwischen von einer Studentenwohnung in die nächste, Zimmer mit Freundinnen geteilt, Zimmer in Studentenheimen, mit dem Beruf das erste eigene Einzimmerappartement, nichts davon länger als ein, zwei Jahre. Dann die erste gemeinsame Wohnung mit W.: immerhin sieben Jahre lang ein vorläufiges Zuhause. Den Auszug aus dem Haus der Wohngemeinschaft, nach elf Jahren des Zusammenlebens, habe ich beinahe ebenso traumatisch in Erinnerung wie den ersten Umzug meiner Kindheit. Es war die längste Zeit, die ich in meinem Leben an einem Ort verbracht hatte, und dann diese sonderbare Mischung aus Flucht und Verstoßenwerden. Wir flohen vor einer beklemmenden Atemnot, einer zerstörerisch feindseligen Atmosphäre, und erlebten dies zugleich als Vertreibung aus einer Utopie von Heimat und Zugehörigkeit, wie das Fallen in eine große Leere und Kälte, in der wir beide uns, weil wir so viel verloren hatten, enger aneinanderklammerten als zuvor. Auch das Haus der Wohngemeinschaft verließen wir im Winter, kurz vor Weihnachten. Alle meine großen Umzüge fanden im Winter statt.

Kaum war in diesem endgültigen Haus der letzte Karton ausgepackt und sein Inhalt auf dem Dachboden verstaut, da trugen sie W. schon die Treppe hinunter. Mit den Füßen zuerst, wie es in alten Texten heißt. Warum eigentlich nicht andersherum? Vielleicht würden die Toten so gern noch einen letzten Blick auf ihr Haus werfen, wenn sie für immer gehen. Immerhin hörte ich einen Leichenträger zum anderen sagen: „Das ist aber ein wunderbares altes Haus!“ Er hätte W. keine größere Freude machen können.

„Wenn das Haus fertig ist, kommt der Tod“, sagt ein altes Sprichwort.

Beim Einzug in unser Haus war es die Dunkelheit des Fremden, das uns umgab, des Neuen, das wir uns erst vertraut machen mußten. Zwei Jahre später bin ich an Weihnachten in eine Dunkelheit gefallen, die um so viel tiefer und schwärzer war. Das mir inzwischen so vertraute Haus, das im Winter nur Wärme und Geborgenheit atmet, wurde mir schlagartig wieder ganz fremd, zur Schattenkulisse eines Alptraums, im fahlen Licht der Zeitlosigkeit. In der Weihnachtsnacht, am frühen Morgen des zweiten Weihnachtstages, als W. zwei Stunden tot war, lief ich durch das Dorf, an der Kapelle vorbei, den Hügel hinauf. Sie wollten mich erst nicht allein gehen lassen, aber ich riß mich los, bestand darauf: Nur zehn Minuten, allein!, sonst werde ich verrückt! Vielleicht bin ich schon verrückt. Da ließen sie mich gehen, und alles erschien mir leblos wie eine Mondlandschaft, das Dorf von Mensch und Tier verlassen, nach einem hundertjährigen Krieg, nach der Heimsuchung durch die Pest, niemand mehr hinter den Mauern, die Fassaden nur scheinbar intakt, leere Kulissen, lebensleer. Ich bin nicht wirklich, schrie mein weit aufgerissenes Bewußtsein lautlos durch die schwarzen Straßen, auch dieses Dorf ist nicht wirklich, keine Menschenseele ist mehr hier. – Es war wie auf einer Zeitreise hinter den Dingen.

Wir haben dann auch Sekt getrunken, wie am Umzugstag.

Alle, die am Tag nach seinem Tod gekommen waren, es waren viele, ich kann mich aber nicht mehr an alle im einzelnen erinnern, alle saßen wir um W. herum und tranken einen Schluck Sekt bei ihm, bevor abends seine Leiche abgeholt wurde. Manche der Anwesenden fanden das vielleicht seltsam, ich nicht. Er hätte es auch nicht seltsam gefunden, sondern richtig und schön. Ich gab ihm mit dem Sekt an meinen Lippen einen Kuß auf seinen kalten Mund. Es ist richtig, daß die Toten sich wie Marmor anfühlen, aber es ist eine Art warmer Marmor, in dem man das Leben noch nachfühlen kann wie die Sonne in einem durchwärmten Stein am Abend. Er sah schön aus, wie er da lag, und ich erwartete, daß er jeden Augenblick die Beine über die Bettkante schwingen und sich aufsetzen würde. „Und wieso bekomme ich keinen Sekt?" würde er sagen, und „Jetzt reicht es; jetzt wollen wir weiter Weihnachten feiern."

DAS GLÜCK

Traumleben

„TRÄUME nicht dein Leben – lebe deinen Traum!" – ein Graffito, auf eine Fabrikmauer gesprüht, das ich irgendwann während unseres ersten Jahres im alten Haus vom Zugfenster aus las. Nach W.'s Tod erinnerte ich mich wieder daran, als eine Freundin sagte: „Ihr hattet etwas getan, was man eigentlich nicht tun darf. Ihr seid weggegangen und habt euch einen Traum erfüllt."

Nie werde ich die Glücksgefühle dieses Frühjahrs vergessen, das allmähliche Erwachen, als unsere Erschöpfung nachließ, unsere Kräfte nachwuchsen und wir die länger werdenden Tage so intensiv erlebten. Ganz sachte, nach und nach wurde das Ungeheuerliche Alltag. Jeden Morgen, wenn W. das Haus verlassen hatte, setzte ich mich an den Schreibtisch und betrachtete lange mit forschendem Blick den dämmerigen, manchmal rosigen östlichen Hügelrand. Dünn stieg aus dem Schornstein des gegenüberliegenden Hauses ein Rauchfähnchen auf und zerfaserte vor den Weinbergen, die noch im silbrigen Rauhreif lagen. Aber täglich rollte die Sonne ein winziges bißchen früher auf der anderen Seite des Hügels herauf und zu mir hinab, bis sie sich schließlich zur gleichen Zeit an meinem Schreibtisch einfand wie ich, bis sie mir zuvorkam. Von dort, von diesen Hügeln nahte der Frühling. Ich zerplatzte fast vor Glück bei dem Gedanken, wie ich von nun an, hier sitzend, alle Jahreszeiten über den Hügel würde ziehen sehen.

„Im März, im März sei froh, mein Herz!" W., der anfangs den Bus zur Arbeit genommen hatte, stieg mit Frühlingsbeginn auf das Fahrrad um und die halbstündigen Fahrten, an den Rebhügeln entlang, durch Heckenwege und Wiesen, waren für ihn das Schönste: „Morgens zum Wachwerden, abends, um alles Belastende wegzustrampeln.“ Er sagte, es erinnere ihn an die Schulwege seiner Kindheit.

Ich hatte das Glück, zu Hause arbeiten zu können, wenn ich nicht gerade verreisen mußte. Beide mußten wir leider wieder viel reisen, um so schöner war es, nach Hause zurückzukehren. Wenn ich daheim war, nahm ich mir, sobald ich mit der Schreibtischarbeit fertig war, jeden Tag eine neue Arbeit vor: eine weitere Abteilung der Bibliothek ordnen. Einen Schrank ablaugen und neu streichen oder beizen. Das Treppengeländer mit Leinöl behandeln. Die alte Nähmaschine, die wir von W.' Mutter geerbt hatten, vom Holzwurm befreien. Das waren in den Winterwochen schöne Beschäftigungen.

Doch bald zog es mich mit Macht hinaus. Als die ersten Frühlingsblüher ihre Nasen aus dem Erdboden steckten, Schneeglöckchen, Narzissen, gewöhnte ich mir an, nach dem Frühstück mit der letzten Teetasse in der Hand durch den Innenhof zu gehen, der bisher nur ein öder Platz war, um nach Pflanzen zu spähen, die sich aus dem schmalen Unkrautstreifen beharrlich ans Licht dängten. Es war eine Freude, daß überhaupt etwas Lebendiges überlebt hatte, im zertrampelten Vorgartenbeet, zwischen hingedonnerten morschen Balken und Steinhaufen.

Manchmal begleitete mich W. auf diesen Rundgängen, schob das Fahrrad startbereit neben sich her. „Guck mal, ein Winterling!“ rief ich verzückt, „und wo kommt die kleine Traubenhyazinthe her? Letztes Jahr waren doch noch keine hier.“ „Wenn du jetzt schon jeden Morgen eine halbe Stunde brauchst, um den drei Pflanzen beim Wachsen zuzusehen – wie soll das dann erst später werden, wenn wir einen richtigen Garten haben?“ fragte er amüsiert.

Es war nicht sinnvoll, schon in diesem Frühjahr mit der

Anlage des Gartens zu beginnen, da uns noch die zweite Bauphase bevorstand, die Restaurierung der Scheune und des Kellereingangs, der Neuverputz der Wohnhausfassade. Dabei würden Pflanzungen direkt beim Haus mit Sicherheit wieder zerstört werden. So beschränkte ich mich also auf Blumenkübel, längs der Hauswand, auf den Treppenstufen, und ich bepflanzte Holzkisten, mobile Kräuterbeete, die hin- und hergetragen werden konnten, als es im Hof wieder mit dem Dreck und der Unordnung losging. Doch ich wollte nicht länger ohne Salate, Kohlrabi und Radieschen leben. Auf meinen Reisen träumte ich aus dem Zugfenster hinaus, während die noch winterlich kahlen Landschaften vorüberzogen, von einem Gemüsebeet, leuchtenden Ringelblumen zwischen malerischen Kohlköpfen, das Ganze von flammendroten Herbstastern gerahmt. So gruben wir den Unkrautstreifen am Zaun zum südlichen Nachbarn um, ein erster Vorläufer unseres Gemüsebeets. Im Sommer ernteten wir dort traumhafte Tomaten in üppiger Fülle, groß, fest und besonders schmackhaft, so daß die Nachbarn sich erstaunt erkundigten, welchen Dünger ich denn da verwendet habe.

Der Dünger war in der Tat das große Geheimnis. Nie wieder hatten wir so hervorragenden Dünger und so schöne Tomaten wie in diesem ersten Sommer, als ich das Gärtnern erst ausprobierte – obwohl unser späterer Kompost sich durchaus sehen lassen konnte. Der Wunderdünger stammte aus dem ehemaligen Kuhstall, den wir im Frühjahr gründlich säuberten, ein vielleicht zwei Jahrzehnte alter Fußbodenbelag von eingetrocknetem verkoteten Stroh, etwa drei Zentimeter dick und von der Konsistenz einer Preßspanplatte. Wir brachen ihn fladenweise heraus, zerschlugen und zerbröselten ihn und brachten ihn dann gleich auf unserem neuen Gemüsebeet aus, mit einem Erfolg, der uns selber verblüffte.

Wir genossen die gemeinsamen Aufräum- und Gartenarbeiten in der Frühlingssonne, nicht selten wühlten wir sogar im Regen draußen herum, an jedem Samstag und als die Tage länger wurden, auch an manchem Werktag abends, sobald W. von der Arbeit zurückkam. Er blieb, wenn es ihm möglich war, auch einmal unter der Woche zu Hause, das waren die schönsten Tage überhaupt, Seite an Seite in unseren Arbeitszimmern hinter dem Schreibtisch zu hocken, mittags gemeinsam zu essen – manchmal saßen wir schon im ausgehenden Winter mit unseren Tellern unter dem Schopf. Die Baumeister des Dreiseithofes hatten sich offenbar eine Menge gedacht, als sie die Anlage vor Jahrhunderten planten: Denn der Schopf, windgeschützt eingeschlossen zwischen Wohnhaus und Scheune, öffnet sich nach Süden hin, so daß er im Winter die Strahlen der schrägen Mittagssonne einfängt, im Sommer dagegen bietet sein Dach immer Schutz vor der glühenden Hitze. Natürlich hatten sie damals bei der Planung nicht spätere dekadente Generationen im Sinn, die im Winter draußen zu Mittag essen wollen, sondern es ging um gute klimatische Bedingungen für einen Arbeitsplatz. Doch wir profitierten davon.

Im April kamen die Schwalben und nisteten unter dem Schopf. „Wo die Schwalben wohnen, wohnt das Glück", sagten die Nachbarn freundlich. „Bei Ihnen hat es immer Schwalben gegeben. An den neuen Häusern finden sie keine Balken, wo sie ihre Nester ankleben können." Im vergangenen Jahr, als wir bauten, waren sie ausgeblieben.

Die Gäste strömten; die Neugierigsten waren schon im Winter gekommen, und von April bis September hatten wir an fast jedem Wochenende Besuch. Das ungläubige Staunen der Freunde, die unser Haus zuletzt als Ruine gesehen hatten, tat uns gut und fachte unsere eigene Begeisterung aufs neue an. Immer wieder gab es Führungen durch das Haus, wurden die dokumentierenden Fotos gezeigt, die Geschichte des letzten Jahres erzählt. „Das Haus hat sich um Jahrhunderte verjüngt; die Bauherrschaft ist um Jahrzehnte älter geworden", erklärten wir vergnügt.

Alltags entfaltete sich auf der Straße, vor allem zum späten Nachmittag hin, ein reges Leben; ich beobachtete es mit Vergnügen aus den Fenstern des Erdgeschosses, wenn ich mir zwischendurch Kaffee kochte. Unser Fernseher, sagten wir, erstes, zweites und drittes Programm, nämlich das Nordfenster, das Ostfenster, das Südfenster. Immer war irgendein Nachbar beschäftigt, sein Haus umzubauen, oder irgendetwas daran zu reparieren. Die Kinder spielten auf der Straße. Bei schönem Wetter tuckerten die Traktoren in die Reben, manchmal hockten ganze Familien darauf.

Der alte Nachbar stand in der Arbeitsschürze über den Kompost gebeugt und kratzte mit einem großen Messer den Matsch von den Sohlen seiner schweren Schuhe. Nachmittags ging drüben meist ein, zwei Stunden die Kreissäge. Dann zerkleinerte er die Stämme für den Ofen, in dem der Sohn den Obstler brannte. Einmal saß seine Frau am Nachmittag, ein Tuch um den Kopf gebunden, in die Kittelschürze gekleidet, auf den Stufen ihrer Eingangstreppe in der Frühlingssonne. „Die alte Frau genehmigt sich auch mal eine Pause", dachte ich wohlwollend; ich selber war nämlich an diesem Tag nicht sonderlich fleißig. Da fuhr schon ihr Mann mit dem Traktor vor, sie kletterte ein wenig umständlich auf den Beifahrersitz, mit ihren 82 Jahren, und fort ging es, auf den Gemüseacker oder in die Reben. Manchmal sah ich die beiden auch stadtfein gemacht auf den Traktor steigen. „Besuch bei der Ärztin", erzählten sie mir. „Das ist zu Fuß zu weit, da nehmen wir den Seniorenporsche."

Die beiden alten Schwestern, von den Kindern „Tanti" genannt, obwohl es mindestens Großtanten sein mußten, saßen abends bei schönem Wetter auf der Bank, oben an der Straße, wo man den Blick hinunter auf die Kapelle hat. Als Tante Pauline starb, war auch mit Tante Maria nicht mehr viel los;

sie fühlte sich einsam und wurde ein wenig wirr im Kopf. Einmal kam sie über die Straße, während ich Unkraut im Beet vor dem Küchenfenster jätete, sagte grußlos „Da!“, überreichte mir ohne weiteren Kommentar zwei knörzelige Äpfel aus ihrer Schürzentasche, drehte sich auf dem Absatz um und ging wieder. Das war an dem Tag, bevor sie in ihrem Zimmer umfiel und ins Krankenhaus gebracht wurde, von wo sie nicht mehr zurückkehrte. „Vielleicht hat sie Sie für das Lisbethle gehalten“, meinte eine andere Nachbarin, als ich ihr von den Äpfeln erzählte, „der hat sie früher öfter etwas geschenkt.“

Wir stellten uns vor, daß wir auch eines Tages oben auf der Bank sitzen würden, wenn wir alt wären, vielleicht würden wir dann ebenfalls Reben haben, die man mit achtzig noch hochbinden und schneiden könnte – und hoffentlich würden auch dann noch Kinder auf der Straße spielen. Wir fühlten uns, als seien wir angekommen. Einmal wanderten wir über den kleinen Friedhof auf dem dem Dorf gegenüberliegenden Hügel und sagten: „Eigentlich ist es schön zu wissen, wo man mal begraben sein wird“ – nie hatten wir dergleichen früher in der Stadt gedacht; es gab dort so viele Friedhöfe und man zog so oft um. „Sieh mal, von hier aus kann man sogar unser Haus sehen!“ Der Südgiebel leuchtete warm in der Abendsonne. „Wenn mal die Zeit gekommen ist, dann nehmen wir unsere Fahrräder, radeln gemeinsam rüber und legen uns zusammen in die Grube.“ –

Eine andere Freundin sagte hinterher: „Es ging euch so gut miteinander, ihr wart so glücklich mit eurem Haus. Aber wir fanden es sonderbar, daß ihr so oft vom Altwerden und Sterben geredet habt.“

Wir fanden das damals gar nicht sonderbar, denn es gehörte alles zusammen, es gehörte zum Haus und zu unserem Glück; zum ersten Mal während meiner Jahre mit W. dachte ich in Bildern, die unser ganzes Leben umfaßten, Vergangenheit und Zukunft.

Mir fällt eine Geschichte ein, die mir vor längerer Zeit erzählt wurde: Irgendwo im fernen Osten sei es üblich, daß Eltern, die gerade ein Baby bekommen hätten, sich nur in der Intimität ihrer vier Wände glücklich wispernd über ihr Kind beugten und sich nur leise: „Was für ein schönes Kind! Was für ein wunderbares Kind!" zuflüsterten. Wenn sie mit ihm auf der Straße gingen, würden sie es unter dem Mantel verbergen und laut jammern und stöhnen: „So ein häßliches Kind! So ein ungeratenes Kind! Was für ein Unglück!" Es sei ein Ritus, den Neid der Götter abzuwehren, damit die nicht auf die Idee kämen, einem das Kind gleich wieder abzunehmen.

Wir haben unser Glück nicht ängstlich verhüllt. Wir haben es ständig laut hinausposaunt, untereinander und vor Dritten. „Was für ein wunderbares Haus! Was für ein schönes Dorf! Wie gut es uns geht!"

Nachbarschaftlicher Umtrunk

ANFANG März luden wir die Nachbarn zur Besichtigung ein. Wir warfen fotokopierte Zettel in die Briefkästen um uns herum: „Liebe Nachbarn! Seit fast drei Monaten wohnen wir jetzt hier im Dorf, in unserem neuen alten Haus, und wir fühlen uns sehr wohl hier. Viele von Ihnen sind im Laufe der Bauarbeiten von Schmutz und Lärm belästigt worden. Deswegen – und vielleicht auch, weil Sie vielleicht ein bißchen neugierig sind, wie das Haus denn nun von innen aussieht – möchten wir Sie am Samstag um 17 Uhr zu einem Viertele einladen."

Als sich der Termin näherte, waren wir ein bißchen nervös. Die Leute, die wir zwischendurch auf der Straße trafen, grüßten freundlich wie gewohnt, und wir grüßten zurück, aber niemand sagte: „Vielen Dank für die Einladung, wir sehen uns dann ja am Samstag." Wir hatten im Leben schon viele Feste gegeben, aber dies war eine neue Situation. „Wie peinlich, wenn niemand käme", sagten wir; „es könnte ja sein, daß sie uns als Eindringlinge erleben und gar kein Interesse haben." Die Familien in unserer unmittelbaren Nachbarschaft waren seit Generationen ansässig, und ihre Ehepartner galten schon als Fremde, wenn sie nur aus dem Nachbardorf stammten. Den Kartoffelsalat – ich hatte eine ganze kleine Wanne zubereitet – würden wir zur Not einfrieren können.

Wir verbrachten einen großen Teil des Tages damit, das Haus zu putzen, und um fünf Minuten vor fünf saßen wir im aufgeräumten Wohnzimmer auf dem Sofa, aufgeregt wie ein junges Paar, das den ersten Besuch der Eltern bzw. Schwiegereltern erwartet. Um Punkt fünf knirschte der Kies; er knirschte laut und unüberhörbar von anmarschierenden Füßen; es schellte. Zwei Männer in den mittleren Jahren schleppten vorweg einen schweren Blumentrog aus Sandstein, an dem einige Weinflaschen befestigt waren, das üppige Gemeinschaftsgeschenk der gesamten Nachbarschaft. Denn es kamen alle, die unsere Einladung bekommen hatten, mehr als vierzig Personen, Männer und Frauen, von den über achtzigjährigen Tanten bis zum Baby in der Tragetasche. Es fehlte nur eine Frau, die nach einer Operation liegen mußte, und ein Mann, der sich entschuldigen ließ, weil er einen „strengen Tag" gehabt habe und frühabends noch fortmüsse.

Da standen sie herum, knubbelten sich in Wohnzimmer, Küche und Diele; wir waren überwältigt und völlig überfordert mit dem Flaschenöffnen, so daß wir ein paar von ihnen um Hilfe baten. Sie sahen sich neugierig um; die älteren Leute ließen sich in Sesseln und Sofas nieder. „Also, zu Zeiten der alten Frau Mayer bin ich nur zweimal in diesem Haus gewesen", „ich war als Kind öfters am Hintereingang, wenn ich Weckle abliefern mußte", „man kam ja früher nicht in die gute Stube", „die Mayers hielten sich sehr für sich", „das waren reiche Leute, richi Litt ...", „die Möbel aus Kirschbaumholz, die haben ja gleich die Verwandten aus dem Schwarzwald geholt, als sie starb", „aber um das Lisbethle haben sie sich nie gekümmert, die Verwandten", „hier stand früher eine wunderbare alte Garderobe, die steht jetzt auf dem Rathaus – wußten Sie das?"

Sie leerten ihre Gläser, füllten sie selbst gleich wieder; es war natürlich Gutedel aus der örtlichen Winzergenossenschaft. Wir verstanden des Dialektes wegen nur knapp die Hälfte, obwohl sie sich uns zuliebe dem Hochdeutsch annäherten. So beschränkten wir uns über weite Strecken darauf, freundlich zu grinsen, was meistens, wenn auch nicht immer, eine passende Antwort ist.

Dann gab es eine Führung durch das Haus. Die Männer scharten sich ganz selbstverständlich um W., die Frauen um mich. Geschlechtsspezifisch waren auch die Fragen: Die Männer kommentierten die Dicke der Mauern, betasteten die aus den Wänden vorspringenden älteren Konsolen, machten sich gegenseitig auf die krummsten Balken aufmerksam und wollten wissen, wie die Decken gedämmt seien. Die Frauen bewunderten unsere Flohmarktmöbel, staunten über die schräg geneigten Fußböden, erkundigten sich danach, wie ich die Dielen putzte und freuten sich am Blick aus den kleinen Gaubenfenstern. „Wie nieder die Räume sind", tönte es von allen Seiten. „Aber doch ganz behaglich." Dann bildeten sich Grüppchen im Erdgeschoß, man nahm mit Appetit Schäufele und Kartoffelsalat zu sich – „Kennt man das bei Ihnen auch, Schäufele? Ist das ein rheinischer Kartoffelsalat? Hier macht man ihn anders." Die meisten gingen nach ein, zwei Stunden wieder, ein paar blieben etwas länger, und wir hörten eine Geschichte nach der anderen. „Mein Leben lang wohne ich auf dieser Straße, aber ich war nie vorher in Ihrem Haus."

Unsere Diele sei früher die Küche gewesen, und in der jetzigen Küche habe einmal das Lisbethle gewohnt, dunkler sei es gewesen als heute, denn da gab es ja das kleine Fenster zum Hof noch nicht. „Wenn sie die Straße herunter zum Stubenplatz lief, dann bekreuzigte sie sich ununterbrochen", erzählte einer. „Weil sie Angst vor dem Pfarrer hatte." Auf halbem Weg steht ein Kreuz aus dem 18. Jahrhundert. „Früher mußte man sich immer bekreuzigen, wenn man daran vorüberging. Das Lisbethle hatte es ein paarmal vergessen, der Pfarrer hatte mit ihr geschimpft. Deswegen bekreuzigte sie sich dann immer auf dem ganzen Weg, um es nur ja nicht wieder zu vergessen."

Später hat man mir auch von ihr ein Foto geschenkt, eines, auf dem sie vergnügt am Maschendrahtzaun zu Nachbars klammert, wahrscheinlich im Gespräch mit jemand auf der anderen Seite, ein etwas gedrungener Frauenkörper, ein strahlendes kindliches Mondsgesicht. „Das Lisbethle konnte nicht richtig schwätzen." Jemand ahmt ihre lallenden Laute nach. Aber sie konnte trotzdem die Nachbarskinder hüten. Die halbwüchsigen Jungen lockten sie schon mal in den Keller. „Kriegst auch ein Wi, Lisbethle, wenn du die Bluse aufknöpfst." Sie tat es, gutmütig kichernd, denn einen Schluck Wein trank sie für ihr Leben gern. Als sie in der Nazizeit abgeholt und in ein Sanatorium für Erbkranke gebracht werden sollte, hielten die Eltern sie eine Weile versteckt, und niemand von den Nachbarn hat sie verpfiffen.

„Oben in Ihrem Haus hat mal mein Onkel gewohnt." „Auch mein Großvater wohnte mal da, ich sehe ihn noch mit seiner Pfeife hinter dem Fenster stehen." „Haben die D.s eigentlich schon gesehen, was Sie aus dem Haus gemacht haben?"

Die Familie D. bewohnte in den 60er Jahren das untere Stockwerk: Vater, Mutter, vier Kinder auf dem Raum, den bei uns Wohnzimmer, Diele und Küche einnehmen; die alte Frau

Mayer und ihre Tochter waren nach oben gezogen. Vater D. hatte all die Dinge an unserem Haus renoviert, die wir als erstes wieder rückgängig machten. Er hatte den scheußlichen Anbau über dem Kellereingang gemauert, in dem Klo und Bad untergebracht waren – aus damaliger Sicht ein verständlicher Fortschritt, denn bis dahin hatten die Mayers und all ihre Mieter die Latrine im Hof benutzt. Doch für den primitiven Sanitäranbau, der nicht einmal den funktionellen Ansprüchen von zwei Jahrzehnten genügte, hatte der jahrhundertealte Backofen dran glauben müssen und mit ihm waren die Seitenmauern des hinteren Treppenaufgangs und einige Stufen der Kellertreppe abgerissen worden, Steinstufen, die von den Fußstapfen eines halben Jahrtausends ausgetreten und gerundet waren. Herr D. hatte die Treppe unbekümmert, auf seine praktische Art, mit ein paar Betonstufen wieder aufgestockt „Alles in Eigenleistung, nach Feierabend." – Wir trafen die D.s in unserem zweiten Sommer auf einem Dorffest; er war noch immer stolz auf die Modernisierungen, die er zu seiner Zeit vorgenommen hatte und schien davon auszugehen, daß auch wir noch von seiner Arbeit profitierten. Er hatte auch ein paar der alten Sprossenfenster durch große einflügelige ersetzt, „nur ein paar, wir hatten kein Geld, sie rundum zu erneuern." Er hatte die alten Dielenböden mit Tischlerplatten begradigt und darüber PVC gelegt. „Die waren ja schief wie eine Rutschbahn, und dann die großen Ritzen zwischen den Dielen! Da liefen Ihnen ja die Mäuse in der Stube rum." –

Der dicke fast volle Mond leuchtete wohlgefällig aus sternklarem Himmel, als die letzten Nachbarn gegangen waren und W. und ich uns in bester Laune daran machten, die vierzig Gläser und Teller zu spülen. Wir waren zwar Fremde, aber wir fühlten uns angenommen.

Nie wieder Frühling

ALS nach W.'s Tod die ersten Frühlingstage kamen, Ende März, saß ich zusammengesunken auf der Steinbank am Birnbaum und starrte gleichgültig auf die dicken Fliederknospen. Die Bank hatten wir gemeinsam gebaut, aus großen Sandsteinblöcken, die wir teils im Keller gefunden, teils im Innenhof ausgegraben hatten. Jetzt taten mir die Sonnenflecken so weh, wie sie in hüpfenden Pünktchen über den Rasen sprangen, den wir erst im vergangenen Herbst gesät hatten. W. hat ihn nie mehr in üppigem Grün gesehen. Er hatte geschuftet, den Hof umgegraben, Trittsteine gelegt, und als der Winter kam, sproß um sie herum erst ein feiner heller Flaum.

Ich sah den Garten an wie ein fremdes Kind, das einen gleichgültig läßt. Soll es doch plärren, wenn es Hunger hat. Soll es seinen tolpatschigen Charme an andere verschwenden, ich bin blind und taub. Dieses Jahr werde ich gar nichts im Garten tun, sagte ich mir, gar nichts. Wofür auch? Soll doch alles wuchern, wie es will. Soll er doch verkommen.

Dann sah ich vor meinen Füßen drei kleine Blätter aus der Erde stoßen, die der tot geglaubten Pfingstrose zu gehören schienen, und mechanisch, während ich an etwas anderes dachte, bückte ich mich und riß die Vogelmiere aus, die dabei war, einen Würgeteppich um die Staude herumzulegen, und den üppig wuchernden Löwenzahn. Ich werde die Blätter mittags an meinen Salat tun, dachte ich und stand auf, um die längliche Grabschaufel zu holen, ohne die den Pfahlwurzeln des Löwenzahns nicht beizukommen ist. Da merkte ich plötzlich, daß ich den Garten nicht verkommen lassen würde.

Der Frühling tat weh. Ohne dich, sagte es immerfort in meinem Kopf. Ohne dich, als um den voll erblühten Apfelbaum die Bienen summten, und Tränen schossen in meine

Augen, als mir einfiel, wie er im vergangenen Winter unter das Foto von den dicken roten Äpfeln „erste Apfelernte" geschrieben hatte, und es war doch zugleich seine letzte gewesen. Was soll mir das alles ohne dich, als die Glyzinie, die er gepflanzt und nie hatte blühen sehen, in diesem April eine erste symbolische Rispe trug, und als der Waldsaum oben sich an einem einzigen warmen Regentag grün färbte.

Im Frühling war es noch viel schwerer weiterzuleben als im Winter, weil all dieses Knospen und Blühen so schmerzte. Im Winter hatte ich einfach bewegungslos auf dem Sofa gelegen und die Wellen der Hoffnungslosigkeit über mich hinziehen lassen.

Am Anfang war ich wie eine aufgezogene Uhr, nur daß die Uhren ihre Müdigkeit nicht fühlen. Ich tat alles, was getan werden mußte, ordentlich, mechanisch, hintereinander, obwohl ich entsetzlich lange dafür brauchte. Aber da ich sowieso nichts anderes tun konnte, konnte ich mir ebensogut Zeit damit lassen und auf diese Weise wenigstens einen Tag nach dem anderen hinter mich bringen, während ich die Punkte auf meiner Liste abhakte. Ich hatte eine lange Liste, die ein Geländer war, an dem ich mich entlanghangelte. Gut an ihr war, daß am Anfang die Punkte unten viel schneller nachwuchsen, als ich sie oben durchstreichen konnte. Denn wie hätte ich es an einem leeren Tag mit mir aushalten sollen. Jeden Tag also ein paar Briefe schreiben, ein paar Telefongepräche führen, Urkunden anfordern, Formulare ausfüllen, Bausparkasse, Steuerberaterin, Rentenversicherung, Auto ummelden, Versicherungen ändern, Zeitschriften und Mitgliedschaften kündigen.

Nach drei Wochen schaffte ich es, den neuen Spruch auf den Anrufbeantworter zu sprechen: „Ich bin nicht da" statt „Wir sind leider nicht zu sprechen", mit nur zwei mißglückten Anläufen, das fand ich keine schlechte Leistung. Die Vormittage vergingen über diesen Arbeiten meist ganz ordentlich, jedenfalls waren sie nicht wesentlich länger als die Vormittage früher. Manchmal fühlte ich mich sogar gut, weil ich W. sagen hören konnte, wie stolz er auf mich sei. „Prima machst du das“, lobte er mich, und er sagte auch: „Siehst du jetzt, wie gut es ist, daß ich alle Hausunterlagen so sorgfältig abgelegt habe. Du fandest mich doch immer zu pingelig!“

Die schlimmste Zeit waren die Nachmittage, die sich endlos dehnten, wenn ich müde zu werden begann und mit Kopfschmerzen vom Schreibtisch aufstand. Das war die Zeit, wenn es im Winter schon dunkel ist. Früher war ich in diesen Stunden im Haus herumgegangen, hatte dies und das geräumt und das Abendessen vorbereitet und dabei immer gelauscht, ob nicht der Kies knirscht, ob nicht bald das Gatter aufgestoßen wird. Nie mehr würde er nach Hause kommen, nie mehr knirschend durch den Hof radeln. Dieses Niemehr war am Anfang so schrecklich, ich durfte gar nicht hindenken, schon das Antippen der Vorstellung schien mich auseinanderzureißen, mit Grauen dachte ich an die zwanzig oder dreißig Jahre, die ich vielleicht noch würde leben müssen, und nie mehr, nie nimmer nimmer nie würde er wiederkommen. Das einzige, worauf ich warten konnte, war die Zeit, da ich endlich zu Bett gehen konnte.

Ich lag auf dem Sofa und verbrachte die Abende damit, vor mich hin zu glotzen und die Zeit vergehen zu lassen. Ich brauchte drei Wochen, bis ich wieder ein Buch in die Hand nehmen konnte, fernsehen ging erst recht nicht, ich empfand einen fast physischen Widerwillen gegen die unterhaltsamen Melodramen und die falschen Kinogefühle. Es war aber auch schrecklich, auf dem Sofa einzunicken, weil ich im Erwachen manchmal sekundenlang glaubte, W. säße mir noch auf dem anderen Sofa gegenüber. Es war mir unerträglich, Musik zu hören, sie schnitt so tief ein. Bei heiteren Melodien hätte ich mir schreiend die Ohren zuhalten mögen, und getragene Melodien waren wie Salz auf einer offenen

Wunde. – Im zweiten Winter war dann alles anders, da verbrachte ich lange Abende mit barocken Orgelkonzerten und stopfte mich endlos mit Büchern und Filmen voll.

Als die Kinder und die Geschwister und die Freunde fort waren, einige Tage nach der Beerdigung, kamen die Nachbarn. Das war etwas, was ich überhaupt nicht erwartet hatte. In Gedanken erzählte ich W. davon, und er sagte: „Haben wir nicht gleich geahnt, daß wir großes Glück haben mit unserer Nachbarschaft?“ Fast jeden Abend oder jeden zweiten Abend kam jemand. Ich weiß nicht, ob sie sich absprachen, denn es trafen selten zwei Parteien aufeinander, vielleicht hatten sie auch nur ein wachsames Auge auf die Straße und die Hofeinfahrt und stellten fest: Aha, die geht also heute, dann gehe ich besser erst morgen. Sie meldeten sich niemals telefonisch an, wie man es in der Stadt getan hätte – wo man dann aber, vor lauter Verklemmtheit und Bedenken, einer trauernden Person zu nahe zu treten, wahrscheinlich gar nichts tun würde. Sie standen einfach vor der Tür, und das war auch gut so, denn am Telefon hätte ich wahrscheinlich immer gesagt, daß ich allein sein wollte, soweit ich in diesen Tagen überhaupt ans Telefon ging.

Sie klingelten am frühen Abend einfach an der Tür, manchmal ein Ehepaar, manchmal eine Nachbarin allein, gelegentlich ein Nachbar. „Wir wollten mal hören, wie es geht“, sagten sie und kamen nur herein, wenn ich mehrfach darum bat. „Aber nur fünf Minuten“, sagten sie und gingen auch bald wieder. Sie brachten mir immer freundliche kleine Geschenke mit, eine Flasche Wein, Gebäck, eine Kerze. Und obwohl ich mich fühlte, als habe mich das Schreckliche für immer aus der menschlichen Gesellschaft herausgeschleudert, empfand ich in meiner Einöde gerade diese Besuche von Menschen, die ich kaum kannte, als wohltuend.

Sie hielten auf wundersame Weise Distanz bei dieser Geste der Nähe. Nach zwei, drei Wochen wurden die Besuche etwas seltener, nur noch die Frauen kamen, während die Männer sich zurückhielten. Gerade als ich zu denken begann: Wie soll ich bloß all diese Aufmerksamkeiten je erwidern? Ich bin doch eigentlich eine Einsiedlerin, die ihre Höhle braucht; erwarten sie jetzt etwa von mir, daß ich dem Rad- und Wanderverein beitrete und im Kirchenchor singe und sie alle abends besuche? – da hörte es ganz von selber auf. Man sprach mich nur noch auf der Straße an, im Laufe der Wochen wurde auch das seltener, bis es nach Monaten wieder in das konventionelle „Wie geht es?" überging, bei dem es mir überlassen blieb, wie ausführlich ich darauf antworten wollte.

In den ersten Tagen und Wochen stand ich innerlich wie auf einer Bühne, ein großes gesichtsloses Publikum schien mich bei allen meinen Lebensäußerungen zu beobachten, und auch ich selber sah mir aufmerksam zu. Komischerweise half diese Spaltung. „Jetzt wollen wir mal sehen, wie sie sich hält – eigentlich ganz ordentlich, wenn man bedenkt." Das Gefühl als seien Scheinwerfer auf mich gerichtet, half mir, mich weiter im aufrechten Gang zu bewegen, auch wenn ich allein war. „Das bist du uns schuldig", sagt W. zu mir. „Sie werden denken" – wer immer ‚sie' waren – „sie werden jetzt denken, daß du daran zerbrichst, weil wir so eng miteinander waren. Aber du mußt ihnen beweisen, daß es genau umgekehrt ist: daß meine Liebe dich über den Tod trägt." Am Anfang halfen komischerweise solche pathetischen Gedanken, die manchmal wie große Blitze das Dunkel in meinem Kopf erhellten. Begriffsfetzen aus einer mir eigentlich lächerlich erscheinenden Wertewelt schwammen mir durch den Sinn. „Du mußt jetzt Haltung bewahren. Du bist jetzt W.'s Witwe. Du mußt dich seiner würdig erweisen." Haltung. Würde. Witwe. Was für Worte.

Dann gingen die Bühnenlichter in meinem Kopf aus, die Welt zog sich zurück, und nur noch W. war da. Ich fühlte mich ihm gegenüber schuldig, weil ich so im Mittelpunkt stand, obwohl doch er gestorben war. „Daß ich mich auf deine Kosten so breit mache“, dachte ich und heulte, die ganze Haltung war futsch, aber auch das ging noch, solange ich spürte, daß er bei mir war und es gar nicht übelnahm. „Alles, was dir jetzt weiterhilft, ist gut“, sagte er. Am Anfang fühlte ich ihn ständig in meiner Nähe, während ich mich für uns beide mühte, seinen Tod zu seiner Zufriedenheit abzuwickeln.

Nach einigen Wochen kam mir der Gedanke: Eigentlich habe ich doch jetzt lange genug bewiesen, wie tapfer ich sein kann. Jetzt müßte jemand kommen und sagen: ‚Zur Belohnung dafür, daß du dich so gut gehalten hast, wird wieder alles wie vorher.‘ Da es aber die Belohnung doch niemals geben würde, schien es mir so schrecklich sinnlos, mich weiter anzustrengen. Als ich das dachte, begann das Gefühl von W.'s Gegenwart im Alltag langsam zu verblassen, und damit wurde es erst richtig schrecklich. Ich schwamm in einer entsetzlichen Leere, und wie zum Hohn wurde es draußen Frühling.

Im Frühling sah ich W.' Arbeitsschuhe wieder, die auf dem Steinsockel am Kellerabgang standen. Sie standen dort seit dem Tag vor Heiligabend, aber ich nahm sie erst jetzt wieder wahr. Zwei Tage vor seinem Tod, als er die Arbeit am Hausmuseum beendete, hatte er sie dort wie gewohnt abgestellt und die Socken in die Öffnungen gestopft. Sie waren zugestaubt, und einige Kellerasseln krabbelten darunter hervor, als ich sie nahm und mitsamt den schmutzigen Socken in den Mülleimer warf.

Im Frühjahr sah ich auch die zwei Stricke wieder, die von einem Balken unter dem Schopf herunterbaumelten. Sie hingen dort, seit wir das Haus gekauft hatten; wir hatten immer gesagt, sie müßten dort hängenbleiben, als Erinnerung daran, wie hoffnungslos unsere Situation während des Hausbaus zeitweilig gewesen war.

„Es sind die Stricke, an denen wir uns nebeneinander aufhängen, wenn wir mit den Schulden nicht fertig werden. Aber wenn wir mal absehen können, daß wir es doch schaffen, dann bringen wir an ihrer Stelle eine Schaukel an."

Im ersten Sommer wiegte sich manchmal das Schwalbenpaar auf den Stricken. Zum Birnbaumfest, W.'s letztem Geburtstag, hatten wir uns von seinen Kindern die Schaukel gewünscht, eine richtig schöne solide Holzschaukel, doch sie vergaßen es und schenkten ihm statt dessen etwas anderes. So hängen die beiden Stricke jetzt immer noch da. Ich kann mich nicht daran aufhängen, weil sie für uns beide bestimmt waren, aber schaukeln werde ich dort wohl auch nie mehr können.

Ausgrabungen

Es war ein wunderbar sonniger Sommer, dieser erste Sommer im Haus, aber auch der zweite Sommer war so, in der Erinnerung fließen sie mir beide manchmal ineinander. Zwar gab es noch immer viel zu tun, denn mit wenigen Wochen Unterbrechung lief zwischen Juni und November die zweite Bauphase ab. Trotzdem fallen mir so viele Spaziergänge und Wanderungen ein, mit Freunden oder zu zweit, Abende in Straußwirtschaften und Sonntagsausflüge zu ländlichen Vesperstuben, Fahrradtouren, wo wir stets bei einem der vielen Dorfhocks vorüberzukommen schienen und natürlich absteigen und ein Viertele trinken mußten, bevor wir weiterzogen. War es nun ein Sommer der Arbeit oder ein Sommer der Feste?

Natürlich waren die Sorgen nicht plötzlich ganz verschwunden, sie waren nur erst einmal ins Halbdämmern an den Rand gedrängt. An Pfingsten hatten wir einen häßlichen Streit; ich wollte bei dem traumhaften Wetter spazieren gehen, doch W. beharrte darauf, daß wir uns noch einmal über unseren Finanzen zusammensetzen müßten, alles systematisieren, die noch ausstehenden Forderungen der Handwerker überschlagen, überlegen, wie groß die Finanzierungslücke inzwischen sei und wo wir vielleicht noch sparen könnten. Ordnen, strukturieren – das war seine persönliche Strategie, mit der Angst umzugehen. Meiner Meinung nach hatten wir aber alles schon ziemlich gründlich systematisiert, und mehr Geld würden wir davon auch nicht haben, daß wir die Zahlen immer wieder ansahen. Es gab einen unfreundlichen Wortwechsel, Türenknallen, er wollte sich auf einen Kompromiß nicht einlassen: drei Stunden Finanzen, dann Natur. Da ging ich allein spazieren. Er wollte, weil er böse auf mich war, auch am Pfingstmontag nicht spazierengehen und saß mit finsterem Gesicht allein über dem Ordner mit den Rechnungen.

Nachträglich denke ich an diese Auseinandersetzung mit Schuldgefühlen. Wir hatten im vergangenen Jahr nur selten gestritten, selbst in den anstrengendsten Zeiten gab es höchstens mal ein oberflächliches Geplänkel, ohne tiefere Bedeutung. Er war zu Recht wütend, fühlte sich allein gelassen mit der Verantwortung. Aber ich wollte es einfach beiseite schieben. Da wir bis hier gekommen sind, werden wir es irgendwie auch weiter schaffen, dachte ich. Ich wollte einfach keine Angst mehr haben, ich wollte, daß wir im Hier und Jetzt leben und unser Glück genießen.

Dieser Streit war nur eine kleine Wolke vor der Sonne, die meistens aus blauem Himmel schien. Vielleicht verdüsterte sie sich im zweiten Sommer etwas öfter, doch da waren es nicht mehr die Schulden, die uns quälten. Die waren zwar nach wie vor gewaltig, aber sie wuchsen wenigstens nicht mehr, sondern waren inzwischen eine feste Größe, die uns zur Sparsamkeit zwang, zu einer Art von einfachem Leben, die uns durchaus gemäß war. Die Schatten des zweiten Sommers fielen aus W.'s Beruf in unser Leben.

In meinem Tagebuch stehen immer wieder Eintragungen wie: Himmlischer Tag. Herrliches Wanderwetter. Spaziergang auf den Berg. Abends nach der Arbeit die Hügel umrundet. Zur Belohnung Fahrt zum Waldgasthaus. Frühstück im Garten. Kleiner Gang durchs Frühlingstal. Langer Abend unter dem Schopf. Gemütlich dösiger Nachmittag im Garten. W.'s Urlaub beginnt: Jetzt können wir beide vier Wochen hintereinander zu Hause bleiben! – Klingt das nach Streß? Nach harter Arbeit und schweren Sorgen? Und dabei räumten und gruben wir eine ganze Menge, es war zugleich die große Zeit der Scheunenfunde und Ausgrabungen.

Wir fanden, als wir die Scheune vor der Restaurierung aufräumten, die alten Vorfenster, die man im Winter vor die gewöhnlichen Fenster der Stube einhängt, und außerdem sämtliche Fensterläden, zum Teil rissig vom Alter. Wir fanden auch das ehemalige Hofgatter wieder, nur leicht beschädigt. Das alles ließ sich reparieren und wieder verwenden. Es gab Unmengen von alten Fenstern und Türblättern, wir rätselten, wo sie mal gesteckt haben mochten. Verschiedene alte Schränke, auch Türen zu Schränken, die gar nicht mehr existierten, Bettgestelle, Teile eines Leiterwagens, den man fast vollständig wieder zusammensetzen könnte, allerdings fehlten die Räder bis auf eines. Zwei oder drei Wagendeichseln. Einen alten Pflug. Ein Gipsei im Stroh des ehemaligen Hühnerstalls. Viele Gefäße, Scherben verschiedener Keramikschüsseln, vorzugsweise braun und grün mit gelben Punkten oder Strichen, zerbeulte Blecheimer. Eine echte Kanonenkugel – wir glaubten erst, es sei die Sorte Kugel, die der Schornsteinfeger beim Kaminreinigen braucht, aber nein, es war wahr und wahrhaftig eine Kanonenkugel, und wir fragten uns verblüfft, wann und wie sie ins Haus gekommen war.

Alle diese Fundstücke wanderten in den hinteren Stall, wo W. später das Hausmuseum einrichtete. Da stehen sie noch heute, sorgfältig aufgereiht in Regalen aus alten Holzbrettern, die er in den letzten Tagen vor seinem Tod baute: Jede Menge verrostetes altes Werkzeug, teils in den Ecken gefunden, teils aus der Erde gegraben, Spaten, Schaufel, Heuforke, mit verrotteten Stielenden, Hacke, Haue, Pickel, Zange, Hammer und zerbrochene Sägen. Man hätte meinen können, frühere Bewohner hätten als Botschaft für uns eine gesamte Werkzeugausstattung vergraben. Viele Eisenteile, deren Funktion wir nicht kannten, dazu Mauerhaken, Winkeleisen, Fleischerhaken, Fensterladenhalter, vieles schwer und umständlich, verrostet, pittoresk. Rohrstücke. Ein eisernes Zahnrad. Eiserne Beschläge von Fenstern und Türen, eiserne Ketten, Riegel und Hunderte von handgeschmiedeten Nägeln, krumme wie gerade. Eine Kohlenzange. Knochen und Zähne größerer Tiere. Jede Menge Topfdeckel zu nicht mehr vorhandenen Töpfen, alte Eßbestecke, zumeist im Bereich des ehemaligen Misthaufens ausgegraben, eine große eiserne Suppenkelle, die im Backhaus hing, eine verrostete Blechtasse, eine noch intakte Milchkanne, eine Kohlenschütte, eiserne Faßreifen in allen Größen, eine Schusterahle und holzwurmzerfressene Spindeln. Holzbottiche. Eine große rechteckige Holzmulde, in der Brotteig geknetet wurde, mit Tragegriffen an allen vier Enden. Altes Gerät zum Einkochen von Obst und Gemüse. Scherben des abgerissenen Kachelofens, der einmal Küche und Stube heizte, helle mit braunem Fleckenmuster und flaschengrüne mit schönen Ornamenten. Viele kleine Glasfläschchen mit zart geformten Hälsen und Porzellantiegel, in denen man Tropfen und Salben verwahrte. Auf manchen klebten noch Etiketten: „Genick, Brust, Herz“ stand auf einem, und das Datum: „10.2.94“. Wer hatte es im Jahre 1894 am Herzen gehabt? Eigentlich kann es nur Germans Witwe Agatha gewesen sein, im sechsten Jahr allein mit ihren vier minderjährigen Kindern. „Lisbeth Mayer, 1935“ kann man auf einem Fläschchen mit herzförmigem Glasstöpsel entziffern. „2-3-5 Eßlöffel zu nehmen.“

Welche Krankheit hatte die Kleine mit sechs Jahren, in einer Zeit, da man sicher nicht gegen jedes Wehwehchen Medizin kaufte?

Wir fanden einen großen alten Steintrog, fast einen Meter tief in der Erde, den man wohl, weil er porös geworden und sein Rand an einer Seite abgebrochen war, aus dem Verkehr gezogen hatte. Er war dann als Teil der Begrenzungswand der Jauchengrube im Boden verwendet worden, im Laufe der Jahre hatte ihn dort die Wurzel eines mächtigen Baumes, zu unserer Zeit schon gefällt, in zwei Stücke gesprengt. Wir gruben sie sorgfältig aus, ließen sie vom örtlichen Steinmetz wieder kleben und bekamen so einen vom Zahn der Zeit gezeichneten Blumentrog beim Eingangstor.

Wer hatte die Rattenfalle in der Wand oberhalb des Türrahmens eingebaut? Wem hatte der Kinderschuh gehört, der noch aus dem vorigen Jahrhundert stammen mußte – die Sohle aus Holz und darüber grobes Leinenmaterial? German Mayers Töchtern Josefine (geboren 1879) oder Maria Anna (geboren 1881)? Welcher kleine Junge hatte mit den beiden Spielzeugsoldaten aus Blei gespielt, die wir im ehemaligen Hühnerstall fanden? Es waren Soldaten der kaiserlichen Armee, einem fehlte der Kopf. Im Stroh vergraben fand sich auch ein Stück gestanzten Blechs, das später von einem Besucher als Teil einer Schaffneruniform identifiziert wurde. Da fiel mir ein, daß Josefine einen Schaffner aus Freiburg geheiratet hatte. Sollten die beiden vor ihrer Hochzeit ein Stelldichein im Stall gehabt haben? Es war sonderbar, auch in dieser Weise an die früheren Generationen im Haus zu denken: Menschen, die gestorben waren, oft viel zu früh, die ihre Krankheiten mit Salben und Tropfen behandelt hatten – sie hatten auch als Kinder hier gespielt und sich als Liebespaare im Heu getummelt.

Beim Umgraben der ehemaligen Jauchengrube fanden wir den Christuskopf. Etwa fünfzehn Zentimeter groß, aus dem regionalen Sandstein gemeißelt, Christus mit der Dornenkrone, die Augen geschlossen und den Mund schmerzlich zu einem dünnen Strich verzogen. Wer hatte diesen Kopf einfach in die Latrine geworfen, wann und aus welchem Anlaß?

Vielleicht haben German Mayer (1845–1888) und sein jüngerer Bruder Meinrad (1847–1878) einmal unter dem Schopf an einem Kruzifix gearbeitet, und der Kopf ist ihnen versehentlich abgebrochen. Wie ungeschickt! riefen sie ärgerlich. Jetzt können wir noch mal von vorne anfangen! Und sie schleuderten das Teil in die Sickergrube und machten sich leise schimpfend daran, ein neues Jesusgesicht aus einem neuen Steinklotz herauszuarbeiten – und diesmal lassen wir den Mund noch trauriger aussehen!

Könnte auch sein, daß der Kopf zu einem der Grabmale auf dem alten Friedhof gehörte und in Stücke zerbrach, damals, als sie alle Steine nach Hause holten, weil der Friedhof umgelegt wurde. Sie transportierten die schweren Grabsteine auf dem Leiterwagen den holprigen Hohlweg vom Kirchberg hinab, da rutschte ihnen die Statue vielleicht vom Wagen und zerbrach. – Aber warum war der Kopf in der Jauchengrube und Arm- und Beinstücke, die vermutlich dazugehörten, auf dem Dachboden? Hat vielleicht doch jemand in der Vergangenheit eine Abrechnung mit seinem Heiland gehabt?

Ich sehe Gottfried Mayer, den Mayer Gotter (1885–1952) vor mir, wie er in stummer Wut mit dem Hammer auf die Christusfigur einschlägt, an jenem Tag im Jahre 1942, als er erfuhr, daß Hermann gefallen sei, Hermann, neunzehn Jahre alt, der einzige Sohn. Der Mayer Gotter hat vielleicht erst einen Mirabellenschnaps getrunken, nachdem der Bürgermeister fort ist, der die schlimme Nachricht brachte, den guten Obstler, den der Nachbar brennt. Man hat jetzt im Krieg nur noch kleine Vorräte für hohe Feiertage, es ist ihm grad egal; er hat stumm in der Stube gesessen und finster einen Schluck nach dem anderen getrunken; die Frau ist heulend hinauf in die Schlafkammer gelaufen, das Lisbethle verwirrt hinterher, bemüht, die Mutter zu trösten mit seiner verstümmelten Sprache, und er brütet, dumpf, während er es von oben unaufhörlich heulen hört. Dann ist er hinaus in den Hof gegangen, wo im letzten Dämmerlicht die Statue steht, an der er gerade arbeitet, und er hat ohne nachzudenken den schweren Hammer genommen und auf sie eingeschlagen. Du! Du! Und zu Dir habe ich gebetet, daß Du ihn beschützen sollst! stößt er zwischen den Zähnen hervor. Zum Teufel jetzt auch mit Dir! Aber vielleicht ist das eine viel zu gewaltige und blasphemische Szene, und natürlich steht auch sofort seine Frau Maria geborene Winterhalter in der Küchentür: Was soll der Krach! ruft sie weinend, so ein Krach, wo doch der Sohn tot ist, und sieht den Mayer Gotter im letzten Licht mit dem Hammer toben und jammert mit erhobenen Händen: Was tust du, Mann, um Gottes willen, reiß dich zusammen, versündige dich nicht! – Aber da hat er schon mit einem Fluch den Christuskopf in die offenstehende Jauchengrube geworfen.

Achterbahn

Es heißt, die Überlebenden seien auch wütend auf die Verstorbenen, weil die einfach abgehauen sind und einen allein lassen. Aber wie hätte ich wütend auf W. sein können, da ich doch wußte, wie gern er geblieben wäre. Manchmal sagte ich heulend, laut vor mich hin: So hatten wir uns das nicht gedacht! So hatten wir es uns nicht vorgestellt! – Auf wen hätte ich denn wütend sein können? Auf das Leben, das Schicksal, den lieben Gott? Ich empfand anfangs etwas wie Haß gegenüber den Menschen in seinem Beruf, die ihm zuletzt das Leben schwer gemacht hatten, aber auch der legte sich rasch, zumal ich wußte, daß W. ihn lächerlich gefunden hätte. Jedenfalls war die Wut nicht heftig genug, seine ehemaligen Vorgesetzten mit schweren lebenslangen Verwünschungen zu belegen.

Am Anfang überwog die Stumpfheit und die maschinenhafte Pflichterfüllung, aber es gab auch gute, merkwürdig feierliche Augenblicke. W. war noch gar nicht ganz gestorben; ich tat alles, was zu tun war, unter seinen Augen, ich war eine Art Statthalterin, ich bewies ihm, daß ich zurechtkam, ich enttäuschte das Vertrauen, das er in mich gesetzt hatte, nicht, indem ich mich um alle Formalitäten kümmerte und Haus und Hof ordentlich instandhielt, bis er wiederkommen würde. Ich fühlte mich noch immer gewärmt durch seine Anteilnahme und seinen Stolz über meine Tüchtigkeit.

Dann kam die Achterbahn. Das Gefühl seiner unmittelbaren Präsenz, als ginge er noch durchs Nebenzimmer, wenn ich an meinem Schreibtisch saß, verblaßte allmählich. Auch konnte ich ihn nicht mehr spüren, wenn ich mich nachts schlafen legte. Am Anfang erinnerte sich mein Körper noch so gut an seinen, wenn ich zu ihm ins leere Bett krabbelte, wie er sich anfühlte, wenn ich mich an ihn kuschelte, an den Geruch seiner Haut, wenn ich meine Nase im Einschlafen zwischen seine Schulterblätter tunkte. Wenn ich mich hinlegte, dachte ich: Jetzt gehe ich zu ihm, im Schlaf bin ich bei ihm, vielleicht besucht er mich im Traum.

Ich schlief meistens schnell ein, weil ich abends immer sehr erschöpft war, ich weiß gar nicht recht von was, denn ich tat doch fast nichts. Vielleicht ermüdeten auch die heftigen Gefühle. Schlief bald ein, aber erwachte anfangs jede Nacht, immer zur Stunde seines Todes, und lag da mit weit ins Dunkel aufgerissenen Augen. Alle Bilder kehrten zurück, jede Nacht sah ich den gleichen Film, die grellen Augenblicke des Entsetzens, die unwirklich blieben, obwohl sie riesig waren und mich ganz ausfüllten.

Als das intensive Gefühl seiner Anwesenheit verblaßte, kam eine Zeit, die auf eine Art noch schlimmer war als die ersten Wochen. Ich war heftigen wechselnden Zuständen ausgesetzt, mal ging es mir beinahe gut, dann wieder stürzte ich in schreckliche Verzweiflung.

Manchmal gab es Tage und Stunden, an denen ich gelassen war, fast heiter. Kleinliche Alltagsangelegenheiten, die mich früher aufgeregt oder bedrückt hatten, erreichten mich überhaupt nicht; was mir sonst Sorgen gemacht hätte, schien so unwesentlich, es konnte mir gar nichts mehr anhaben. Ich schwebte über den Dingen. Vielleicht haben sich so die Heiligen und die Weisen gefühlt, wie in Trance, die Eremiten in der Wüste, die Einsiedler in ihren Höhlen. Vielleicht ist das der Zustand, den man jenseits des Schmerzes erreicht, dachte ich dann, die Belohnung, nachdem man selber auch ein Stück gestorben ist. Ich spürte manchmal eine Art köstlicher unirdischer Ruhe – wenn ich im Garten arbeitete, wenn Freundinnen und Freunde zu Besuch gewesen und wieder abgereist waren, nach endlosen Gesprächen. Ich hatte keinerlei Ehrgeiz mehr und auch keine Existenzangst.

Du hast all dieses Schöne gehabt, dachte ich, und niemand kann es dir mehr wegnehmen, auch wenn es jetzt nicht mehr ist, ist es deswegen nicht ungewesen und bleibt dir für immer. – Alles Gute, was ihr zusammen erlebt habt, sagte meine älteste Schwester, ist wie dein eingemachtes Obst, deine Marmeladen im Keller; es steht da in den inneren Regalen und wird dich als Vorrat über die Durststrecke bringen, die dir jetzt bevorsteht. Wenn du dich elend fühlst, mußt du versuchen, dich daran zu erinnern und runtersteigen in deinen Keller und dir die Regale mit den gefüllten Gläsern anschauen.

Aber mitten in solchen Augenblicken heiterer Zuversicht brach immer wieder der Boden unter mir weg und ich stürzte fast übergangslos in schwärzeste Verzweiflung. Manchmal gab es dafür einen unmittelbaren Anlaß, zum Beispiel an dem Tag, als ich in seinem Schreibtisch Unterlagen für die Steuererklärung suchte und auf einen seiner Notizzettel stieß, „Ferienarbeitsplan für den armen W." Er hatte mich im Sinn, als er das schrieb, ich sollte darüber lachen, und jetzt konnte ich gar nicht mehr aufhören zu weinen. Warum? Warum er? Er war gesund, er hatte vernünftig gelebt. Warum er so früh und so viele unerfreuliche Menschen können uralt werden? Warum? – Der Tod ist ohn Warum, sagte dann jemand in meinem Kopf. Ich sah heulend seine ausgelatschten Hausschuhe vor dem Sessel stehen; sie hätten schon vor Jahren weggeworfen gehört, aber er hing an ihnen und fand immer wieder einen Schuster, der ihm kopfschüttelnd die Nähte nachbesserte, und ich rannte hinaus und fuhr planlos durch die Gegend.

„So hatten wir uns das nicht vorgestellt", sagte ich schluchzend ins Leere, dem fahrenden Auto, „was soll das große Haus für mich allein? Was soll ich allein mit Schopf und Scheune und Garten? Die Idee war, es gemeinsam mit neuem Leben zu füllen! Für was hat er sich so abgerackert, wenn er es nur so kurz genießen durfte? Wir waren doch gerade erst fertig. Es fing doch alles erst an. Für was strenge ich mich überhaupt noch an? Warum soll der Garten noch blühen?" Die Ros ist ohn Warum. Der Tod ist ohn Warum, antwortete die Leere. Und ich sang mit zittriger Stimme: „Herr, dein Mitleid, dein Erbarmen, tröstet uns und macht uns frei", bis meine Stimme im Weinen brach – die Stelle aus Bachs Weihnachtsoratorium, die wir zu seiner Beerdigung gespielt hatten. Es lag für mich ein tröstliches Geheimnis in dieser Melodie, in diesen Worten, es war eine magische Formel, die mich durch das Entsetzliche trug. Das war um so sonderbarer, als ich es sonst gar nicht mit dem Herrn hatte und auch nicht hätte sagen können, wie ich mir das göttliche Mitleid und das göttliche Erbarmen eigentlich vorstellte.

Später unterließ ich es zum Glück, halbbesoffen von Tränen in der Gegend herumzufahren; ich rannte durch die Reben und wartete mit dem Weinen, bis ich das Dorf weit genug hinter mir gelassen hatte. Im ausgehenden Winter kaufte ich mir eine Kettensäge und gewöhnte mir an, unter dem Schopf Holz zu sägen und zu hacken, wenn die verzweifelte Stimmung über mich kam.

Meistens gab es gar keine erkennbaren Auslöser; die schrecklichen Abstürze erfolgten ganz plötzlich, ohne Vorwarnung, inmitten von einigermaßen guten Tagen. Es war wie ein abrupter Kälteeinbruch, ein Temperatursturz in meinem Inneren, den ich auch physisch als Übelkeit und Kreislaufschwäche fühlte, und ich fiel und fiel in nie gekannte Tiefen. Ich wollte weglaufen und wußte nicht wohin, wo mich in Sicherheit bringen vor der über mich schwappenden Trostlosigkeit. Weglaufen vor dem Niewieder, Niemehr – ich dachte, ich halte es nicht aus, diesen Gedanken bis an seinen Rand zu denken, diese schwarze Hoffnungslosigkeit, ich wollte nur noch tot sein.

Eine Zeitlang konnte ich keinerlei Fortschritt oder Besserung erkennen. Ich war wie jemand, der in starker Brandung mit dem Ertrinken kämpft, mal hochgeschleudert auf einen Wellenkamm, dann runtergeworfen ins Wellental, verschluckt von den Fluten und wieder ausgespuckt; jeder Versuch zu schwimmen oder auch nur den Kopf über Wasser zu halten war lächerlich.

Irgendwann erkannte ich eine Art Muster: Es ging mir unweigerlich immer dann sehr schlecht, wenn es mir vorher gut gegangen war. Immer, nachdem ich mich getröstet gefühlt hatte und schwebte. Wahrscheinlich konnte der eine Teil meines Ichs nicht ertragen, daß der andere sich langsam wieder aufrappelte. Wie kannst du nur! schrie er: Weitermachen, als sei nichts gewesen! Heiter sein, als könne es für dich je wieder Glück geben! Und er riß zornig den Teil, der weiterleben wollte, mit sich in den Abgrund.

Die Botschaften der Träume I

ACHT Wochen lang soll man für die Toten den Tisch decken, ihren Sitzplatz freihalten und ihre persönlichen Gegenstände nicht von den Plätzen forträumen, wo sie sie zuletzt ließen oder zu finden gewohnt waren. Danach aber soll man alles wegschenken oder fortwerfen.

In den Nächten unmittelbar nach seinem Tod, als das Haus voll Menschen war, verbrachte ich die meiste Zeit an meinem Schreibtisch, vor mich hinstarrend. Manchmal stieg ich die Treppe hinunter, um mir einen wärmenden Kräutertee zu machen. Während ich darauf wartete, daß das Wasser kochte, räumte ich jede Nacht mechanisch die Küche auf, in der in diesen Tagen viele andere, nur nicht ich selber, kochten und spülten. Jemand hatte die Messer dahin gelegt, wo eigentlich die Löffel hingehörten; die Töpfe standen nicht in der richtigen Reihenfolge, und die Tellerstapel waren durcheinandergebracht. Was tust du hier eigentlich, dachte ich einmal mittendrin – dein Leben ist zerstört, und du klammerst dich an die gewohnte Ordnung deines Küchenbestecks!

Nacht für Nacht wurde ich wach, zur Stunde seines Todes. Dann setzte ich mich an den Schreibtisch, wärmte meine Hände am Kräuterteebecher und starrte vor mich hin. Jetzt ist er achtundvierzig Stunden tot, jetzt drei Tage, jetzt fünf Tage.

Ich wartete auf die Träume. Jedesmal, wenn ich ins Bett kroch, dachte ich: Ob er wohl heute nacht eine Botschaft schickt? Es dauerte drei Wochen, und im ersten Traum kam W. als Person noch gar nicht vor. Er handelte von Steinguttöpfen, wie man sie zum Einlegen von Gurken und Kürbis benutzt. Ich träumte, ich wühlte aus einem riesigen Schutthaufen, Asche, Dreck und Scherben, eine stattliche Anzahl solcher Töpfe heraus; sie waren braun, erdfarben, mit blauem Muster. Ich fand ein paar, die noch heil waren, viele waren mehr oder weniger beschädigt, und ich baute alles nebeneinander auf einem Brett auf. „Guck mal, wieviel noch da ist!“ sagte ich zu einer unbestimmt bleibenden Person, die hinter mir stand. „Und manches läßt sich bestimmt wieder kleben.“

Wenig später tauchte er selber in meinen Träumen auf, und eine Zeitlang kam er Woche für Woche. Wir befanden uns zusammen im Bett und wir schmusten. W. war blaß und mager und weckte in mir eine Mischung aus Zärtlichkeit und Fürsorgebedürfnis. Beschwerlich war, daß wir in einem sehr schmalen Bett beieinander lagen; der Enge wegen Kopf an Fuß, was es schwierig machte, ihn zu streicheln, ich mußte mich aufsetzen, um seinen Oberkörper, Arme, Gesicht und Hände zu erreichen.

Eine Woche später fragte mich W. im Traum, wo denn sein Rasierwasser hingekommen sei? Ich erinnerte mich vage daran, daß er vorübergehend fort gewesen war und daß irgendwelche Leute behauptet hatten, er sei umgekommen. Wie gut, dachte ich, daß ich diesen Gerüchten keinen Glauben geschenkt und seine Sachen nicht angerührt habe. Denn wie kränkend und wie traurig wäre es jetzt für ihn, wenn er erführe, daß man ihn tot geglaubt hatte. Aber warum mußte er mich nach dem Rasierwasser fragen, wenn doch alles noch an seinem Platz stand?

Im nächsten Traum, sechs Wochen nach seinem Tod, kam W. von einer Reise zurück. Ich saß am Schreibtisch, er trat aus seinem Arbeitszimmer in meines und gab mir einen flüchtigen Begrüßungskuß. Ich streckte beide Arme nach ihm aus, ich freute mich so, wollte schmusen, doch er entzog sich rasch und ging wieder. Nicht hier, schien er zu sagen, dies ist nicht der richtige Ort. Er bedeutete mir, ihm ins Schlafzimmer zu folgen. Das ärgerte mich. „Er benimmt sich wie ein spießiger Ehemann und nicht wie ein Liebhaber. Wo ich doch solche Sehnsucht nach ihm habe!“ Ich wollte ihm meine Autonomie beweisen, indem ich nicht sofort hinter ihm herging. Ich überlegte sogar, ob es für solche Fälle nicht besser sei, eine Couch ins Arbeitszimmer zu stellen. „Damit man sich zwischendurch auch mal allein hinlegen kann."

Dann folgte ich ihm durch einen langen Gang, der zu unserem Schlafzimmer führte. Wir teilten es mit einem anderen Mann, Norbert aus der früheren Wohngemeinschaft. Ich träumte, daß ich mich im Bad fertig machte, weil ich Norbert gegenüber Scham empfand. Im sittsam hochgeschlossenen und langen Nachthemd legte ich mich zu W., der ebenfalls einen Schlafanzug trug. Norbert, der üblicherweise auf der einen Hälfte des Doppelbettes schlief, während wir uns die andere teilten, bot uns seine Seite an, weil er noch fortgehen wolle: Bitteschön, sagte er, sie ist ganz frisch bezogen. Ich lehnte verhalten, höflich dankend ab und dachte: Wenn du wüßtest, wie sehr ich mich auf das enge Zusammenliegen mit meinem W. freue! – Ich erinnerte mich noch beim Erwachen an das intensive Körpergefühl, an mein wohliges Seufzen, als ich mich um ihn rollte. Das Seufzen hatte allerdings auch demonstrativen Charakter für Norbert. Ich wollte W. sagen: Eigentlich finde ich es gar nicht gut, daß wir neuerdings das Bett mit ihm teilen – ist dir mal aufgefallen, daß wir seitdem überhaupt nicht mehr richtig miteinander schlafen, nur noch kuscheln? Aus lauter Rücksicht auf ihn, weil er niemanden hat!

In einer anderen Variante dieses Traums lag Norbert neben uns, und seine Gegenwart störte mich sehr. Wir sahen ihn schwankend den Gang entlang fortgehen, er setzte zwischendurch eine Flasche an den Hals, und W. sagte erschrocken: Norbert trinkt ja! Er lief hinterher, um ihm die Flasche fortzunehmen.

Norbert war das Objekt unseres gemeinsamen Mitleids, weil er allein und elend war und aus Einsamkeit zu saufen begonnen hatte, während wir beide so glücklich miteinander waren.

Unverschämt glücklich

AUF unseren Sommerspaziergängen um das Dorf herum fühlten W. und ich uns manchmal in die Gedichte der Romantik versetzt, in die Welt der geheimnisvoll rauschenden Wälder, der murmelnden Bäche und plätschernden Brunnen, der sacht wogenden Ähren. Der Morgen betrat die Erde mit rosigen Füßen. Die Nächte waren sternklar und mild, sie stiegen gelassen von den Hügeln und lehnten träumend an unserer Scheunenwand. „Ich komme mir hier vor wie in der Zeit vor der industriellen Revolution, frühes 19. Jahrhundert, und du und ich zwei Handwerksburschen, die plötzlich auf ihrer Wanderung irgendwo im Tal staunend die ersten Fabrikschlote qualmen sehen." An den ins Rheintal fallenden Schwarzwaldhängen ließ sich diese Illusion ohne viel Mühe aufrechterhalten. Man durfte nur nicht in die falsche Richtung schauen, nach Westen hin, wo man, wenn es nicht allzu dunstig war, ein französisches Atomkraftwerk sehen konnte; die schweizerischen waren auch nicht allzu weit entfernt.

Sommersonnenwende vorüber, jetzt hatten wir wirklich und reichlich Sommer, jeden Tag 25 Grad, 26 Grad, 27 Grad. Siebenschläfer. Manchmal gab es abends heftige Gewitter, davon abgesehen immer weiter die heißen und hohen Tage.

Sommer: Das war auch das kontinuierliche Gebrummel der Fliegen, das am Nachmittag anschwoll. Es war der Einfall des Nachmittagslichts in die wunderbar kühle, dunkle Diele, überhaupt waren die Licht- und Schattenkontraste im alten Haus intensiver als in jeder unserer anderen Wohnungen zuvor.

„Darf man das überhaupt? So glücklich sein? Sich so aus der Arena fortstehlen? Neunzig Prozent der Bevölkerung leben unter völlig anderen Bedingungen, und hier könnte man das ganz einfach vergessen." Manchmal machte uns dieser

Gedanke zu schaffen, aber dann schoben wir ihn wieder beiseite. Es ging ja den anderen Menschen nicht deswegen schlechter, weil wir es uns hier gutgehen ließen, versicherten wir einander. Außerdem wurden wir auf unseren beruflichen Reisen stets aufs neue daran erinnert, wie es sich in der Mitte der Städte und Szenen lebt; wir hatten uns lang genug auf den Müllhalden der Zivilisation herumgetrieben. Der Kontrast hielt die Freude an unserem neuen Leben lebendig.

Meine Lieblingsbeschäftigung im ersten und zweiten Sommer bestand darin, aus dem Fenster meines Arbeitszimmers herauszuhängen statt mich auf meine Bücher und Papiere zu konzentrieren, verliebt auf das Stück kahle Erde am Eingang unseres Grundstücks zu schauen, in dem niemand sonst etwas anderes sehen konnte als eine ungepflasterte Einfahrt, und Phantasien zu entwickeln, was man dort alles anpflanzen könnte.

Im ersten Sommer angebautes Gemüse: Zehn Tomatenstöcke, mehrere Generationen Salat (Kopfsalat, Batavia, Eisberg, immer zehn bis fünfzehn Köpfe), im Juli/August schossen sie mir leider, etwas Kohlrabi, je vier Wirsing-, Rot- und Weißkohlpflanzen, zwei Paprika (die aber kümmerten), eine Reihe Lauch. Zwei Zucchini, die dritte bekam Mehltau, eine Kürbispflanze der Sorte Roter Zentner, die zwei wasserballgroße schwergewichtige Monster hervorbrachte, drei kränkelnde Gurkenpflanzen (übersehen, daß Gurken neben Kompostrinne gepflanzt werden sollten), Stangenbohnen an zwei wigwamähnlichen Gerüsten und Feuerbohnen am Maschendrahtzaun zu Nachbars.

Besonders stolz war ich auf meine Kräutersammlung in Kübeln und Holzkisten, mein mobiles Kräuterbeet: Schnittlauch, Petersilie, Dill (der aber bald einging), Basilikum (für Tomaten mit Mozarella), Kerbel, Rosmarin, Ysop, Lavendel, Estragon, Bohnenkraut (einjähriges und überdauerndes), Thymian, Zitronenthymian, Oregano (zwei Sorten), Salbei,

Beinwell, Borretsch, Liebstöckel, Pimpinelle, Tripmadam (das ich in erster Linie des hübschen Namens wegen hielt, die Spitzen schmecken aber auch gut an Quark und Salat), Bärlauch, drei verschiedene Sorten Minze (gewöhnliche Bachminze, marokkanische und Ananasminze), Zitronenmelisse, Sauerampfer. Ich zählte hochzufrieden sechsundzwanzig Gewürzkräuter, und eigentlich durfte ich die Kapuzinerkresse auch noch dazurechnen. Im Frühsommer packte ich fast alle diese Kräuter an den Salat und die Frankfurter Grüne Soße, die es oft zu Pellkartoffeln gab.

Ich konnte mich gar nicht sattsehen an meinen Beeten; die Kohlköpfe wurden immer malerischer, so daß ich die Ernte im Herbst viel zu lange herauszögerte und einige verdarben.

Manchmal, wenn ich Bücher aus der Bibliothek oder sonst etwas brauchte, radelte ich nachmittags in die Stadt. Ich richtete es so ein, daß ich W. nach der Arbeit treffen und mit ihm zusammen nach Hause fahren konnte, durch die Heckenwege, auf denen noch die schwere Tatze der Hitze lastete, und über die Rebhügel, wo eine kleine Brise ging, in der Abendsonne. Was andere nur in den Ferien hatten, war ein Teil unseres Alltags geworden.

Im August zählte ich und stellte fest, daß wir allein im Monat Juli achtundzwanzig Gäste gehabt hatten, einzelne und Paare, Wochenendbesuche und Abendgäste. Was sie an unserem Hof, unserem Leben hier anzog, war etwas, das sie mit „romantisch" bezeichneten, obwohl es vielleicht das genaue Gegenteil war. Ferienhäuser auf dem Land hatten andere auch, möglicherweise viel schönere, die weniger Arbeit machen und hübsch in malerische Umgebung gestellt sind. Man reist an, füllt den Kühlschrank, geht ein wenig in der frischen Luft spazieren und reist nach einiger Zeit wieder ab, wenn man sich wieder nach dem unterhaltsamen Lärm der Zivilisation sehnt.

Unser Haus besaß einen spürbaren Ernst; es war keines, das

man so nebenher erwerben und besitzen konnte. Durch seine Geschichte war es in dieses Dorf eingewurzelt, es ließ sich nicht einfach solo im luftleeren Raum genießen. Wahrscheinlich war es gerade das Krude, Ungestylte, das manche unserer Freunde beeindruckte. Sie hätten es vielleicht nicht für sich gewünscht, aber sie wollten es sich gern aus der Nähe anschauen. Was sie als einfaches Leben empfanden, war eine Unmittelbarkeit, die im Alltag der akademischen Mittelschicht nur noch selten existiert.

Eine Freundin sagte: „Euer Haus ist schön, aber mein Traumhaus müßte an einem Berghang liegen, mit einem weiten Blick in die Landschaft – nicht so eng eingeschlossen in die Nachbarschaft wie eures." Sie hätte aber wahrscheinlich nicht die Einkaufstaschen ihren Hang hinaufschleppen oder im Winter am Berg Schnee schaufeln mögen.

Ein anderer Freund sagte: „Ich ziehe es vor, in einer Stadtwohnung zu leben und Ferienhäuser zu mieten, man hat dann abwechselnd beides, Kultur und Natur, ohne die viele Arbeit, die es braucht, so ein Haus zu unterhalten."

Wieder ein anderer: „Wirklich romantisch – aber wäre es nicht herrlich, wenn ihr in der Scheune noch eine Sauna hättet? So was dürft ihr wohl wegen des Denkmalschutzes nicht einbauen?"

„So schön ein altes Haus ist – wenn ich mir vorstelle, wie ihr zwei Jahre geschuftet habt und wenn ich an die Kosten denke, dann ist das doch ein hoher Preis. Ich möchte etwas ähnliches, nur mit einem erheblich geringeren Aufwand."

Wenn ich sie so reden hörte, dann dachte ich: Sie haben nichts verstanden. Sie kapieren nicht, daß das Helle mit dem Dunklen zusammenhängt. Daß die Traumhäuser, für die man sich nicht anstrengen muß, schnell langweilig werden. Wo keine Mühsal ist, da gibt es auch nur ein flaches Glück.

Was bedeutet die Liebe zu alten Häusern? fragten wir uns manchmal. Daß man sich an die Vergangenheit klammert?

Daß man nicht souverän genug ist, etwas Eigenes, ganz Neues auf die Beine zu stellen? Ich erinnere mich an den Tag, an dem mir bewußt wurde, daß meine beiden gußeisernen Töpfe mich wahrscheinlich überleben würden, weil sie aus dauerhafterem Stoff gemacht sind als ich. Vielleicht würden sie nicht nur mich, sondern auch größere gesellschaftliche und Naturkatastrophen überleben und nach mir von Menschen benutzt werden, die von mir wußten oder auch nicht. Diese Vorstellung gefiel mir, denn ich hatte die vielen Wegwerfdinge so satt, ihre häßliche Kurzlebigkeit. Weil wir Gegenstände mit Biographie mochten, hatten wir immer gern auf Trödelmärkten und in Antiquitätenläden gekauft.

Sicher kann man, wenn man viel Geld ausgibt, auch interessante, ästhetisch ansprechende neue Häuser bauen; man gibt sich dann große Mühe, etwas Eigenes zu gestalten, doch oft wird es nur das, was gerade modisch ist. Alte Häuser besitzen, auch wenn sie sich in ihrer Entstehungszeit gar nicht von den sie umgebenden abhoben, schon aufgrund ihrer Geschichte Individualität. Aber es ist keine forcierte, in der die Eigentümer sich nur selbst spiegeln, sondern eine aus sich selbst heraus gewachsene.

Wir hatten uns ein altes Haus gewünscht, aber wir hatten viel mehr bekommen. Etwas, das unser ganzes Leben einfärbte, ein heilsames Gegengewicht zum überzogenen Wert, den wir gelernt hatten, unserer eigenen Individualität beizumessen.

Die zweite Bauphase

DIE zweite Bauphase, die im Frühsommer begann und sich mit kurzen Unterbrechungen bis Ende November hinzog, war, verglichen mit der ersten, einigermaßen geruhsam.

Schön waren die faulen Sommersonntage nach anstrengenden Arbeitssamstagen. Die Scheune mußte noch einmal entmüllt werden, nachdem die Handwerker das Dach umgedeckt hatten. Da war sie voll von heruntergefallenen Schindeln und Ziegelresten, alles bedeckt vom roten Staub der Flex. Wir hatten im ersten Durchgang den oberen Stock freigeräumt und gesäubert, ein ekelhafter Schmutz, Staub von Jahrhunderten, Stroh- und Heureste, Gerümpel. Manchmal stöhnten wir: „Hört das denn nie auf – der Dreck, das Bretter- und Steineschleppen?“ Es war auch nicht ganz ungefährlich, dort herumzuturnen, auf manchmal drei Lagen übereinandergelegter Fußbodendielen, eine Schicht morscher als die andere, gelegentlich klafften große Löcher, die man erst sah, als der Unrat beiseite gekehrt war.

Die Arbeit dieser zweiten Bauphase liest sich im Verwendungsnachweis für die Mittel der Deutschen Stiftung Denkmalschutz wie folgt:

„1. Sicherung und Instandsetzung der Scheune

An der vom Einsturz bedrohten Scheune wurden zwei Stützpfeiler gesetzt, Giebelanker eingebaut und Aussteifungskonstruktionen zwischen den mittleren Dachbindern hergestellt. Die stark beschädigte Fachwerkwand wurde mit Bruchsteinen ausgemauert, Fehlstellen an den Bruchsteinmauern und an den Gewänden von Fenstern und Türen ausgebessert. Die Stalldecke wurde vollständig repariert, die Raufen, Futterkrippen, Boxen und Stallwände weitgehend wieder in ihren ursprünglichen Zustand versetzt. Der Dachboden wurde mit alten Dielen neu ausgelegt, das Dach mit alten Biberschwanzziegeln neu eingedeckt, stark beschädigte Sparren mit Altholz ersetzt und die Dachrinnen vollständig erneuert. Fenster und Fensterläden, Scheunentor und -türen wurden repariert, oder, falls das nicht mehr möglich war, ersetzt.

2. Restaurierungsarbeiten im Schopf

Unter dem Schopf wurden die Schweinestallboxen repariert. In der Brennkammer wurden die Rauchschürze und der Rauchabzug (Fuchs) restauriert, Lücken im Steinfußboden ergänzt und Fehlstellen in der Bruchsteinmauer ausgebessert.

3. Restaurierungsarbeiten am Wohnhaus

Am Wohnhaus wurde der Außenputz komplett erneuert, dabei wurde das unter alten Putzschichten verdeckte Deutschordensritterkreuz oben am Südgiebel gereinigt und konserviert. Fehlstellen an den Außentreppen und an den Gewänden von Fenstern und Türen wurden ausgebessert. Der beschädigte Aufgang zur Hintertür und die beschädigte Kellertreppe wurden wiederhergestellt, Fensterläden, Haupteingangstür und Kellertür restauriert und gestrichen. Das alte Hofgatter wurde repariert und wieder angebracht.

Der Umfang der in diesem Zusammenhang durchgeführten Eigenarbeiten betrug 152 Stunden. Die Eigenleistungen bestanden u.a. im Entrümpeln von Scheune und Ställen, Reinigen von Mauern und Balken, Abriß morscher Fußbodendielen in der Scheune, Streichen von Stalltüren, Scheunen- und Kellertor mit Leinöl, in kleineren Reparaturarbeiten, verschiedenen Vor- und Nacharbeiten für die Handwerker, vor allem im Sortieren des noch verwendbaren Altmaterials (Steine, Hölzer) und im Abräumen von Bauschutt."

Genau ein Jahr nach unserem Einzug waren auch die Nebengebäude saniert und der ganze Komplex jetzt äußerlich recht ansehnlich. Das Wohnhaus hatte einen Naturputz bekommen, durch den das Bruchsteingemäuer wieder atmen konnte, es leuchtete in warmem Sonnenblumengelb. Man konnte den hohen Spitzgiebel der Südwand ringsum von der Hügelkette aus in der Sonne leuchten sehen.

Aber auch Angst

PANIK, nachts wenn der Hausbock nagte und sägte, sägte und bohrte. Das Wohnhaus hatten wir mit Heißluft gegen Holzschädlinge behandeln lassen, aber beim Wiederaufbau des Schopfes hatte der Zimmermann Altholz verwendet, das wohl befallen war. Vielleicht kamen die Viecher aber auch aus der Scheune. Die Sorge, die Sorge: Wurm oder Bock? Der Bock ist schlimmer als der Wurm. W. auf Reisen, ich wälzte mich im Bett, hin und her, her und hin. Und die noch riesige, wenngleich rechtsseitig schon etwas angefressene Mondkugel starrte unverschämt durch die kleinen Gaubenfenster ins Schlafzimmer. Ein Kauz schrie. Ich hörte im Innenhof Dinge geschehen, die nicht wirklich waren; Füße knirschten über Kies, etwas Schweres fiel und zerbrach dumpf. Ich dachte, ich sei wach, aber in Wirklichkeit träumte ich wohl. Denn dann erwachte ich, schoß ans Fenster, schaute hinaus und sah: nichts, nur daß es sehr hell war im Mondlicht. Außerdem war es schwülheiß, es hatte gar nicht abgekühlt, und erst nachdem ich mich entschloß, statt unter die Decke nur unter ein Laken zu kriechen, schlief ich wieder ein.

Mitten im Glück flackerte immer wieder die Angst auf, begründete Sorgen, aber auch unbegründete Ängste.

Es war alles noch so fremd und ungewohnt, nach den Abgründen des letzten Jahres mochten wir der Ruhe manchmal nicht trauen. Was bedeutete das Knacken der Balken? Wurde der Riß an der Stelle, wo die Treppe auf dem ersten Stock auflag, nicht langsam größer? Hatte sich der Fußboden bereits unter der Last der Bibliothek gesenkt, oder war er von Anfang an so schräg geneigt gewesen?

Unser Freund, der Architekt, beruhigte uns: Wir brauchten uns keinerlei Sorgen machen, was die Standfestigkeit des Hauses angehe. „Das wird noch einige Jahre älter als Sie." Wir würden es im Laufe der Zeit so gut kennenlernen, daß wir bald gelassener sein und selbst einschätzen könnten, welche Phänomene normal seien und wann man etwas unternehmen müsse. Wie beim ersten Kind, dachte ich, wo man anfangs auch bei jedem Wehwehchen in höchste Aufregung gerät. Wie bei einem Partner, sagte er, den man über Jahre kennenlernt und dann erst kann man seine Stimmungen und Beschwerden richtig einschätzen. Aber ein Partner kann, anders als ein Haus, reden und sich erklären, sagte ich. Dafür kann sich ein Haus, anders als ein Partner, nicht verstellen, meinte er lächelnd.

Er stand uns weiterhin zur Seite, bei eingebildeten und tatsächlichen Katastrophen. Im Juni zum Beispiel, als es nach mehreren heftigen Wolkenbrüchen plötzlich ins Wohnzimmer hereinregnete; dicht bei der Mauer zur Straße tropfte es bedächtig aus der alten Holzdecke auf das Sofa. Es stellte sich heraus, daß die Gaubenbacken nicht ordentlich angebracht waren – das ging auf das Konto unserer genialischen elsässischen Zimmerleute. Aber der Schaden war schnell behoben.

Es gab in diesem Sommer viele schwere Gewitter. Grelle bösartige Blitze, krachender Donner, wie von Einschlägen ganz in der Nähe. Wenn sich die Wolkenfront entlud, verwandelte sich der Innenhof im Nu in einen See, in dem ich noch eine Viertelstunde später knöcheltief watete; das Wasser stürzte in ganzer Front das Schopfdach herunter, sprang wie ein Wasserfall direkt wieder aus der übervollen Regenrinne hinaus und fiel in einem breiten Vorhang zu Boden. Bald bahnten sich die Fluten einen Weg am Stützpfosten des Schopfes vorbei und quollen die Kellertreppe herab. Das passierte jetzt öfter bei Platzregen und ging immer schneller vor sich, wahrscheinlich hatte sich durch das Graben im Hof das Gefälle verändert, und nach und nach schufen sich die wiederholten Wasserfälle eine Art Bachbett.

Wenn die Gewitter tagsüber stattfanden, während W. im Institut war, hielt sich meine Panikstimmung in Grenzen. Ich beschränkte mich dann darauf, einige gefährdete Bücherkartons umzulagern und schöpfte nach dem Unwetter das Dreckwasser ab, das sich in einer Mulde in der Kellermitte sammelte, mit einem Kindersandeimer oder einer überdimensionierten Suppenkelle. Nachdem es ein paarmal zur Überschwemmung gekommen war, wurden wir klüger und füllten

Sandsäcke ab, Reste von Bausand in Einkaufstaschen aus Stoff, die wir zur Sicherung des Kellereingangs bereithielten, eine Erste-Hilfe-Maßnahme, bis das Problem nach dem Aufmauern der Kellertreppe einigermaßen behoben war.

Wenn W. auf Reisen war, erschienen mir die Gewitter unheimlicher. Sie kündigten sich an im nervösen Brummeln der Fliegen, während es draußen dunkler und dunkler wurde. Längere Zeit nur ein entferntes Grummeln, drohend, und die Schwüle lastete so schwer, daß man ängstlicher atmete. Einmal, als die Abstände zwischen Blitz und Donner kürzer wurden, begann mein Fax-Gerät sich ständig von selbst aus- und einzuschalten, dabei schnitt es immerfort neue kleine Papierstreifen ab. Das war rätselhaft: Psi oder ein vom Gewitter verursachter Kurzschluß? Als ich die Anschlüsse überprüfte, fand ich zwischen Wand und Steckdose eine in einen Kokon eingesponnene Raupe, die offenbar wuchs und den Stecker allmählich herauspreßte – welch sonderbarer Ort, sich zu verpuppen!

Nachts grummelte das nächste Gewitter heran, ein schweres, nachdem sich das vom Nachmittag in sanftem Regen entladen hatte. – „Wotan reitet dahin“, dachte ich, allein im Bett, wachliegend. Wotan schrie und tobte, zerrte an den Dachziegeln. Ich stand um drei Uhr nachts im Bademantel an der Hintertür und schaute ins tobende Schwarz. Dann ging ich zurück ins Bett, weil man ohnehin weder etwas sehen noch etwas unternehmen konnte, und schlief auch ein, bis das Donnergrollen gegen Morgen wieder gewaltig anschwoll. „Da kehrt er zurück.“ Sobald es hell wurde, umkreiste ich das Haus, in Gesellschaft verschiedener Nachbarn, die das gleiche bei ihren Häusern taten, und stellte aufatmend fest: Es war noch glimpflich verlaufen. Zwar lagen viele Blumen zerschlagen am Boden, aber nur ein Dachziegel war losgerissen, von einer Stelle, die wir einigermaßen gut würden erreichen können.

Im Keller hing ein unangenehmer Geruch. „Ob das mit dem abgestandenen Wasser zusammenhängt?" Zwei Tage später war es ein Gestank, den man beim besten Willen nicht ignorieren konnte. Er kam aus der Ecke, wo unter dem Überlaufrohr der Wasserleitung ein großer Bottich stand. Die Bauarbeiter hatten dort das Wasser gezapft, das sie für das Ausbessern der Fachwerkwände in der Scheune brauchten. Wir rümpften die Nase. „Ekelhaft!" Als W. mit der Taschenlampe in den Bottich leuchtete, sahen wir etwas großes Aufgeblähtes, schwarz und silbrig, in der Brühe treiben. Wir brauchten Stunden, bis wir uns aufraffen konnten, den nach Verwesung stinkenden Bottich in den Garten zu schleppen. Dort leerten wir ihn in der Ecke unter einem Busch, mit grünlichen Gesichtern.

Das Schwarze war vermutlich ein Maulwurf gewesen, jetzt zu doppelter Größe aufgequollen, die Haare schwammen in Büscheln um den Kadaver, und als der Haufen auf der Erde lag, sahen wir die Maden wimmeln. Außerdem gab es noch eine ertrunkene Ratte, die wir erst jetzt bemerkten. W. schaffte es, das Aas mit viel Zeitungspapier zu packen und in eine Plastiktüte zu löffeln, die ich geöffnet hielt, dann noch eine und noch eine Plastiktüte.

In der Abenddämmerung zogen wir los, Hand in Hand unter dem sichelförmigen Mond. Wir hatten den Ekel überwunden, noch etwas verlausten Holunder darauf gepackt, den ich nicht auf dem Kompost haben wollte, und wanderten mit unserer Tragetasche zum Waldrand, wo wir sie im Unterholz auskippten, verstohlen wie Mörder, die die Leiche ihres Opfers loswerden müssen. Es war eine laue Sommernacht, und da wir schon halbwegs beim Nachbardorf waren, beschlossen wir, die Tüten dort in einen Straßenpapierkorb zu werfen und uns noch ein Viertel Gutedel zu genehmigen, zur Belohnung für unsere Heldentat.

Unwetter, unheimliche und unappetitliche Erlebnisse,

Ungeziefer – auch das gehörte dazu. In unseren Stadtwohnungen hatte es nur Fliegen gegeben, gelegentlich mal Motten.

Erst hatten wir in diesem Frühsommer im Garten Legionen von Blattläusen, die dann aber allmählich weniger wurden, vielleicht wurde das Wetter für sie ungünstiger, vielleicht wurden sie von anderen Herrschaften gefressen. Auch die Ameisenplage – Ameisen in den Wohnzimmerschränken, Ameisen bis in den ersten Stock, auf dem Schreibtisch – verschwand nach zwei, drei Wochen wie ein Spuk. Danach kam die Zeit der Ohrenkneifer. Im Spätsommer waren die häßlichen grünen Fliegen lästig, und in der Abenddämmerung surrten die Mücken. Kellerassel-Saison war eigentlich ganzjährig. Im Frühherbst wuchsen in allen Zimmerecken Spinnennetze; die Spinnen horteten in ihren klebrigen Gespinsten ausgesaugte Käferkadaver und Chitinpanzer aller Art. Wahrscheinlich waren sie beleidigt, wenn ich ihre Netze samt Vorratshaltung zusammenfegte, denn schließlich waren sie die Kammerjäger im Haus.

Abenddämmerung

FÜRCHTEST du dich nicht nachts, allein im alten Haus? fragten mich Freundinnen nach W.'s Tod. Was für eine sonderbare Frage! Vor was soll man sich noch fürchten, wenn das Schlimmste bereits geschehen ist? Es stimmt, daß ich manchmal Angst habe, aber es ist keine Einbrecherfurcht. Einbrecher hätten vermutlich mehr Angst vor meiner alten Scheune als ich vor ihnen, wenn in der Schwärze der Nacht die Katzen über die Dachbalken balancieren, wenn das Holz seufzt, die Fledermäuse vorüberflattern und der Wind die Biberschwänze rüttelt.

Ich habe jetzt wieder öfter Angst um das Haus. Angst vor

Rissen im Gemäuer und daß der Hausbock sich nicht mit dem Splintholz begnügt. Ich habe Angst, daß ich das Haus nicht allein erhalten, die notwendigen größeren Reparaturen nicht bezahlen kann und zu ungeschickt bin, die kleinen selbst vorzunehmen. Ich habe Angst, daß meine physischen Kräfte eines Tages für dieses Projekt nicht mehr ausreichen, das schon für zwei Personen gewaltig war – wieviel mehr erst für eine einzige. Was hat es überhaupt für einen Sinn, allein im Haus wohnen zu bleiben, da doch unser Leben hier als ein gemeinsames phantasiert war? Wie könnte ich andererseits je fortgehen, nachdem W. seine letzten Jahre dafür gegeben hat? Ich habe dir dieses Haus gerade noch fertiggebaut, sagt er, mein Geschenk an dich, nun mußt wenigstens du für uns beide darin glücklich sein. Wenn ich es verkaufen und verlassen müßte, würde ich seine Anstrengungen nachträglich zunichte machen.

Manchmal habe ich Angstträume in der Nacht, sie kreisen fast alle um das Haus. Mauern bröckeln und stürzen in sich zusammen, manchmal bricht Feuer aus. Ich träume, daß ich von einer Reise zurückkehre und mein Haus nicht wiederfinde, weil es abgebrannt ist, die Ruinen rauchen noch. Ich schreie im Traum und wache von meinem eigenen Entsetzensschrei auf. Was hast du, beschwichtige ich mich dann selber, du träumst doch nur, was in Wirklichkeit längst geschehen ist, man braucht doch keine Angst mehr vor Katastrophen zu haben, die schon eingetreten sind.

Unbehaust in der Welt. Das Haus ein letzter Rest von Heimat.

Drei Monate nach seinem Tod erschien mir W. im Traum. Wir müßten dringend ein Formular für die Steuer ausfüllen, sagte er und fing gleich damit an. Ich dachte: Er ist doch tot! Wieso sitzt er hier? Er scheint es noch gar nicht zu wissen, daß er gestorben ist. Müßte ich es ihm nicht sagen? – W. fragte mich nach ein paar praktischen Hausangelegenheiten: ob ich inzwischen dieses und jenes erledigt habe oder ob er es übernehmen solle? Die erforderlichen Telefonnummern müßten doch noch auf seinem Schreibtisch liegen. – Ich dachte bänglich: Ogottogott, wenn er jetzt in sein Zimmer geht, wird er sehen, daß ich dort aufgeräumt und Dinge weggeworfen habe, alle Jahrgänge seiner wissenschaftlichen Zeitschriften. Bevor er geht, muß ich ihm sagen, daß er tot ist. – W. war in bester Stimmung, etwas aufgedreht vielleicht, ein bißchen fiebrig. Er plante verschiedene Veröffentlichungen gleichzeitig, auch ein Buch, an dem ich mitarbeiten sollte. Er wirkte so unternehmungslustig, und wieder dachte ich: Er weiß noch nicht, daß er nie wieder einen Aufsatz schreiben wird. – Der Gedanke tat mir schrecklich weh. W. fing an, von unseren Schulden zu reden, und ich dachte: Er ahnt auch nicht, in welch desolater finanzieller Situation er mich zurückgelassen hat. – Er erzählte begeistert, wie gut er irgendetwas Steuerliches hingekriegt habe. Guck dir bloß mal diese Aufstellung an! – Als ich sein Formular anschaute, war ich ganz außer mir vor Freude: Das bedeutet ja, daß wir vom Finanzamt noch 66.000 DM bekommen werden! – Ich dachte gerührt: der Liebe! Wie gründlich er das alles zusammengestellt hat! Nun kann ich es vielleicht doch schaffen. Er weiß noch nicht, daß er tot ist, trotzdem hat er Vorkehrungen getroffen, die mir weiterhelfen werden. – Anschließend mußte W. zu einer Dienstreise aufbrechen, mit dem Auto, sonderbarerweise führte sie ihn in die Sahara. Ich wußte genau: Das ist es. Das ist die endgültige Reise, von der er nicht zurückkommen wird. Aber er weiß es nicht. – Ich lief hinter ihm her, ich umarmte ihn auf der Vordertreppe und noch einmal auf der Straße beim Auto, drückte ihn ganz heftig und sagte ihm, wie sehr ich ihn liebte, was er alles ein bißchen übertrieben zu finden schien. – Dann fuhr er los, und ich wurde wach.

W. war immer unser Fotograf gewesen, er hatte unsere Geschichte in Bildern festgehalten, die Urlaubsreisen und die

Feste, das Älterwerden der Kinder und zuletzt die Entwicklung des Hauses. Einige Wochen nach seinem Tod begann ich den Film zu Ende zu knipsen, den er noch eingelegt hatte. Ich hatte Schwierigkeiten mit dem komplizierten Apparat und mußte ihn jedesmal wie eine Idiotin ins Geschäft schleppen, wenn ich einen neuen Film brauchte. Aber ich fuhr fort, Haus und Garten in den verschiedenen Jahreszeiten zu dokumentieren, wie er es begonnen hatte, als wollte ich ihn weiter auf dem laufenden halten. – Hättest du geglaubt, daß der Birnbaum schon im ersten Jahr so wachsen würde? Daß die Hecke zu Nachbars hin im Sommer so dicht werden würde? Habe ich die Forsythienbank so angelegt, wie du es dir vorstelltest, als wir sie im vergangenen Herbst planten? Du sagtest, du magst den Lebensbaum nicht, und ich sagte dir: Warte ab, bis du ihn im Frühjahr vor dem Hintergrund der blühenden Forsythie siehst, wenn er sich dunkel und schwermütig gegen das flammende Gelb abhebt – siehst du, daß ich recht hatte? Aber er sieht es doch gar nicht mehr.

Wenn ich in den ersten Monaten nach W.'s Tod auf Reisen war, war es, als ob er in meiner Abwesenheit noch zu Hause wäre und seinen üblichen Geschäften nachginge; er radelte morgens mit dem Fahrrad in die Stadt, ins Institut, und kehrte abends zurück, er stieß das Gatter der Toreinfahrt auf und fuhr knirschend durch den Kies zur Scheune, um das Fahrrad dort abzustellen. Er hackte vielleicht noch etwas Holz, musterte die Weinbestände im Keller, schmierte sich seine Brote fürs Abendessen und trank ein Gläschen, während er die Tagesschau sah. Vor dem Zubettgehen verschloß er den Keller und die Brennkammer und blickte zum Nachthimmel auf. Bald ist sie wieder zu Hause, dachte er. In meiner Phantasie nahm W. sein gewöhnliches Alltagsleben in dem von mir verlassenen Haus wieder auf. Ich konnte es genau sehen: wie er ein- und ausging, räumte, ordnete, sich im Werkzeugschuppen zu schaffen machte. Er saß in den Mittagsstunden mit der Tageszeitung unter dem Apfelbaum und sagte, sich im Garten umsehend: Wie schön, daß sie morgen wieder da ist und all dieses Blühen sieht! Um so schrecklicher war es, ihn bei meiner Rückkehr nicht vorzufinden. Es war als ob meine Anwesenheit ihn ins Schattenreich zurücktriebe.

Als im Jahr nach seinem Tod die ersten milden Nächte kamen, an denen ich allein draußen unter dem Schopf saß, zerriß es mich fast. Wie soll ich den Schmerz aushalten, dachte ich, nicht nur heute und morgen, sondern auch nächstes und übernächstes Jahr, bis an mein Lebensende. Am dritten oder vierten Abend geschah dann etwas Merkwürdiges: Ich hob ab und schwebte über den Dingen, die Dämmerung legte einen milden Schleier darüber. Während das Licht wich, wurde alles, auch ich mir selber, auf eine schöne Art unwichtig. Die Erinnerungen an die beiden vergangenen Sommer, an unsere vielen gemeinsamen Jahre, waren sehr intensiv, aber weicher, sie taten nicht mehr so weh. W. war mir sehr nah; was gestern war, war im Heute enthalten, die Übergänge zwischen Vergangenheit, Gegenwart und Zukunft verwischten sich. Ich war in diese Stimmung eingehüllt wie in einen Kokon und reagierte nicht auf das Klingeln des Telefons, damit sie nicht von außen zerstört würde. Nimm dich nicht so wichtig, sagte das Haus, sagte die das Haus umgebende Nacht. Ich sah Nachbars Katzen durch die Büsche schleichen, auf der Pirsch, und sie verwandelten sich in der Dämmerung von banalen Haustieren in geheimnisvolle Nachtwesen, die mit fremden höheren Mächten in Verbindung standen.

Nimm dich nicht so wichtig, sagte das Haus in der Dämmerung, es ist alles schon dagewesen. Ich dachte daran, daß meine Großmutter erst Ende Dreißig war, als ihr Mann starb, eine Frau, die jung geheiratet und nie etwas anderes gelernt hatte, als Ehefrau zu sein, mit zwei halbwüchsigen unversorgten Töchtern in einer Zeit, in der Frauen ohne Männer nur wenig Entfaltungsmöglichkeiten hatten. Nimm dir ein Beispiel an ihr, sie hat das Beste aus so viel schwierigeren Bedingungen gemacht. Was meinst du, sagte das Haus, wieviel Leid und Trauer diese Mauern im Laufe der Jahrhunderte erlebt haben? Wieviel Tote schon vor W. diese Treppe hinuntergetragen wurden? Aber es wurden immer weiter Feste gefeiert und immer neue Menschen geboren, die wieder starben. Immer neue Generationen von Kleinkindern, Katzen und Hühnern sind in diesem Innenhof übereinandergestolpert, und Liebespaare haben sich heimlich im hinteren Stall getroffen. Es war alles immer schon da, und du bist ein Teil davon. Eines Tages bist du auch tot und liegst hoffentlich drüben auf dem Friedhof neben W., und andere sitzen hier und schauen in die Dämmerung, mal traurig, mal fröhlich, ein Kommen und Gehen.

Vielleicht hockte vor mehr als hundert Jahren in einer Sommernacht wie dieser Agatha Mayer, geborene Kummle, auf der Bank unterm Schopf, nachdem ihr Tagewerk getan war und fragte sich, wie sie es schaffen sollte, weiterzuleben, nachdem German gestorben war, ihr Mann, erst 42 Jahre alt, und sie mit den drei Kindern allein. Im selben Jahr, 1888, starb dann auch noch Schwiegervater Fridolin, der mit ihnen gelebt hatte und ihr nach Germans Tod immerhin eine Hilfe gewesen war.

Vielleicht hatte, noch einmal dreißig Jahre früher, schon Fridolin hier gesessen und sich im Dämmern ein paar Tränen gestattet, nachdem seine vier jetzt mutterlosen Kinder im Bett waren. Er weinte um seine Frau Anna Maria, die 1858 mit 37 Jahren gestorben war. Womöglich ist ihm im Verlauf eines solchen Sommerabends die Idee gekommen, den kleinen Gedenkstein für sie anzufertigen, den wir unter der Dachbodentreppe fanden. „Wer an mich glaubt, hat das ewige Leben“, soll auf der einen Seite stehen, dachte er, und „Jesus, dir leb ich, Jesus, dir sterb ich“ auf den beiden anderen, sein Name, „Fridolin Mayer“, auf der vierten. „Sie hat in Jesus gelebt, und sie ist in Jesus gestorben. Es war kein langes, aber ein gutes Leben; sie war mir eine gute Frau", sagte er sich. „Gleich nächste Woche fange ich mit dem Stein an, sobald die Arbeit draußen in den Reben weniger wird." Als er diesen Vorsatz gefaßt hatte, fühlte er sich gleich ein bißchen getröstet.

Ende April waren die ersten milden Nächte dieses Jahres, in denen ich bis zur Bettgehzeit draußen sitzen konnte, in eine Wolldecke gewickelt. „Oh daß ich noch mit ihm/ Sähe sich röthen den Tag/ dämmern die Nacht!" dachte ich, und diese Gedichtzeilen brachten mich wieder zum Weinen, aber dann schrumpfte das Schmerzliche auf ein erträgliches Maß, während ich bewegungslos saß und in die Dämmerung hineinträumte.

Ich trank ein Glas Weinschorle, hörte in einiger Entfernung ein Käuzchen, der etwas mehr als halbe Mond segelte beiläufig um die Ecke und tauchte die von W. in den Rasen versenkten unregelmäßigen Trittsteine in ein blasses Licht. Nachbars Katze pirschte über die Trockenmauer heran und verharrte bewegungslos wie eine Statue, während sie mich fixierte. Nach einiger Zeit wandte sie sich ab, reckte und dehnte sich gewaltig, sie erschien sehr groß und schwarz im bleichen Licht, ein Raubtier, und verschwand dann mit lautlosem Sprung in den Büschen.

Ich könnte auch eine Katze haben, dachte ich plötzlich; ich war jetzt auf gute Weise einsam, ohne Selbstmitleid. Wenige Wochen später hielten die Katze Klio und der Kater Kaspar Einzug in meinen Hof.

Das Apfelbaumfest

„LIEBE Freunde, das Haus ist gebaut – jetzt wollen wir einen Baum pflanzen! Schon fast ein Jahr leben wir inzwischen in unserem neuen alten Haus. Es ist immer noch nicht ganz fertig, vielleicht lieben wir es auch deswegen, weil es nie ganz fertig sein wird. Doch wir haben allen Grund, zufrieden zu sein mit dem, was entstanden ist. Wir sind dankbar und erleichtert, daß wir es trotz mancher widriger Umstände doch noch geschafft haben, nicht zuletzt aufgrund der Hilfe, die wir von Euch erfahren haben. Wir meinen, das Erntedankfest und W.'s Geburtstag sind ein passender Rahmen, um mit denen, die uns geholfen haben, mit FreundInnen und Verwandten, ein Fest zu feiern und einen Apfelbaum zu pflanzen."

Die Idee zum Fest kam uns im ersten Sommer, als wir uns so wohl fühlten. Es war die Zeit, da wir innerlich „angekommen!" sagen konnten. Die Phase des Umbruchs, die Zeit der größten Angst und der größten Euphorie war vorüber, und wir genossen mit gleichmäßigerer Zufriedenheit unser ländliches Leben. Ein Freuden- und Dankesfest von barocken Ausmaßen, drei Tage lang, allen zeigen, wie schön es hier ist! Im Sommer glaubten wir noch, Anfang Oktober würde auch die zweite Bauphase abgeschlossen sein. Das klappte dann allerdings nicht ganz; die Bauarbeiten an der Hausfassade wurden nur für die Dauer des Festes unterbrochen. Aber das beeinträchtigte unsere Feierstimmung nicht.

Wir gaben für den Baum eine Menge Geld aus. Man hätte auch einen jüngeren, kleineren kaufen können, der erheblich billiger gewesen wäre. „Nein, nicht so ein Mickerding!" Es sollte auch ein richtiger Hochstamm sein, wie die Apfelbäume der Kindheit, nicht so ein modernes Krüppelwesen. In diesem Fall war es W., sonst immer der Sparsame, der darauf drängte, einen großen Baum zu nehmen, der im nächsten Jahr bereits Früchte tragen würde. „Ich möchte noch erleben, daß ich in seinem Schatten Zeitung lese."

Der Baumschulgärtner, der uns auch beim Kauf der Büsche beriet, die wir als Wildhecke am Zaun zum Nachbarn pflanzten, hatte es auf den Punkt gebracht: „Es kommt darauf an, ob Sie mehr Zeit haben oder mehr Geld.“ Büsche im Container, mit Wurzelballen, sind teurer, aber wachsen schneller. Wir wußten damals nicht, daß wir auch nicht mehr viel Zeit haben würden, instinktiv entschieden wir uns richtig.

Wir planten das Fest während unserer Sommerferien. Morgens hatte ich am Schreibtisch gesessen, mittags sechzehn Gläser Marmelade aus Sauerkirschen und Beeren eingekocht, eine kleine Siesta im Liegestuhl, und nachmittags an einem schattigen Fleck des Innenhofs Kellerregale gestrichen, während W. neben mir einen alten Fliegenschrank reparierte. Dann sagten wir: Feierabend!

W. setzte noch eine Ladung Wäsche an; er sang, während er die gebrauchten Handtücher zusammensuchte: „Wenn die Männer wüßten, wie die Frauen sind – Gottseidank, sie wissen's nicht, die Liebe macht sie blind.“ Ich lief in der noch brütenden Hitze hin und her und trug unter dem Schopf das Abendessen auf: barfuß gehen über warme staubige Erde, gerölligen Kies, durch vom Gießen feuchtes Gras, über sonnengewärmte Trittsteine, dann ins kühle Haus, erst die kühlen unregelmäßigen Steinplatten unter den Fußsohlen, dann die glatten gewachsten Holzdielen, Weinholen im Keller, der sanfte, fest gewellte Erdfußboden. Wir aßen die ersten Tomaten aus dem eigenen Garten. Man kann dieses Glück fast mit den Händen anfassen, dachte ich. Es war ein in sich ruhendes Einfach-nur-da-Sein, Einfach-nur-Leben.

„Laß uns im Herbst ein großes Fest feiern, wenn wir den Apfelbaum pflanzen!“ schlug W. vor.

„An deinem Geburtstag?“ „Wenn man ihn Anfang Oktober schon pflanzen darf!“ Dann übrschlugen sich unsere Ideen, mehrere Tage lang: alle einladen, die Kinder, die Schwestern, die Freunde, Matratzenlager in der Scheune, auf dem Dachboden, Pensionszimmer für die reiferen Jahrgänge, ein Büfett mit Apfelrezepten, Spiele rund um den Apfel.

Kinder zeugen, ein Haus bauen, einen Baum pflanzen. In

unserem Innenhof war Platz für einen Baum, und natürlich mußte es ein Apfelbaum sein. Nicht nur, weil W. Äpfel besonders gern aß und mit Vorliebe das englische Sprichwort zitierte „An apple a day, / keeps the doctor away", sondern auch weil der Apfel der Baum an sich ist, der schlichteste Baum des bäuerlichen Gartens, der Paradiesbaum, ein mythischer Urbaum. „Und wenn ich wüßte, daß morgen die Welt untergehen würde, so würde ich heute noch einen Apfelbaum pflanzen." „So laßt uns denn ein Apfelbäumchen pflanzen!" – das setzten wir als Motto über unsere Einladung.

Sechzig waren geladen, etwa fünfzig kamen. Sie sahen das Haus in seinen nackten Bruchsteinmauern, denn in der Vorwoche war der alte Putz an der gesamten Wohnhausfassade mit Elektrohämmern entfernt worden, ein gewaltiger Lärm und Dreck. Währenddessen war ich unverdrossen mit den Vorbereitungen für das Büfett beschäftigt; ich produzierte Salate, Kuchen, Suppen, Pasteten und Soßen. Die Bauarbeiter, die am Kelleraufgang und an der Hintertreppe mauerten, kommentierten gutgelaunt jede Schüssel, die ich an ihnen vorbei in den Keller trug, und manchmal servierte ich ihnen kleine Kostproben: Frikadellen, Schäufele, Kartoffelsalat, Apfel-Zucchini- und Apfel-Rosinen-Chutney, Apfel-Meerrettich-Soße, Paprika sotto olio, Pilze in Basilikumessig, Apfel-Zwiebel-Salat, Apfel-Blumenkohl-Salat und so weiter.

W. konnte sich einen Tag vor dem Fest freinehmen; er hatte die ganze Woche nebenher Einkäufe erledigt, und an diesem Tag grub er das Pflanzloch für den Apfelbaum, eine mühsame Arbeit. Der Baum hatte einen gewaltigen Wurzelballen, und der Boden war da, wo er anwachsen sollte, mitten im Innenhof, steinig und festgewalzt von den Baumaschinen. Eigentlich hatten wir geplant, das Loch feierlich gemeinsam mit den Gästen auszuheben, aber da es eine solche Knochenarbeit war, empfahl sich ein Vorgraben. W. schüttete anschließend das Loch mit lockerer Erde wieder zu.

Die Gäste trafen nach und nach im Laufe des Freitagabends und des Samstagvormittags ein, Auftakt war ein Abendessen in der Straußi, davon abgesehen wurden sie an den letzten Festvorbereitungen beteiligt: Tische und Bänke unter dem Schopf aufbauen, letzte Hand an die Salate legen, Getränke zurechtstellen und servieren. Einige saßen in der Mittagssonne und bastelten mit den Kindern an einer meterlangen Blütengirlande aus Krepp-Papier, grün und rosa, mit der der Apfelbaum gekrönt werden sollte.

Das Wetter war spätsommerlich, wie erhofft, und als wir am Samstagmittag das Festprogramm mit den Spielen begannen, wurde uns richtig warm. Sackhüpfen, in alten Kartoffelsäcken, quer durch den Hof, die jüngsten Kinder, fünfjährig, wurden zu Spielführern der beiden Parteien ernannt. Dann gab es statt Eierlaufen ein „Apfellaufen“, und es machte Spaß, den Erwachsenen dabei zuzuschauen, wie sie sehr konzentriert mit zwei großen Äpfeln auf Teelöffeln zu den Anschlagpfosten am anderen Hofende eilten, die beiden knörzeligen Holunderstämme umkreisten. Wann hatten wir zuletzt gespielt?

Das beste waren die Scharaden. Wir hatten manchen Abend damit verbracht, Sprichwörter und geflügelte Redewendungen zusammenzustellen, die mit Äpfeln zu tun hatten. Sie standen auf bunten Pappäpfeln, die aus einem Hute gezogen werden mußten. Jeweils zwei oder drei Personen hatten den gleich Text und fanden sich zum Spielen zusammen: die Szene aus Schneewittchen, mit dem Apfel im Mund, der Apfel, der nicht weit vom Stamm fällt, die Apfelszene im Paradies, der Apfel des Paris, ein wurmstichiger Apfel. Großen Beifall erhielten zwei Männer, die den „Roßapfel“ mimten, indem sie zunächst artig hintereinander im Kreis galoppierten, hoppe, hoppe, Reiter, dann dem ehrenwerten Publikum, das von Bänken und Treppenstufen, auch vom Baugerüst aus zusah und sie anfeuerte, den Rücken zudrehten, sehr dekorativ parallel mit dem Hintern wackelten und sich dann kurz in die Hocke niederließen. Wer die Scharade erriet, durfte die Äpfel an einen auf Pappe gemalten, zwei Meter hohen Baum nageln.

Die Kinder hatten den größten Spaß an der Schokokuß-Schleuder. Wir hatten dieses raffinierte Gerät bei einem Dorffest gesehen und bei dem kleinen Jungen, dessen Papa es gebastelt hatte, ausgeliehen: eine Holzkonstruktion nach den Hebelgesetzen, wenn man mit einem Tennisball eine kleine Holzplatte traf, flog der auf einem anderen Brett plazierte Schokokuß in hohem Bogen in Richtung des Werfenden, der ihn fangen mußte. Hinterher gab es eine große Schüssel mit Schoko-Baiser-Mus, die niemand mehr essen wollte.

Dann kam, nach den Spielen und Büfettrunden, der Höhepunkt: das Pflanzen des Apfelbaums. Die Gäste zogen Nummernlose und traten in der Reihenfolge der Zahlen zum Graben an, bis das Loch in der Hofmitte wieder vollständig ausgehoben war. Manche stöhnten schon bei diesem bloß symbolischen Schaufeln! W. und ich schleppten mit zwei anderen den Baum im Container heran und senkten den Ballen in die Grube. Ein Freund trug ein Gedicht vor, das dem Herrn von Ribbeck auf Ribbeck nachempfunden war. Dann bekam der Apfelbaum seine Blütengirlande feierlich um die Zweige gelegt; er hatte noch vereinzelte grüne Blätter, die in den folgenden Tagen langsam herabsegelten. Wir hoben die mit Apfelsaft gefüllten Gläser und tranken auf den Baum, das Haus, das Fest. Schließlich wandten W. und ich uns einander zu, verpaßten uns zur allgemeinen Verblüffung gegenseitig eine Ohrfeige – Nachbarn hatten uns von diesem alten Brauch erzählt, nur so würde ein Baum gut anwachsen. Wir küßten uns, wir leerten unsere Apfelsaftgläser teils in den Mund, teils in das Pflanzloch.

Das Fest zog sich danach in lockerer Form noch bis in die Nacht hinein, essen, trinken, reden. Eine Freundin sang zur

Gitarre. Abends begaben sich einige Gäste ins Haus, jemand las den Kindern im Wohnzimmer Apfelmärchen vor; andere hockten noch in dicken Pullovern unter dem Schopf und redeten und tranken trockenen Gutedel, als W. und ich längst im Bett lagen.

Es war das Wochenende auf der Neige zum Herbst; am nächsten Tag kippte das Wetter, und es wurde deutlich kühler, es regnete auch, als wir mit dem kleineren Teil der Gesellschaft wandernd unterwegs waren. Die anderen waren nach dem Sonntagsfrühstück abgereist. Doch es blieben noch immer zehn oder zwölf Personen, die nach ein paar Stunden in Wind und Wetter die Wärme des Ofens genossen, erschöpft auf Sofas, Sesseln und den Teppichen am Boden herumlagen, heißen Kakao tranken und sich schließlich mit Appetit über die Reste des Büfetts, vor allem die aufgewärmten Suppen hermachten. Am Montagmorgen, zu W.'s Geburtstagsfrühstück, waren wir nur noch zu siebt, und während die letzten Gäste abreisten, ging bei uns das Fest fließend in den Alltag über; es mündete in eine weitere Baubesprechung mit unserem Architekten; die Bauarbeiter hämmerten schon wieder am Kelleraufgang

Wir befanden, es sei das schönste, das rundeste Fest unseres Lebens gewesen. „Nächstes Jahr um diese Zeit machen wir wieder eins", sagte W. „Dann pflanzen wir einen Birnbaum." Einen zweiten Baum würde unser kleiner Garten vielleicht gerade noch verkraften; schließlich wollten wir auch weiterhin Sonne, Gemüse und blühende Blumen haben. „Nur ein Baum – das ist wie ein Einzelkind. Apfel und Birne ist wie ein Junge, ein Mädchen."

Wir dachten im Überschwang sogar an ein drittes Baumfest. „Wenn wir auch keinen Platz mehr haben, wird uns bestimmt immer was einfallen, diese schöne Tradition fortzusetzen!" Das dritte Baumfest sollte das Buchsbaumfest werden; wir würden alle Gäste bitten, uns einen kleinen

Buchsbaum zu schenken und dann gemeinsam eine kleine Buchsbaumumrandung um das Birnbaumrondell pflanzen.

Doch das Apfelbaumfest blieb unser einziges großes Fest. Den Birnbaum setzten wir im Folgejahr gemeinsam mit W.'s Kindern, weil er sich kurz zuvor die Rippen gebrochen hatte. Den Buchsbaum pflanzten wir ein Jahr später auf sein Grab.

Innerer Umbau

AN einem Märzmorgen, kühl und feucht, doch schon mit dem Geruch von Frühling, holte ich W.'s Tochter vom Nachtzug ab. Ankünfte und Abreisen waren noch immer schwer zu ertragen; wir hatten einander so unzählige Male an Bahnhöfen erwartet. Auf der Bahnhofstreppe saß ein Penner, von mehreren leeren Flaschen umgeben und betrachtete kummervoll den Rest in der letzten. Ich wischte mir die Augen und schniefte ins Taschentuch; ich wollte die Tochter nicht mit Tränen empfangen. „Der Schnupfen geht auch mal vorüber", kommentierte der Penner mitfühlend ohne aufzusehen, „der Schnupfen auch" und öffnete seine Flasche für einen letzten Schluck.

Ich hatte wieder von W. geträumt.

Ich befand mich auf einer großen Veranstaltung unter freiem Himmel, in einem Talkessel, etwas chaotisch, schlecht organisiert, viele Menschen um mich her, die ich nicht kannte. Es war wohl eine wissenschaftliche Tagung, obwohl es eher wie die Kundgebung auf einer Demonstration wirkte. Unser Freund Karl trat ans Mikrophon und trug einen längeren Nachruf auf W. vor, was mich einerseits freute, andererseits auch sehr traurig machte, denn es hörte ihm kaum jemand zu; die Leute kamen, gingen, schwatzten, und Karl sprach ohnehin so leise, daß man ihn nicht verstehen konnte. Als man anschließend über irgendeinen politischen Text zu diskutieren begann, wandte ich mich ab und ging fort. Der Talkessel war von allen Seiten mit Hügeln umgeben, auch der Ausgang lag auf einer Anhöhe. Auf dem Weg dorthin geriet ich auf einen zugewachsenen Pfad, der immer schmaler und unwirtlicher wurde. Er schien oben bei einer Seitenpforte des großen Tors zu enden. Ich mußte mich Schritt für Schritt mit meinem Rucksack durch Lianen und Dornen kämpfen; einmal gab es auch ein schmales Drehkreuz, das sich nur nach außen bewegen ließ. Da wurde mir unangenehm bewußt, daß es kein Zurück mehr gab. Und was, wenn der Weg vor mir völlig ungangbar würde? Wenn das kleine Seitenpförtchen geschlossen wäre? Zu allem Überfluß bemerkte ich jetzt, daß es parallel zu meinem Weg eine breite Straße gab, auf der die Leute ganz bequem zum Ausgang spazierten. Sie war durch einen Abgrund von meinem Pfad getrennt. Wie war ich bloß hierher geraten, auf einen Weg, der doch offensichtlich schon lange von niemandem mehr benutzt wurde? Vor mir tat sich ein Maschendrahtzaun auf, der sich aber verhältnismäßig einfach beiseite schieben ließ, und auch die Seitenpforte gab, als ich sie öffnete, ohne weiteres nach.

W. hatte mich auch im Traum verlassen.

Es wunderte mich, daß die Freunde mit mir umgingen, als sei ich dieselbe Person, dabei war doch in meinem Inneren kein Stein auf dem anderen geblieben. Das war sonderbar: Ich war es zeitlebens gewohnt, in vielen Bereichen allein und nicht etwa als Teil eines Paares aufzutreten. Und doch zerfiel nach W.'s Tod meine Identität in kleine Stücke, die wie in einem Kaleidoskop durcheinandergerüttelt waren. Manchen Leuten gegenüber gebrauchte ich in den Briefen, in denen ich mich für ihre Anteilnahme bedankte, die Formel von dem Loch, das sein Sterben in mein Leben gerissen habe, und merkte schon beim Schreiben, wie unzureichend sie war. Denn das Erschreckende war weniger das Ausmaß des Kraters, als die Tatsache, daß auch die Dinge drum herum nicht mehr dieselben waren wie vorher. Auch das, was neben dem Loch scheinbar unversehrt stehen geblieben war, hatte sich auf sonderbare Weise verändert und veränderte sich in den Wochen danach weiter, ein unheimlicher Prozeß, bis sich in dem Kaleidoskop endlich ein neues Muster zusammengesetzt hatte. Es tat weh und es war ungeheuer irritierend, als wüchsen an manchen Stellen Muskeln und Organe, während andere schrumpften. Alles schien sich gegen alles zu verschieben, nichts paßte mehr richtig zusammen.

Die anderen schienen das nicht zu merken. Ich haßte es, wie sie sagten: „Du wirst es schaffen. Du bist stark." Ich wollte nicht stark sein, ich wollte mich in einer Ecke zusammenrollen und aufhören zu atmen. Alles in mir sträubte sich gegen den Veränderungsprozeß, in den das Schicksal mich hineinzwang. Natürlich hätten sich die Dinge auch verändert, wenn W. weitergelebt hätte, natürlich hätten wir uns nicht immer weiter so glücklich gefühlt, weil es zum Wesen des Glücks gehört, daß man es nur auf dem Hintergrund überwundenen Unglücks oder einer das Glück bedrohenden Angst wahrnehmen kann. Es wäre alles wieder alltäglicher und damit weniger intensiv geworden.

Aber die normalen Wandlungsprozesse vollziehen sich allmählich, und wenn man auch im gewöhnlichen Leben immerfort Menschen und Dinge, Erinnerungen und Gefühle verliert, so gewinnt man doch auch etwas: neue Einsichten, neue Deutungen des Alten, so daß man mit Neugier weiter dahin wandern kann, wohin es einen führt.

Ich dagegen verlor nur und fast alles, als ich plötzlich gewaltsam aus einem Dasein herausgeworfen wurde, in dem ich mich so wohl gefühlt hatte wie vielleicht nie zuvor. Ich wäre so gern die geblieben, die ich in diesen letzten Monaten und Jahren mit W. gewesen war, und wurde mit einem Donnerschlag gezwungen aufzubrechen, ohne mir das geringste von der unbekannten Person zu versprechen, die ich einmal sein würde, wenn W.'s Tod nicht mehr so weh täte. Ich war nicht im mindesten an dieser Person interessiert, ich sträubte mich gegen alles, was mich von ihm entfernte, und es blieb mir doch nichts anderes übrig, als mich den Turbulenzen auszuliefern, die mir mein altes Ich wegnahmen und nur Wundheit und Verwirrung zurückließen. Der Widerstand war anstrengend, das innere Umwachsen schmerzhaft. Es winkte ja auch für die Zukunft keinerlei Glücksversprechen, nur die vage Aussicht auf eine gewisse Fühllosigkeit gegenüber dem Schmerz. Mein Gott – und dafür sollte man die Mühe auf sich nehmen weiterzuleben?

Anfangs wanderte ich zwischen unseren Arbeitszimmern hin und her, ich hockte wimmernd auf der Schwelle und beschwor W., mich festzuhalten. „Bist du noch da? Muß ich wirklich weiterleben?" Daneben gab es Phasen geradezu gespenstischer Normalität. Bist du es wirklich, der dies zugestoßen ist? fragte ich mich. Manchmal erwog ich ganz sachlich Baupläne: wie das Haus am besten zu unterteilen sei, damit ich in Zukunft mit einem Mieter, mit einem Freund oder einer Freundin hier leben könnte. Dabei war ich ganz unfähig, auch nur W.'s Garderobe durchzusehen oder seine Bücher im Regal umzustellen.

W. hatte mir so gutgetan. Mit ihm war ich in meinen Grundbedürfnissen versorgt, ich bekam Geborgenheit und Anregung in einer guten Mischung, die mich nicht in Langeweile erstarren und mir noch genügend Raum für eigene Umtriebe ließ. Ich mußte mich dafür nicht einmal besonders anstrengen und brauchte nur für die Extras nach außen zu gehen. Jetzt war ich wieder auf den freien Markt der menschlichen Beziehungen geworfen, bedürftig und ungeschützt, und mußte mir mühsam in winzigen Häppchen das Nötigste zusammensuchen, was ich zum Existieren brauchte.

Alleinsein erhielt eine neue Qualität. Mit anderen zusammen zu sein erhielt eine neue Bedeutung. Beides war anstrengender als zuvor. Am meisten vermißte ich den Alltag mit ihm, das Zusammen-allein-sein. Natürlich war ich dankbar, daß ich Menschen hatte, mit denen ich über die wichtigen Dinge reden konnte, meine sich verändernden Gefühle und Gedanken. Aber man ruft niemanden an, um ihr oder ihm mitzuteilen, daß es gerade dreizehn Liter geregnet hat und die Fliederknospen sich öffnen; man lädt sich auch keine Freunde für den Abend ein, um mit ihnen wortlos, träumend oder lesend, in den Sofas zu hängen.

Früher hatte es einen engen Kreis um W. und mich gegeben und einen weiteren mit den guten Freundinnen und Freunden, drum herum einen noch loseren mit den distanzierteren Bekannten und beruflichen Kontakten. Jetzt war im innersten Kreis gar nichts mehr. Mit W. war auch ich verschwunden, es gelang mir nur langsam, mich aus den kleinen Teilstückchen wieder zusammenzusetzen, die ich in den vielen Gesprächen mit den Freunden einsammelte. Dabei merkte ich, daß ich den leeren Raum, den W. hinterlassen hatte, mit nichts anderem füllen konnte als mit meinem eigenen veränderten Selbst.

Deswegen mußte ich auch manche Leute abwimmeln, die glaubten, daß ich jetzt viele Kapazitäten für das Anknüpfen neuer Beziehungen hätte. Es gab neben liebevollen und gleichgültigen auch grapschige Personen in meinem Umfeld, die die Gelegenheit nutzten, sich auf mich zu werfen und aus ihrer Anteilnahme nachhaltige Ansprüche ableiteten. Denen schlich ich aus dem Weg, versuchte mich zu entziehen; ich haßte das Telefon und den Terror der Erreichbarkeit, der über das Telefon verübt wird. Gewiß war ich einsam, aber ich hatte Sehnsucht nach einem ganz bestimmten Menschen, der nicht mehr da war, außer in meinem Inneren, und nach etwas, von dem ich wußte, daß ich es nie wieder bekommen würde. Meistens tat es wohler, mit diesem schmerzenden Gefühl allein zu sein, als die Leere mit beliebigen Menschen und

Aktivitäten vollzustopfen. Vielleicht war es gut, daß das Schreckliche auf dem tiefsten Punkt des Winters geschah, wo um einen herum sowieso alles starr und düster ist, wo man sich ohnehin am liebsten nur klein zusammenrollt und abwartet, bis das Leben einem wieder ein Zeichen gibt.

Ich stülpte die Stücke meiner neuen Identität über wie Kleider, die nicht richtig passen wollten, weil ich sie mir nicht selber ausgesucht hatte. Du bist jetzt wieder ein Single, sagte ich mir, nein, das stimmt nicht, du bist eine Witwe, das ist etwas ganz anderes. Eine Witwe, nicht mehr jung, aber auch noch nicht alt genug, den Rest des Lebens in dieser Rolle zu verharren, was jetzt immerhin ein entlastender Gedanke gewesen wäre. Das Wort klang altmodisch und freudlos, witwe, wittib, wittfrau, widow, veduva, veuve, nach spinnwebüberzogenen Marmeladengläsern, die man auf dem Kellerregal vergessen hat. Ich konnte schwer ertragen, daß man mir auf einmal Mitleid entgegenbrachte, da ich doch vorher beneidet worden war; ich fühlte mich klein und häßlich, während ich in der Zeit davor, mit W., doch stark und schön gewesen war. „Das schöne Haus! der arme Mann! viel zu früh! nach all der Arbeit! gerade fertig! und die Frau ganz allein! in dem alten Haus! und keine Kinder!" So redeten sie im Dorf. War ich das? War ich das wirklich? Es klang so archaisch, wie ein fremdes Kostüm aus dem Theaterfond des Lebens.

Im übrigen trug ich bis zum Sommer Schwarz. W. hätte das nie von mir erwartet und vielleicht sogar albern gefunden; ich selber hätte es früher als bloße Äußerlichkeit verachtet. Aber es war stimmig und es war entlastend. Erstens taten Farben weh, und zweitens ersparte es mir die Mühe, jeden Morgen vor dem Kleiderschrank darüber nachzudenken, was ich denn nun anziehen sollte. So konnte ich immer dasselbe anziehen, ähnlich wie ich in den ersten Wochen immer dasselbe kochte, wenn Freunde zu Besuch waren und immer auf denselben ein, zwei Wegen mit ihnen spazierenging. Es kamen ja zum Glück immer andere, so daß es ihnen nicht langweilig wurde. Ich konnte keinerlei Energie für das Nachdenken über Kleider, Mahlzeiten, Landschaften aufbringen. Das Immergleiche war ein Hilfsgerüst, kräftesparend in der Zeit der inneren Berg- und Talfahrten, und die schwarze Kleidung war richtig, weil sie anzeigte, daß ich eine andere war, herausgeworfen aus den farbigen Bereichen des Lebens.

Einmal wanderte ich an einem Sonntag mit einer Freundin um einen Bergsee. Ein mittelaltes Paar kam uns entgegen, nicht spektakulär, nicht einmal frisch verliebt, man spürte nur, daß Mann und Frau auf gute Weise miteinander vertraut waren. Da durchschnitt mich die Einsicht, daß ich nie wieder Teil eines Paares sein würde, wie ich es mit W. war, dieses schöne Korrektiv zur Last der Individualität. Selbst wenn ich mit einem Menschen wieder vertraut werden könnte, würden mir die zweieinhalb Jahrzehnte fehlen, in denen das Fundament unserer Beziehung gewachsen war, und selbst wenn ich mit einem Menschen noch einmal einen ähnlich langen Zeitraum hätte, würden diese Jahre nicht mehr das gleiche Gewicht haben, weil sie nicht in die Phase meiner größten Formbarkeit fielen.

Ich sehnte mich nach der Welt, die mit W.'s Tod unwiderruflich untergegangen war: ein ganzes Universum von gemeinsam entwickelten Ideen und nur uns verständlichen Anspielungen und intimen Bedeutungen, von gemeinsamen Erlebnissen und Erfahrungen, die wir im Reden zwischen uns lebendig hielten, von Witzen, über die nur wir beide lachen konnten. Natürlich kann ich Fragmente dieser Welt erhalten, indem ich anderen davon erzähle. Aber es ist wie Denkmalpflege; nicht immer gelingt es, die Ablagerungen eines früheren Lebens auf nicht-museale Weise in die Gegenwart einzuweben.

Einmal lief ich allein im Nebel durch den Weinberg; es war grausiges Wetter, naßkalt, und man konnte rechts und links nur je eine einzige Reihe von Reben erkennen, bizarr gewundene schwarze Stöcke, die im Grau verschwammen. Ich kam vom Friedhof, wo ich immer nur zwei Reihen von Gräbern hatte erkennen können, eine Reihe nackter dunkler Steine rechts und links, mein Grab war noch ein Erdhaufen mit ein paar frierenden Blumen darauf. Kein Mensch unterwegs, und ich war vom Friedhof aus in die Reben hochgestiegen Ich ging mechanisch, vor mich hinstierend, bis ich die feuchte Kälte durch den Mantel hindurch spürte. Jetzt nach dem Gang durch das jammervolle Nichts frierend nach Hause kommen, dachte ich, und zu Hause wäre es gemütlich, zu Hause hätten wir uns heißen Kakao gemacht, vielleicht mit einem Schuß Cointreau und Sahne, wir hätten uns trockene Hosen und Pullover angezogen, und W. hätte sich auf das eine Sofa gelegt und ich mich auf das andere, und wir hätten Musik gehört und gesagt: Ah, es geht nichts über den Kontrast zwischen drinnen und draußen im Winter! – Jetzt ist drinnen wie draußen.

Während ich umdrehte, zurück denselben Weg, den ich gekommen war, hatte ich plötzlich das Gefühl, ich wäre W., der durch den Nebel lief, nachdem ich gestorben war. Er lief und lief, ziellos, viel schneller als ich, um endlich richtig müde zu werden, er war so elend, daß er erst umkehrte, als er völlig durchnäßt war, und zu Hause angekommen, konnte er sich kaum aufraffen, die Kleidung zu wechseln, er nahm kein warmes Bad und machte sich erst einen Kräutertee, als er schon zu husten anfing.

Zu Beginn des Spaziergangs war mir leidlich düster zumute gewesen, aber als ich W. war, der in sich zusammengesunken auf dem Sofa saß, die ungelesene Zeitung vor sich auf dem Tisch, ohne Musik, die Hände vor das Gesicht geschlagen, da konnte ich es kaum aushalten. Zum ersten Mal dachte ich: Es ist gut, daß er gestorben ist und nicht ich. Bestimmt wäre es ihm schwergefallen, sich solche Unterstützung zu organisieren, wie ich sie erhalten hatte. Vielleicht hätten die Freude sie ihm genauso gern gegeben, aber er hätte sie wohl schlechter erbitten und annehmen können. Von Männern erwartet man ohnehin, daß sie sich schneller zusammenreißen. Er hätte nach kürzester Zeit in seinem Job wieder funktionieren müssen, das hätte zwar eine Ablenkung und damit auch Hilfe sein können, aber wehe, wenn er nach wenigen Wochen noch immer schwach und verwundbar gewesen wäre! Dann hätte man ihm übel mitgespielt in seiner Berufswelt der Sprüchemacher und Blender. Das Haus hätte ihm weniger Trost und Geborgenheit geben können als mir, weil er sich nur selten dort hätte aufhalten können. Fünfmal die Woche wäre er nach der Arbeit spätabends in ein dunkles unbelebtes Gemäuer zurückgekehrt – und wie wäre es ihm an den Wochenenden allein ergangen?

Nein, sagte ich zu W., dann besser so herum. Wenigstens bist du vor diesem Elend in Sicherheit. Ich ging weinend nach Hause und kochte mir einen Kräutertee.

Die Botschaften der Träume II

ICH hatte noch zwei Träume, als das erste Jahr nach seinem Tod zu Ende ging.

Im ersten war ich gemeinsam mit W. in einer kleinen Einzimmerwohnung, eine Zweit- oder Übergangswohnung; jedenfalls waren wir dort nur vorübergehend. Wir hatten die Nacht zusammen verbracht; wir lagen ganz entspannt und zufrieden beieinander in einem französischen Bett. Das Zimmer war nicht viel größer als dieses Bett, das Bett stand auf einem Teppich, der an allen vier Seiten in eine Grasnarbe überging. Wir sprachen erleichtert von einem großen Unwetter, das wir überstanden hatten, aber auch von schlimmen Wettern, die noch kommen würden. Später saßen wir einander am

Fußende des Bettes gegenüber, wir hatten die Beine jeweils auf dem Schoß des anderen hochgelegt. W. las die Zeitung, er reichte mir eine Seite herüber, damit ich mich auch über die bevorstehenden Unwetter informieren könnte. „Noch nie hatten wir eine Wohnung, die so nah beim Bahnhof lag", stellte er hochzufrieden fest. Er hatte sie offenbar für uns besorgt, und ich gab meiner Anerkennung Ausdruck, wirklich praktisch, bei unseren vielen Reisen. Am Haus vorbei floß aber auch ein reißender Bach, offenbar durch die Regenstürme der letzten Zeit gewaltig angeschwollen. Kinder spielten in seiner Nähe, und wir beobachteten vom Fenster aus, wie ein kleines Mädchen ausrutschte, hineinfiel und mitgerissen wurde. Im Traum war ganz klar, daß man ihr nicht helfen konnte. W. machte auch keinerlei Anstalten, während ich immerhin überlegte, ob ich nicht aus ein paar Kleidungsstücken einen Strick knoten und ihr ins Wasser halten könnte. Sie trudelte jetzt hilflos im Kreis, in einem Becken mit tiefem Wasser. – Dann wachte ich auf, noch voll von dem schönen Gefühl der Nähe zu W.

Im nächsten Traum, ein paar Wochen später, mußte ich mich vorübergehend in einer Art Studentenheim einrichten, in einem nicht sonderlich gemütlichen, einem engen und düsteren Zimmer mit der üblichen Einrichtung: schmales Bett, Nachttisch, Stuhl und Schreibtisch. Der Raum war durch eine Zwischentür mit dem Zwillingszimmer nebenan verbunden. Als ich in meinem Bett aufwachte, glaubte ich zunächst, das Nebenzimmer sei unbewohnt, stellte dann aber fest, daß das Bett dort zerwühlt war und persönliche Utensilien herumlagen. Es war mir peinlich, daß ich im Zimmer eines fremden Mannes herumgeschnüffelt hatte – im Traum war klar, daß dort ein Mann wohnte – und ich zog mich schnell wieder in meinen Raum zurück. Auf einmal war auch W. da, er saß auf meiner Bettkante, er stand in meinem kleinen Zimmer herum, während ich aufräumte und es mir so gemütlich wie möglich zu machen versuchte. Ich glättete die Tagesdecke und stellte in einem Zahnputzglas Blumen auf den Nachttisch. Draußen regnete es heftig, so daß wir nicht herumlaufen und uns Dinge anschauen konnten in der fremden Stadt, wie wir es eigentlich vorhatten. Es war ziemlich eng in dem Zimmer. „Wie schade", sagte ich zu W., „daß du dich nicht nebenan auf das Bett legen und etwas ausruhen kannst!" Es war inzwischen klar, daß er die vergangene Nacht dort verbracht hatte, inzwischen aber das Zimmer für einen anderen geräumt hatte, weil er in Kürze abreisen mußte. Wir überbrückten nur noch die wenigen Stunden bis zu seinem Aufbruch. „Du kannst dich aber gern auf mein Bett legen und lesen." Das mochte er nicht. Ich erzählte ihm, wie froh ich darüber wäre, daß der Mieter nebenan nicht durch mein Zimmer gehen müßte, sondern vom Flur aus in seines gelangen könnte. „Ich würde aber nicht abschließen", sagte W., „das sieht so feindselig aus. Zumachen ja – aber nicht zusperren. Man sieht doch, daß der Schlüssel dafür nicht gedacht ist." Es war ein langer, dicker Stock, der im Schlüsselloch steckte. „In der Tat", dachte ich erwachend, „das ist wohl nur der Schlüssel für das Zimmermädchen."

Übergangswohnungen, Aufbruch, Abreise.

Winter

NACH dem Apfelbaumfest kamen der Herbst und der Winter. Zwei Sommer und zwei Winter hatten wir zusammen im Haus, aber nur der mittlere Winter war vollständig, der andere setzte sich nachträglich aus zwei halben zusammen: Unser Einzugswinter hatte erst mit Weihnachten begonnen, und an Weihnachten endete auch unser letzter gemeinsamer Winter.

Auf dem Land beginnen die Nächte schon am späten

Nachmittag, wenn das tätige Leben um die Häuser herum aufhört. Es gibt im Dorf nur wenige Straßenlaternen, und man kann im tieferen Dunkel den Sternenhimmel klarer sehen. Die schwarze Ruhe ist wie ein Mantel, unter dem man bei sich selber sein kann.

Es war für uns ein neues Wintergefühl, im Kontrast zum Leben in den Städten, das wir von früher kannten und auf den Reisen noch führten – Autofahren im Stau, Hasten durch erleuchtete Straßen, schrille Schaufenster, hektische Geschäftigkeit, Verkehrslärm und Menschengebrüll, um das sich ringsum versammelnde Dunkel abzuwehren. Abends Vorträge, Theater, Kino, Kneipen, hier ein Termin, dort ein Termin, ob beruflich oder privat, alles Termine, laute Reden in überhellen Räumen, man hat kaum Zeit, die Außentemperatur wahrzunehmen, wenn man vom Taxi in ein zentralgeheiztes Gebäude, von dort in ein italienisches Restaurant und dann schließlich in ein viel zu warmes Hotelzimmer überwechselt, in dem man schlecht schläft, weil sich womöglich das Fenster nicht öffnen läßt. Nur manchmal, während man zu den Worten eines Vortragsredners gähnt, blinzelt man verstohlen hinaus und sieht draußen ein paar feuchte bunte Blätter treiben, nicht viel, denn wo gibt es noch Bäume, aber vielleicht genug für eine schwache Erinnerung an wohliges herbstliches Schaudern.

„An Mariä Geburt / ziehn die Schwalben furt" – sie gingen lange vor den Mücken. Große Scharen von Zugvögeln waren über unsere Köpfen hinweg südwärts den Oberrheingraben entlanggeflogen. Danach besetzten gewaltige Krähenschwärme, groß und schwarz, die kahlen Äcker und hockten schreiend in den nackten Kronen der Bäume. „Sie ziehen schwirren Flugs zur Stadt", zitierten wir – „tun sie gar nicht, sie bleiben hier, umlagern das Dorf" – „wohl dem, der jetzt noch Heimat hat. Nietzsche."

„Wo sind die Krähen eigentlich im Sommer?" fragte W.,

„da sieht man sie doch nur selten, jedenfalls nicht in solchen Scharen." „Vielleicht fallen sie einem jetzt nur stärker auf, weil alles kahl ist", vermutete ich. „Oder sie halten sich im Sommer mehr im Wald auf und kommen im Herbst des Futters wegen auf die Äcker." Auf unseren Spaziergängen sammelten wir Walnüsse, eimerweise. Es gab jede Art von Wetter: goldene buntblättrige Sonnentage, die nur kurzlebiger waren als im Sommer, neblichte silbrige, an denen die Sonne sich nach längerem Frösteln doch zögernd aufzutauchen entschied, und graue feuchtnasse, an denen vielleicht oberhalb der Dunstglocke ein Scheinfrühling stattfinden konnte: Inversionsklima.

Es gab auch Herbststürme. Im Haus begann die Zeit der Unterhemden und der dicken Socken. Wir hingen außen am Wohnzimmer die großen Vorfenster ein, an denen nun manchmal Wotan im Vorbeisausen rüttelte. Die Zentralheizung lieferte gleichmäßige Wärme, aber an stürmischen und besonders kalten Abenden heizten wir den Ofen ein, das war wahrhaftig eine andere Wärme, wenn das Holz knackte, wenn der Teekessel auf der gußeisernen Platte summte, manchmal zogen wir die Sessel im englischen Halbkreis um den Ofen, um die Behaglichkeit zu steigern, tranken Ingwertee, Yogitee, mit Honig und warmer Milch. Das Treppenhaus war kühl und zugig, die Scheune kalt. Der Keller in der Erde hielt unbeirrt gleichmäßig seine mittleren Temperaturen. Erst im späten Winter, als Dauerfrost einsetzte, mußten wir in Leinensäcke gefüllte Heuballen in die Luftschächte stopfen, um ein stärkeres Auskühlen zu verhindern: sozialer Wohnungsbau für unsere Mäuse, die sich um diese Jahreszeit reichlich vermehrten und schon mal einen Ausflug durch die Leitungsschächte in die Küche unternahmen, am liebsten in den Schrank unter der Spüle, wo die Abfalltonnen standen. Dort bauten wir Fallen mit gebratenem Speck auf und erwischten an drei Tagen hintereinander fünf Mäuse. Dann war wieder eine Weile Ruhe. Sie kamen immer um die gleiche Zeit, abends kurz nach elf; wir hörten sie herumtrippeln und an den Mülltüten knistern, wenn wir lesend im Wohnzimmer saßen, dann den lauten Schlag des Fallbeils und manchmal ein Geräusch, als ob die Mäuse sich noch einmal in der Luft überschlügen. Es war nicht angenehm, die Leichen aus den Fallen zu holen. Andererseits ist es für Mäuse sicher auch nicht erfreulicher, von der Katze gefressen zu werden.

Wir hatten weniger Wochenendbesuch als in der Zeit vom Frühling bis zum Spätsommer, und wir mußten uns wieder stärker beruflich engagieren, was immer auch viele Reisen bedeutete und für W. alltags nächtliche Heimfahrten mit dem Fahrrad. Er radelte auch im Winter, stieg nur bei Dauerregen und Schneeglätte auf den Bus um, und ich machte mir manchmal Sorgen, wenn es abends sehr spät wurde. Es gab kaum noch Spaziergänge unter der Woche, weil es zu dunkel und zu ungemütlich war, wenn er zurückkam. Dafür begann jetzt die Holzsaison; W. sägte und hackte, ich stapelte. Wir verheizten nach und nach unser gesamtes Abbruchholz, all die Deckenlatten, morschen Dielen und Balkenstücke, die Tausende von Dachschindeln, die wir während des Bauens immerfort sortiert hatten. Für den geplanten Kachelofen war kein Geld da, aber der alte Ofen hatte verloren zwischen anderem Trödel unter dem Schopf gestanden. Irgendwelche Vorbewohner hatten ihn herausgerupft und beiseite gestellt, als sie in sämtlichen Räumen scheußliche Ölheizungen einbauten, die wiederum wir unverzüglich hinausgeworfen hatten. Jetzt machte das gußeiserne Exemplar aus der Zeit vor dem letzten Krieg im Wohnzimmer eine gute Figur, wenn auch sein Emaille-Überzug an ein paar Stellen abblätterte.

Anders als früher, in der Stadt, gingen wir abends selten aus, wenn wir daheim sein konnten. Wir behielten die Angewohnheit bei, samstags im Freien um das Haus herum zu arbeiten und sonntags spazierenzugehen, Fahrrad zu fahren, fast bei jedem Wetter. Der Winter erschien dadurch weniger eintönig, er zeigte verschiedene Gesichter.

Dazwischen das unruhige Kommen und Gehen, das Abreisen und Wiederankommen, manchmal zwei Tage fort, seltener drei oder mehr, die Vorträge, die Tagungen, die abendlichen Telefonate: „Wie ist es gelaufen? Bist du zufrieden? Es hat letzte Nacht wieder sehr gestürmt ums Haus. Soll ich dich morgen telefonisch wecken? Mit welchem Zug kommst du zurück?"

Auch Dauerregen, der sich manchmal aufs Gemüt legt, konnte Behaglichkeit verbreiten, wenn ich am Schreibtisch vertieft war und nur dann und wann aufschaute, sein zeitloses Ticken am Fenster, sein Gurgeln in den Regenrinnen als einziges Geräusch in der vollkommenen Stille, weil nur in großen Abständen platschend ein Auto vorüberfuhr. Das Dorf wirkte so abgeschieden von der Welt, wenn es im tropfenden Nebel lag und die Hügellinie nur unscharf, verschwommen aus dem Grau des Himmels herausschimmerte. Dann roch es draußen nach Nebel, nach nichts als Nebel ringsum.

Vielleicht konnte ich all diese Dinge viel mehr genießen als W., weil ich öfter zu Hause war. Bei mir gab es zwischen den Reisen ruhige Phasen, in denen ich einigermaßen aus der Welt aussteigen konnte, während er nicht nur zwischen den Städten hin- und hergezerrt wurde, sondern auch sonst täglich fort mußte und nur an den Wochenenden tagsüber in seinem Haus sein konnte.

Widersinnigerweise ist der November der große Monat der Veranstaltungen, der Tagungen und Kongresse, der Seminare und Workshops. Eigentlich sollte der Lebensrhythmus in dieser Zeit, wenn das Jahr sich auf seinen dunkelsten Punkt hinbewegt, langsamer werden. Wenn die Wachstumsprozesse stocken, viele Tiere im Winterschlaf liegen und die Hühner weniger Eier legen, sollten die Menschen auch ein bißchen besinnlicher werden. Statt dessen machen sie die hektischste Zeit des Jahres daraus. Hängt es damit zusammen, daß niemand mehr das Dunkel, die Stille und die Verlangsamung ertragen kann?

Es fällt schon jetzt schwer sich vorzustellen, wie sie früher im Dorf, in diesem Haus im Winter gelebt haben, bevor es elektrisches Licht gab. Obwohl ich inzwischen mit allen Ecken und Winkeln so vertraut war, verunsicherte mich schon ein zweistündiger Stromausfall nach einem orkanartigen Sturm. Ich tastete mich mit einer Kerze vom Wohnzimmer zum Klo, vom Klo in die Küche, und kochte mir einen Melissetee, vor allem, um das beruhigende Licht der kleinen blauen Flamme auf dem Gasherd zu sehen. Welch tiefe Dunkelheit, welch Zwang zum Stillsitzen und Nichtstun!

In der Nachbarschaft haben sie den Jahreszeitenrhythmus der Arbeit um Haus und Hof beibehalten: Geschäftigkeit, spielende Kinder, Stimmen und Maschinengeräusche, kreischende Sägen, Axt- und Hammerschläge bis zum Einbruch der Dunkelheit. Dann plötzliche Stille ringsum – im tiefen Winter schon ab fünf Uhr. Im vorigen Jahrhundert muß der Kontrast noch viel deutlicher zu fühlen gewesen sein. Der Lebensraum schrumpfte am Winterabend. Vielleicht reichte, wenn sie alle nach der Arbeit hereinkamen, das offene Herdfeuer in der Küche noch für ein paar grobe Handarbeiten, ein paar kleinere Reparaturen. Dann löffelten sie im Licht der Petroleumfunzel die gebrannte Mehlsuppe, die die Frau im Halbdunkel zubereitete, man hockte eng beieinander und klatschte, um vertraute Stimmen zu hören. Schließlich stiegen sie alle zusammen mit dem Licht die Treppe hoch und krochen in die Betten: die Eltern Fridolin und Anna Maria hatten eine eigene Schlafkammer, in der benachbarten teilten sich die beiden Jungen und die beiden Mädchen je ein Bett. So schliefen sie dem Morgendämmern entgegen.

Der von der Natur erzwungene kürzere Arbeitstag des Winters, die verlängerte Nacht, erlaubten aber auch eine Regeneration der Kräfte, so daß im Frühjahr mit den wachsenden Tagen auch die Lust am Tätigsein wieder erwachte. Wir zwingen uns mit der Dauerbeleuchtung, die die Nacht zum Tage macht, mit den besonders vollgestopften Terminkalendern von Herbst und Winter zu einer gleichbleibenden Dauerleistung, die dann nur in individuellen Krisenzeiten abfällt.

W. war erschöpft, sein Arbeitsleben bot ihm so viel weniger Möglichkeit, sich zwischendurch mal zu entziehen; es wurde dort auch so viel Energie im Leerlauf verschwendet, in überflüssigen Besprechungen, endlosen Selbstdarstellungen und Schaukämpfen, in leeren Formalitäten. Die Weihnachtsferien, von denen wir uns Muße erhofften, waren viel zu kurz. Erst die Reise zu den Geschwistern zum Fest, dann Besuch über Silvester und Neujahr, danach blieben uns nur wenige Tage. W. mußte bis zum Dreikönigstag ein Papier vorbereiten, das seinen Part in einem Projekt des kommenden Jahres umreißen sollte, er schob es vor sich her und begab sich erst im letzten Augenblick widerwillig an die Arbeit. „Ich sehne mich so nach ein bißchen zusammenhängender Zeit, in der gar nichts zu tun ist", sagte er traurig.

„Jetzt wohnen Sie schon ein Jahr im Paradies", schrieb ein Bekannter im Neujahrsgruß. An Silvester besuchte uns nach alter Tradition ein befreundetes Paar, es war der Tag, an dem der eigentliche Winter kam. Ein Spaziergang mit dampfendem Atem über die verschneiten Hügel, ein kleines Abendessen, und in den Stunden vor Mitternacht zogen wir reihum eine Tarotkarte. Meine war die „Königin der Münzen": Fülle, beschauliches Wachstum und Verwurzelung in der Natur – was wollte ich mehr. W. hatte die „Zwei der Schwerter": Eine Gestalt sitzt mit verbundenen Augen und über die Brust gekreuzten Armen, sie balanciert in jeder Hand ein Schwert, ihr Stuhl steht am Ufer eines Sees, hinter ihr das Wasser, aus dem vereinzelte Felsbrocken ragen. „Begegnung durch Konfrontation", hieß die offizielle Deutung.

W. gefiel seine Karte gar nicht, das Element von Starrheit und Bedrohung. Warum kann sie die Schwerter nicht wegwerfen, sich anders herum setzen und mit den Beinen im Wasser baumeln? Sie hat etwas Bedrohliches im Rücken und kann es nicht im Auge behalten, falsch herum und mit dem Tuch vor dem Gesicht. Er bezog die Stimmung, die die Karte ausdrückte, auf seine berufliche Situation.

In der anschließenden kleinen Gesprächsrunde hielten wir nacheinander Rückschau auf unser vergangenes Jahr, ebenfalls ein alter Silvester-Ritus. Keine Unterbrechungen, keine Kommentare, nur kurze Nachfragen am Ende – das waren die Regeln. Den Freund beschäftigte sein bevorstehender Ruhestand, all das, was er für die Zeit danach plante. Die Freundin redete über ihr ständiges Bemühen, ihre Arbeitszeit zu reduzieren und für ihren Alltag einen ruhigeren Rhythmus zu finden. W. sprach zuerst vom Haus. Daß wir es geschafft hätten und wie glücklich wir seien. Es gebe zwar noch immer viel zu tun, aber wir könnten uns jetzt auch zurücklehnen und mit etwas mehr Muße genießen. Im kommenden Jahr müsse es ihm gelingen, beruflich wieder mehr Fuß zu fassen. Er habe sich in den letzten Monaten manchmal nur schwer auf seine Arbeit konzentrieren können.

In der Silvesternacht dieses Jahres herrschte tiefe Stille auf der Straße, anders als im vergangenen Jahr, nach unserem Einzug, wo viele Nachbarinnen und Nachbarn sich auf dem kleinen Platz oberhalb unseres Hauses versammelt und den Kindern beim Feuerwerk zugeschaut hatten. Letztes Jahr waren sie nacheinander mit ihren Gläsern zu uns getreten, hatten uns „Ein gutes Neues – und gute Nachbarschaft!" gewünscht. Jetzt blieb die Straße wie ausgestorben; man betrauerte den Tod einer beliebten Nachbarin, die mit nur einundfünfzig Jahren an Krebs gestorben und am Heiligen Abend beerdigt worden war.

Für uns ging ein wunderbares Jahr zu Ende. Wir dachten

daran, wie uns vor einem Jahr zumute gewesen war. „Wir haben so viel Glück gehabt!" Die Rechnungen waren weitgehend bezahlt, der Rest schien immerhin bezahlbar. „Wir sind über den Berg!" Wir umarmten uns und hoben die Gläser. Das nächste Jahr begann, unser zweites. Wir wußten nicht, daß es unser letztes war. Wir dachten, es hätte alles erst angefangen.

DER TOD

Die Jahreszeitenuhr

NOCH einmal drehte sich die Jahreszeitenuhr. Anfang Januar hatte in den Nächten die Kälte zugeschlagen, die alles unter dem gekrümmten Mond erstarren ließ; die Faust des Frostes packte die Kieselsteine und klumpte sie zusammen, so daß es einen fremden dumpfen Klang gab, wenn man morgens zwischen den gläsernen Büschen und drahtigen Sträuchern zum Tor ging.

Im Dorf trugen die Kinder auf ausgestreckten Händen große frische Neujahrsbrezeln über die Straße, Hefegebäck, das mit weißen Leinentüchern bedeckt und manchmal noch warm war. Die Sternsinger zogen fröstelnd von Haus zu Haus, leierten mit ernsthaften Gesichtern ihr Liedchen und malten das Kreidezeichen auch auf das Sandsteingewände unserer Vordertür. Kaum war zu Maria Lichtmeß am Stubenplatz die große Weihnachtstanne abgebaut, da wurde auch schon der Narrenbaum errichtet und die Fastnacht begann. Am Schmutzigen Dunschtig schauten wir beim Hemdklunker-Umzug zu, das war fast ein bißchen unheimlich, die weiß gewandeten Gestalten, in Nachthemden und Kitteln, mit den Fackeln in der Schwärze der Nacht – wir waren die einzigen nicht verkleideten Zuschauer am Rande und nahmen uns vor, das nächste Mal auch im Hemdklunker zu erscheinen. Zu Fasnet wurden über die Straßen von Haus zu Haus Leinen gespannt, auf denen vor allem Unterwäsche flatterte. Im Nachbardorf hockten in den Hauseingängen lebensgroße Hexen, auf Bänken, an Treppengeländer gelehnt, in Bäumen oder an Fenstern; grausliche Figuren mit Kopftüchern um die archaischen Maskengesichter und biegsamen Lumpenkörpern, mit abgetragenen Pullovern, Röcken und Schürzen, sogar mit hochhackigen Schuhen bekleidet.

Eine Woche nach dem Fastnachtssonntag fand auf den Hügeln über dem Dorf das Scheibenfeuer statt. Es wurde von den Jugendlichen eines Jahrgangs, den jeweils Achtzehnjährigen, veranstaltet. In früheren Zeiten war es eine Sache der jungen Männer, erzählte man uns, ein alter Rekrutenbrauch, bevor sie eingezogen wurden. Sogar bei garstigem Wetter nahm das halbe Dorf daran Anteil. Die jungen Leute hatten lange vorher altes Holz zusammengefahren und auf einem freien Acker kunstvoll zu einer Art chinesischem Turm gestapelt. Mit dem Einbruch der Dämmerung versammelte man sich oben im Rebberg in der Nähe des gewaltigen Holzstoßes. Am Wegrand brannten einige kleine Feuer mit reichlicher Glut.

Die runden Holzscheiben haben in der Mitte ein Loch, in das ein Stock gesteckt wird. Nacheinander halten die Jungen eine Scheibe ins Feuer, bis sie glüht, und schlagen sie dann auf einem als Rampe ausgelegten Brett los, so daß sie wie eine fliegende Untertasse, ein verfrühtes Glühwürmchen, leuchtend durch die Nacht zu Tal schwebt. Das Scheibenschlagen verlangt eine gewisse Kunstfertigkeit; ehrgeizige Jünglinge üben schon Tage zuvor. Oft genug gibt es auch Blindgänger, die nach kurzem Torkeln den Schlagenden vor die Füße rollen oder die wie Bumerangs im Halbkreis zischen und mitten im versammelten Publikum niedergehen, das dann schreiend auseinanderstiebt. Während die Jungen nacheinander vortreten, um die Scheiben zu schlagen, steht die Gruppe der gleichaltrigen Mädchen zusammen und ruft im Chor: „Schiebe, schiebe hoh! / Wem soll de Schiebe goh? / Schiebe fahrt links, Schiebe fahrt rechts, /de fahrt de Fridolin und de Anna – mitte durchs Herz!“ Bei der harten Aussprache des „ch“ reimt sich im Alemannischen passend „rechts“ auf Herz. Ein Liebeszauber, für jedes Liebespaar eine glühende Scheibe

– nur daß Fridolin und Anna, German und Agatha, Gottfried und Maria heute Markus und Tanja oder so ähnlich heißen.

Als die Fastnacht und das Scheibenfeuer vorüber waren, war es nicht mehr weit bis Ostern. An Palmsonntag bekommen die kleinen Jungen wunderbar geschmückte Palmen gesetzt, lange Stämme aus Fichtenholz, die die Männer glatt entrinden; sie lassen nur ganz oben ein winziges Röckchen von Zweigen und Nadeln stehen. Die Frauen basteln schon Wochen vorher an Girlanden aus Buchsbaumzweigen und buntem Krepp, die in einem bestimmten Muster am Fichtenstamm befestigt werden. Jedes Dorf in der Umgebung hat seine eigene typische Palmenform. An Palmsonntag werden die zwanzig bis dreißig Palmen auf dem Kirchplatz geweiht und dann für die Osterzeit vor den Häusern aufgestellt.

Wir fanden es ungerecht, daß nur die kleinen Jungen, nicht aber die Mädchen Palmen bekommen. „Die Palmen für die Mädchen gibt es an Maria Himmelfahrt", erläuterte man uns. Das sind dann Kräutersträuße, in denen bestimmte Pflanzen versammelt sein müssen, sechzehn an der Zahl, Ysop und Thymian, Schafgarbe und Tausendgüldenkraut darunter, manche sind nur noch schwer in der Umgebung aufzutreiben, seit sich mit der Rebreform die Monokultur ausbreitete. Sie werden ebenfalls in der Kirche gesegnet und danach als Trockensträuße ins Haus gehängt.

Wir hatten große Freude an der Jahreszeitenuhr. Als im Morgendämmern des 1. Mai der Männergesangverein den Frühling mit Blasmusik begrüßte, um fünf Uhr früh, war es ein Konzert, mit dem man die Toten hätte erwecken können, und wir hievten uns schlaftrunken aus dem Bett und standen fröstelnd, aber auch seltsam freudig berührt, am Fenster und sahen ihnen zu, wie sie vorüberzogen, während sie mit kräftigem Organ Maienlieder schmetterten, an allen vier Enden des Dorfes verweilend, da, wo die Straße in die freie Hügellandschaft austritt. Auch die Freundin, die uns an diesem

Wochenende besuchte, wankte im Schlafanzug die Dachbodentreppe hinunter. „Hattet ihr nicht etwas von Ausschlafen in der himmlischen Ruhe auf dem Lande gesagt?"

Das schönste aller Dorffeste war für W. und mich das Steibick-Fescht, am ersten Sonntag nach der Sommersonnenwende. Dieses Fest der Steinhauer wird mit einem Gottesdienst im Wald gefeiert, auf dem von hohen alten Bäumen umgebenen Versammlungsplatz bei der Servatiuskapelle. Zu diesem Anlaß wird die Statue der heiligen Barbara, Schutzpatronin des Bergbaus und damit auch der Steinhauer, aus der Dorfkirche in feierlicher Prozession durch die Rebhügel in den Wald getragen, wo sie, einmal im Jahr, die Statue des heiligen Servatius, Schutzpatron des Weinbaus, besucht. Auch wer kein Verhältnis zur Kirche hat, wird von einer Art religiösem Gefühl erfüllt, wenn an einem frühsommerlichen Sonntagmorgen im Wald fromme Lieder gesungen werden, während das Sonnenlicht durch das noch zarte Grün der Baumkronen glitzert, wenn das Blasmusikorchester der Winzerkapelle spielt und die Versammelten um ein gutes Weinjahr bitten. Anschließend, während die Heilige von der Steinhauergruppe des Museumsvereins wieder nach Hause in ihre Kirche gebracht wird, spaziert der Rest der Gemeinde, das halbe Dorf, schien es uns, den Waldweg entlang zu einem der alten Steinbrüche, der Anfang des Jahrhunderts stillgelegt wurde und ein trauriges Dasein als Müllkippe führte, bevor die kommunale Müllabfuhr auf den Plan trat. Damals machte sich auf Initiative des einzig verbliebenen Steinmetz und des Bürgermeisters eine kleine Gruppe von Männern daran, den Steinbruch vom Müll zu befreien, ihn zu einer Gedenkstätte des Steinhauerhandwerks zu gestalten, und das Steibick- (d.h. Steinbruch-)Fest wurde ins Leben gerufen. Seit eineinhalb Jahrzehnten ist es nun eine lebendige Tradition, keine Erfindung für Touristen, sondern ein Dorfhock für Dörfler, Auftakt zum Hochsommer. Wir trafen im Laufe des Tages alle unsere Nachbarn beim Steinbruch wieder, auf den langen Bänken, an den langen Tischen vespernd, bei Blasmusikeinlagen und gelegentlicher Vorführung des traditionellen Steinhauerhandwerks. Stein und Wein sind die Wahrzeichen des Dorfes.

Eine Touristenattraktion ist das Schnecke-Fescht am ersten Septemberwochenende, der große Dorfhock. Aber den können die Einheimischen nur bedingt genießen, weil fast alle in die sehr aufwendigen Arbeiten eingespannt sind, Stände auf- und abbauen, was mehrere Tage in Anspruch nimmt, einkaufen, kochen. Das Schnecke-Fescht zieht Jahr für Jahr mehrere Tausend Besucher aus dem Umland an, dann wälzen sich Menschenströme durch die schmalen Straßen rings um die Kapelle, wo in blumengeschmückten Höfen und historischen Gewölbekellern die Vereine bewirten. Jedes Jahr ist das Schnecke-Fescht einem bestimmten historischen Thema gewidmet. Die Vereine servieren immer wiederkehrend ihre zwei oder drei badischen Spezialitäten; es gibt Kinderfeste an zwei Nachmittagen und einen Abend mit alemannischer Heimatdichtung. Eine Sonderausstellung im Dorfmuseum führt in das jeweilige Festthema ein, ebenso wie das Laientheaterspiel – alte Berufsstände, Sitten und Gebräuche früherer Zeiten werden vorgestellt.

Wenn die Fremden wie die Heuschreckenschwärme in das Dorf einfallen, flüchten sich die Katzen in versteckte Scheunenwinkel, Gelächter, Singen, Musik und Gekreisch bis morgens früh um drei, und an den Vormittagen treffen sich mit übernächtigten Gesichtern die Anwohner des betroffenen Viertels, die abends zuvor ihre Einfahrten mit Maschendraht und Brettern verrammelt haben, auf der Straße beim Fegen und beim Zusammensuchen der herumliegenden leeren Flaschen und Gläser und rücken nahe zusammen und tauschen sich mit Verschwörermiene aus.

Das Schnecke-Fescht ist ein großes Ereignis, auf das das Dorf lange hinlebt. Es bietet Werbung und Absatz für den heimischen Wein, und die Vereine finanzieren sich zu einem großen Teil aus den Einnahmen

W. und ich genossen das alles, waren immer mit dabei. Wir, die wir in den vergangenen zwanzig Jahren regelmäßig vor dem rheinischen Karneval geflüchtet waren, die wir Schützenfeste und Vereine spießig fanden und jede Kirmes gemieden hatten, interessierten uns auf einmal für Tradition und Brauchtum und freuten uns an all diesen Riten, die den Jahreszyklus akzentuierten. Weil es für uns noch so neu und farbig war? Weil hier alles kleiner und überschaubarer daherkam? Weniger aufgesetzt, lebendiger wirkte? Wir fragten uns das gegenseitig. Früher gingen wir zu politischen Demonstrationen und den großen Volksfesten der Friedensbewegung – ist das nicht eine etwas sonderbare Kehrtwendung? W. lachte: Wie langweilig wäre es, wenn man sich immer nur gradlinig weiterentwickelte!

Wenn das Schnecke-Fescht wie eine Naturgewalt über das Dorf hinweggegangen ist, kommt noch der lange, meist sonnige Altweibersommer und dann der Herbst.

Zu Allerheiligen, kalt und klar, werden die hier auch sonst stets gepflegten Gräber noch einmal besonders liebevoll herausgeputzt, mit kleinen Girlanden aus Tannenzweigen belegt. Über den vom Rauhreif versilberten Wiesen im Tal flattern große Krähenschwärme, krächzen vor blaßblauem Himmel und verstummen erst im Abenddämmern, wenn sie sich in die hohen Bäume am Rande des Friedhofs zurückziehen. Dann blinken nach und nach die Sterne oben im Himmelsgrau als kleine kalte Punkte auf, während unten aus der schwarzgrauen Steinwüste der Gräber Hunderte von warmen roten Tupfern leuchten. Das sind die zahllosen Kerzen, die jetzt in allen Totenlämpchen brennen.

Danach wieder Advent, Weihnachten.

Die Boten des Todes

Es gibt ein Märchen der Gebrüder Grimm, das heißt „Die Boten des Todes". Ein junger Mann hat sich dem Tod gefällig erwiesen, als der krank am Wegesrand lag und seinen Aufgaben nicht mehr nachkommen konnte. – Ich darf auch dich nicht verschonen, wenn du an der Reihe bist, sagt der Tod zum Jüngling, aber als Dank dafür, daß du so hilfsbereit warst, will ich dir Boten schicken, bevor ich dich holen komme. – Das ist immerhin etwas, sagt der junge Mann zerstreut und zieht weiter. Es interessiert ihn zu diesem Zeitpunkt nicht sonderlich, er lebt unbekümmert und fröhlich, aber als er älter wird und ihn nacheinander verschiedene Krankheiten plagen, erinnert er sich daran. Sterben werde ich noch nicht, sagt er sich, der Tod hat ja versprochen, daß er mir vorher Boten schickt. Eines Tages legt ihm der Tod die Hand auf die Schulter: Es ist soweit! – Aber du wolltest dich doch vorher ankündigen! ruft der nunmehr alte Mann erschrocken. Ich habe dir Boten über Boten geschickt, erwidert der Tod und zählt auf: das Fieber, die Krankheiten, die Schmerzen. – Darauf weiß der Mann nichts zu sagen, ergibt sich seinem Geschick und folgt dem Tod.

W., der nie in seinem Leben nennenswert krank war, hatte in diesem letzten Jahr zwei Unfälle. Der erste ereignete sich in den Osterferien, als die bunten Palmen das Dorf schmückten. Er war mit dem Fahrrad aufgebrochen, um ein paar Besorgungen im Dorf zu machen und nach etwa zehn Minuten hörte ich ihn zurückkehren. Es war ein sonderbar schleppendes Geräusch im Kies. Ich pikierte unter dem Schopf Salatsämlinge und schaute irritiert auf; da sah ich ihn um die Ecke hinken und sprang erschrocken auf. „Was ist passiert?" „Beruhige dich", sagte er mit gezwungener Munterkeit, „es hätte viel schlimmer sein können." Seine eine Gesichtshälfte war verschwollen und blutverschmiert; er blutete aus einer

Platzwunde an der Stirn, die eine Wange war aufgeschürft, das Auge zum Glück unversehrt. Er streckte beide Handflächen von sich, sie waren aufgerissen und bluteten. „Ich fürchte, die ist hin", sagte er, seine Hose betrachtend, deren eines Bein zerfetzt war. An Knie und Schienbein waren großflächige Schürfwunden, in denen kleine Steine klebten. „Setz dich erst mal hin und leg das Bein hoch. Willst du einen Schnaps?" Ich traute mich nicht an die größeren Wunden heran, also wusch ich nur ein bißchen drumherum und fuhr ihn, zerrupft wie er war, zur Dorfärztin.

„Da steht mein Fahrrad", sagte er; es lehnte zerbeult und ohne Lenkstange an der Mauer beim Bäcker. Er war den Hügel bei der Kapelle heruntergefahren, als der Lenker ihm plötzlich in der Mitte unter den Händen zerbrach. „Ich hatte keine Kontrolle mehr und flog auf die Straße. Aber ich habe noch Glück gehabt: Der Holm hätte sich in meine Brust bohren können." Die Lenkstange hatte, so stellte der Mann in der Werkstatt später fest, einen feinen Haarriß in der Mitte gehabt, ein Herstellungsfehler.

In den ersten beiden Nächten brannten die Wunden und störten seinen Schlaf. Zwei oder drei Wochen lang sah sein Gesicht aus, als sei er in eine Schlägerei verwickelt gewesen, aber insgesamt hatte die Sache schlimmer ausgesehen, als sie war.

W. war als kleiner Junge anfällig, aber, seit er erwachsen war, kaum je krank gewesen, jedenfalls ließ er sich so gut wie nie krank schreiben. Er war nur ein einziges Mal in seinem Leben im Krankenhaus, zur Blinddarmoperation. Er hatte sich noch nie einen Knochen gebrochen. Selbst seine Zähne waren erstaunlich gesund. Das Rauchen hatte er sich schon vor vielen Jahren abgewöhnt, und er war auch nie ein starker Raucher gewesen. Er aß in der Regel mäßig – außer bei Festen und Einladungen, wo er zur Abwechslung erstaunliche Portionen vertilgen konnte. Er trank nicht täglich, aber mit einer gewissen Regelmäßigkeit sein Viertele Wein, es konnten auch schon einmal zwei sein. Er war schlank, kein Muskelprotz, aber zäh und ausdauernd, und im Zusammenhang mit dem Hausbau hatte er riesige Kräfte mobilisiert. Beim Wandern und vor allem beim Fahrradfahren war er mir immer ein Stück voraus, meistens konnte er nicht genug bekommen, wenn es mir schon lange reichte.

Kurzum: Er war ein ideales Krankenkassenmitglied, ein schlechter Kunde für die Ärzteschaft. Er futterte täglich seinen Apfel, der die Doktoren fernhalten sollte, und war stolz darauf, daß er alle paar Jahre von der Kasse einen Teil seiner Beiträge zurückerstattet bekam, weil er keinen Arzt aufgesucht hatte. Daß er sich während der Sommerferien zu einer allgemeinen Gesundheitskontrolle entschloß, hatte keinen besonderen Grund. Er fand, es sei wieder einmal fällig, nach etwa einem Jahrzehnt.

Alle Werte waren unauffällig, nur beim Belastungs-EKG fand die Hausärztin eine Herzrhythmusstörung, die ihr klärungsbedürftig schien, weswegen sie ihn zum Kardiologen schickte. Der befand, daß keinerlei Grund zur Beunruhigung vorliege: W. habe Extrasystolen, die jedoch nicht auf eine Koronarinsuffizienz hindeuteten. Seine Pulsfrequenz sei typisch für Menschen, die Ausdauersportarten betrieben.

Der zweite Unfall ereignete sich zum Ende des Sommers. Wir hatten am Vorabend Gäste gehabt, gut gegessen und getrunken, und es war spät geworden – davon abgesehen war es ein ganz gewöhnlicher Morgen. Ich hatte mich gerade fertig angezogen, da hörte ich aus dem Bad einen dumpfen Fall und einen Schrei. Ich raste ins Badezimmer, er lag quer im Raum auf dem Kachelfußboden, halb auf dem Bauch, halb auf der Seite, kalkweiß im Gesicht und versuchte vergeblich, auf alle Viere zu kommen. „Was ist passiert?“ „Ausgerutscht. Es tut wahnsinnig weh.“ Er schien auch Schwierigkeiten mit dem Atmen zu haben. Auf Händen und Füßen, mit Mühe und

Not, schaffte er es vom Badezimmer nach nebenan, ins Bett zurück. Zwischendurch verlor er für einige Sekunden das Bewußtsein. Ich konnte ihm nur wenig helfen, weil er schrie, sobald ich ihn berührte. Er zog sich mit letzter Kraft am Bett hoch, ich legte ihm eine leichte Decke über; er zitterte, auf seiner weißen Stirn stand kalter Schweiß. Dann rannte ich zum Telefon.

Er war beim Verlassen der Dusche, während er sich umwandte und nach dem Badetuch faßte, in einer Wasserlache ausgeglitten; es hatte ihm ein Bein nach vorne gerissen, und dann war er seitlich mit der Brust auf den Beckenrand gestürzt. Die Hausärztin, die zehn Minuten später da war, diagnostizierte einen Rippenbruch, zwei oder drei Rippen, meinte sie; später stellte sich heraus, daß es vier waren. In der Klinik, wo er geröntgt wurde, wollten sie ihn eigentlich dabehalten; bei mehr als zwei Rippen sei ein stationärer Aufenthalt angeraten – aber W. wollte unbedingt zu Hause bleiben. Er hatte höllische Schmerzen bei jeder Bewegung, obwohl er alle drei Stunden starke Schmerzmittel nahm. Es tat weh, seine Qualen mitanzusehen, zumal er gewöhnlich alles andere als wehleidig war.

Die meiste Zeit in den nächsten Tagen verbrachte er in halbliegender Stellung auf dem Wohnzimmersofa, lesend. Wenn er aufstand, sich wieder hinsetzte oder nur ein wenig umdrehte, ging das nicht ohne gurgelnde Schmerzenslaute vor sich. Alle seine Bewegungen waren extrem verlangsamt; beim Gehen hielt er seinen Oberkörper völlig starr; er war unfähig, sich zu bücken oder seitlich zu wenden. Wenn er einen Gegenstand unterhalb seiner herabhängenden Hände aufnehmen wollte, mußte er ganz langsam mit steifem Oberkörper in die Kniebeuge gehen. Als ich am dritten Tag verreisen mußte, räumte ich ihm alle Lebensmittel, die er benötigen würde, auf dem Küchentisch zusammen, da er es noch nicht schaffte, sich zum Kühlschrank herunterzubeugen. Eine Woche lang war er nicht imstande, sich Strümpfe oder Schuhe anzuziehen, und während meiner Abwesenheit legte er sich in den Kleidern schlafen.

Etwa vier Wochen werde es dauern, sagten die Ärzte, bis er wieder der Alte sein würde, sich wieder normal bewegen, bücken, heben und tragen könne. Eine lange Zeit für einen so bewegungshungrigen Menschen; er wirkte in den ersten Tagen düster, wie ein im Käfig gefangener Vogel. Dann machte er seinen Frieden mit dem Unabänderlichen und begann, Fontane zu lesen. Der langsame Rhythmus des Erzählens versetze ihn in eine andere Zeit und helfe ihm, mit der Unbeweglichkeit besser fertig zu werden, sagte er.

Der Unfall kam denkbar ungelegen, gerade als er nach dem Sommerurlaub wieder zu arbeiten begonnen hatte und eine wichtige Konferenz vorbereiten mußte, die drei Wochen später stattfinden sollte. Sein Institutsleiter setzte ihn von Amerika aus mit täglichen e-mails unter Druck. Obwohl er für zunächst drei Wochen krank geschrieben war, drängte er schon vom vierten Tag an wieder stundenweise ins Büro. Ich chauffierte ihn, denn er konnte unmöglich mit dem Bus fahren. Noch in der zweiten Woche schrie er bei jeder Kurve, bei jedem Bremsen auf, aber er versuchte tapfer, es täglich ein bißchen länger auf seinem Drehstuhl vor dem PC auszuhalten. Nach zwei oder drei Stunden wurde sein Gesicht dann grau vor Schmerz und Erschöpfung, und ich packte meine eigene Arbeit zusammen und bestand darauf, wieder zurück nach Hause zu fahren, wo er sich hinlegen könnte.

Es war ihm schrecklich peinlich vor den Kollegen, daß er im Badezimmer ausgerutscht war, und schon deswegen mochte er nicht auf sein Recht zur Rekonvaleszenz pochen. „Unter der Dusche fallen – das passiert doch nur Achtzigjährigen.“ Aber zum ersten Mal ließ er heraus, er habe nicht schlecht Lust, dem Institutsleiter die Brocken vor die Füße zu werfen.

Erst nach seinem Tod ist mir aufgefallen, daß beide Unfälle in diesem letzten Jahr auf seine Brust zielten. Waren es Vorzeichen, Botschaften des Todes?

Natürlich kann fast jedes ungewöhnliche Ereignis als Todesvorzeichen gelten, unter Umständen auch viele ganz gewöhnliche Geschehnisse. Zum Beispiel hörten wir nachts öfter die Schleiereule schreien, vielleicht rief sie seinen Namen. Wir hörten auch das Klopfen der Totenuhr, so nennt man im Volksmund die nächtlichen Fraßgeräusche des Holzwurms im Gebälk, unsere gewöhnliche Einschlafmusik. Die Schwalben hatten in diesem Jahr ein neues Nest gebaut, und sicher hatten sich auch Krähen auf unserem Dachfirst niedergelassen. Bestimmt hat einer der Hunde in unserer Nachbarschaft mit gesenktem Kopf geheult; und die Mäuse, die zeitweise so zahlreich in unserer Küche auftauchten, haben gesungen. Es sollte mich wundern, wenn im milden Klima des Markgräfler Landes keine Blume zur Unzeit geblüht hätte, und ich erinnere mich an ein Festessen, bei dem ein ungeladener dreizehnter Gast mit zu Tisch saß. Gegenstände waren zuhauf heruntergefallen, der Sturm hatte auch Ziegel vom Dach geschleudert, es hatte schon aus der Wohnzimmerdecke getröpfelt, und es gehörte zu den Eigenarten unseres Hauses, daß sich Türen und Fensterläden dann und wann von selber öffneten – all das sind im Volksglauben Todesvorzeichen.

Im Spätsommer haben wir auch unser Testament abgefaßt. Wir hatten es seit dem Hauskauf vorgehabt und nur immer wieder auf die lange Bank geschoben, weil es so viel Dringlicheres gab, bis W.'s Rippenbruch uns noch einmal gewichtig an die Macht plötzlicher Schicksalsschläge erinnerte.

Aber W. war ein Stehaufmännchen, schon nach zwei Wochen versuchte er, ohne Schmerzmittel auszukommen, er nahm die Abend- und die Wochenendspaziergänge mit mir wieder auf, anfangs etwas langsamer als gewohnt, mit steifem Oberkörper und gemessenem Schritt.

Er war betrübt und stimmte nur widerwillig zu, als ich darauf bestand, das Birnbaumfest abzusagen, das drei Wochen nach seinem Unfall hätte stattfinden sollen. Immerhin waren im Ort schon Pensionszimmer für eine Reihe von Gästen reserviert, und wir hatten das Apfelbaumfest vom vergangenen Jahr in verklärter Erinnerung. Aber es gab ohnehin Arbeit genug, ich wußte nicht, wie ich die Vorbereitung ohne ihn schaffen sollte; es wäre dann vielleicht nur ein schwacher Abklatsch geworden.

So reisten zu W.'s Geburtstag also nur Sohn und Tochter an. Doch es wurde auch in der kleinen Familenausgabe ein schönes Fest. Wir machten in der strahlenden Herbstsonne einen allerdings bescheidenen Spaziergang, weil W. noch nicht stundenlang wandern konnte, wir hatten in einer Straußwirtschaft bei Zwiebelkuchen und Neuem Süßen aufwühlende Gespräche über die Kindheit der beiden, über die Scheidung der Eltern und ihre Folgen. Sie liebten es, alle drei, in der Vergangenheit zu wühlen, aber sie waren guter Dinge dabei, mal ernst, dann wieder vergnügt und albrig. Auch W. war lebhaft und glücklich, denn eine schon länger schwelende Spannung zwischen seinem Sohn und ihm löste sich freundlich auf; seine Kinder sagten ihm anerkennende Worte, „für einen Scheidungsvater warst du wirklich ganz okay", etwas in der Richtung, und ich merkte, wie wohl es ihm tat. Ich fand es seltsam, daß W. die beiden beim Sonntagsfrühstück fragte, ob sie sich um das Haus kümmern und es erhalten würden, wenn wir einmal tot seien – „wie kannst du sie das jetzt fragen!" unterbrach ich ihn unwillig, „wie können sie heute schon wissen, in welchen Berufen, Städten und Familienverhältnissen sie in zwanzig oder dreißig Jahren einmal sein werden!" „Aber ich möchte es jetzt wissen."

„Weißt du: Auf eine Art bin ich froh über den Rippenbruch", erklärte er mir vor dem Einschlafen, „wenn wir das große Birnbaumfest veranstaltet hätten, wäre keine Gelegenheit zu solchen Gesprächen gewesen."

An diesem Wochenende sahen die Kinder ihren Vater zum letzten Mal. Am nächsten Tag, sonnig, aber kühl, pflanzten wir zu viert den Birnbaum. Diesmal durfte W. nicht graben, nur zuschauen, Sekt trinken und symbolisch ein bißchen Erde werfen. Wir lasen wieder den „Herrn von Ribbeck" vor, wir hockten am Birnbaumrondell, in dicken Pullovern, es war erheblich kälter als im vergangenen Jahr, vertilgten zwei Flaschen Sekt und futterten Käsewürfel und Oliven dazu, so lange wie uns die Sonne beehrte, bis wir bibberten, blaue Gesichter bekamen und uns nach dem warmen Bullerofen im Wohnzimmer sehnten. Wir schrieben auch geheime Wünsche auf kleine Zettelchen, die wir mit dem Wurzelballen im Erdloch begruben. Mein Wunsch ist nicht in Erfüllung gegangen. Er war nicht sonderlich originell. Ich wünschte mir noch viele solche Jahre mit ihm.

Die Alemannengräber

VOR dem Rippenbruch, während seines vierwöchigen Urlaubs, grub W. den Innenhof vollständig um, und ich erweiterte das Gemüsebeet um ein paar Quadratmeter.

Er arbeitete wie ein Besessener. Hatten wir nicht gesagt, daß wir es in diesem Jahr lockerer angehen wollten? Während ich erst nachmittags in den Garten kam, weil ich eine Schreibarbeit fertig stellen mußte, schwang er gleich nach dem Frühstück den Pickel und kämpfte verbissen, schweißnaß, mit der harten Erdoberfläche des Hofes, bis die Augustsonne um die Hausecke stach; dann stiegen die Temperaturen rasch auf 27°, 28°, 29° an, und W. verschwand im Keller, den er, ebenso wie den Stall, noch in diesem Jahr gründlich aufräumen wollte.

„Du hast doch Ferien. An deiner Stelle würde ich es mir zwischendurch ein bißchen gemütlich machen!"

„Der Keller ist bei dieser Hitze ein angenehmer Aufenthaltsort. Das wird mal mein Sommerwohnzimmer." W. stellte sich ihn wie eine Straußwirtschaft vor, mit umgestürzten Weinfässern als Tischen, einem kühlen Gläschen im milden Dämmern, der Blick wandert die ausgetretenen Steinstufen hinauf in das flirrende Licht, das dschungelartige Grün der Kiwis, vor dem die Oleanderblüten tanzen.

Mir fiel auf, daß er seinen Schreibtisch mied. Bei kurzen Stippvisiten im Arbeitszimmer befaßte er sich vor allem mit Hausverwaltungs- und Steuerangelegenheiten. In früheren Jahren hatte er auch im Urlaub Fachbücher gelesen. Er sagte, er wolle im Hof Gras gesät und Trittsteine gelegt haben, bevor er sein Institut zum Sommerbesuch lud.

Im vergangenen Jahr hatten die Kollegen das Haus noch mit der verstümmelten Rückenwand und im alten Putz gesehen; die Scheune war eingerüstet gewesen. In diesem Sommer ließen Haus und Hof, als sie kamen, nichts zu wünschen übrig, doch wir fanden den Abend wenig erfreulich, Fachsimpelei und Geblödel, die nur mühsam latente Spannungen verdeckten. Am meisten ärgerte ich mich über den Institutsleiter, dem zuliebe wir den Termin der Einladung mehrfach verschoben hatten. Kein Wort der Entschuldigung, als er erst gegen 22 Uhr mit einem zusätzlichen Gast eintrudelte, kein Wort der Anerkennung oder des Dankes. Vielleicht bin ich zu empfindlich und solchem Klima zu lange entwöhnt, dachte ich, vielleicht schätze ich einfach den dort üblichen flapsigen Umgangsstil falsch ein. Aber ich registrierte, daß auch W. dieses Verhalten als kränkend empfand. Es war nur eines von vielen Anzeichen dafür, daß er sich an seinem Arbeitsplatz nicht mehr sonderlich wohlfühlte.

„Wenn ich in der freien Wirtschaft arbeitete, hätten sie

mich längst vor die Türe gesetzt.“ Es war das erste Mal, daß ich ihn so reden hörte.

Er saß in mehr als einer Beziehung zwischen den Stühlen. Das war in seinem Berufsleben wiederholt der Fall gewesen; wahrscheinlich gehörte es zu seiner Persönlichkeit, daß er stets wider den Stachel löcken mußte, immer in kritischer Distanz zum jeweils herrschenden Dogma. Im Laufe der letzten Jahrzehnte hatte es einige berufliche Krisen gegeben, er war ein paarmal auf die Nase gefallen, hatte sich aber nach kürzeren oder längeren Phasen der Niedergeschlagenheit immer wieder aufgerappelt und mit neuen Ideen einen neuen Anlauf genommen. Diesmal schien es tiefer zu gehen, vielleicht hatte er die Lust zu kämpfen verloren.

Im Grunde waren die Dinge ganz einfach, und er machte sich nichts vor: Er arbeitete seit über zwei Jahrzehnten in einer Großforschungseinrichtung, einer von wenigen Sozialwissenschaftlern unter Mathematikern und Informatikern, mit einer eher technikkritischen Einstellung in einer Institution, die überwiegend Akzeptanzforschung für die Industrie betrieb. Er war in den 70er Jahren eingestellt worden, als wissenschaftspolitisch ein anderes Klima herrschte. Seine Arbeit hatte seit einigen Jahren nur noch Feigenblattfunktion und war im Grunde nicht mehr erwünscht, seine Stelle aber unkündbar. Deswegen hatte ihn auch sein Bonner Arbeitgeber im Rahmen eines Kooperationsvertrages großzügig an das Freiburger Universitätsinstitut ausgeliehen. Hier hatte W. vor vier Jahren noch einmal mit großem Optimismus begonnen, er hatte geglaubt, neue sinnvolle Projekte und neue Verbündete zu finden. Sein Elan hatte knapp zwei Jahre angedauert und war dann langsam versickert.

Hatte sich sein berufliches Engagement reduziert, weil das Haus nach und nach alle Energien usurpierte und ihn auffraß? Das mochte für das Baujahr und die ersten Monate nach unserem Einzug zutreffen – aber als die Zeit verstrich, spätestens im zweiten Sommer, dämmerte mir, daß es umgekehrt war: Er hatte sich auf das Haus gestürzt, weil es ihm Erfolgserlebnisse verschaffte, die er in seinem Beruf nicht mehr fand. Endlich ein Projekt, an dem er sich noch einmal bestätigen konnte, eine Herkulesarbeit mit sichtbaren Ergebnissen. Es war wohl befriedigender, den Boden aufzugraben und im Stall zu räumen, als Ideen für Projekte zu entwickeln, die ohnehin vom Karrierismus anderer verstümmelt werden würden.

Ich kannte die wiederkehrenden Abfolgen von geradezu naivem Idealismus, Desillusionierung, vorübergehender Verweigerung und Neuanfang aus den vergangenen Jahren, aber diesmal war es anders, vielleicht weil sich mit dem Haus und unserem Leben hier eine Gegenwelt aufgetan hatte, die auch Gestaltungsmöglichkeiten für die Zukunft bot.

„In der freien Wirtschaft wäre ich meinen Job längst los."

Er war sechsundfünfzig; die Chancen für einen Stellenwechsel waren vorbei. Während des ganzen letzten Jahres gab es ein ständiges nervenzehrendes Hin und Her über die Fortsetzung des Kooperationsvertrags mit Freiburg. Das Bonner Institut, dem er formal angehörte, geriet unter Beschuß und wurde im Laufe des Sommers aufgelöst; die Mitarbeiter wurden teils anderen Instituten angegliedert, teils gekündigt. Auch W. geriet in die Mühlen der Umorganisation: Man lud ihn zu Gesprächen ein, in denen er über seine gegenwärtige Tätigkeit und seine Vorstellungen über die Zukunft berichten sollte. Er bereitete sich intensiv vor und kehrte zutiefst deprimiert zurück. „Alles eine Farce. Ich hätte ebensogut erzählen können, daß ich im vergangenen Jahr die Bände 1 bis 10 von Karl Mays gesammelten Werken gelesen habe und im nächsten Jahr die Bände 11 bis 20 zu lesen gedächte – ich glaube, es hätte für die überhaupt keinen Unterschied gemacht." Im Spätsommer wurde klar, daß er zur schwer vermittelbaren Restmasse des aufzulösenden Institutes gehörte. Da man ihn nicht einfach vor die Tür setzen konnte, mußte man irgendein Abstellgleis finden, nicht ganz einfach, da man ihm aus arbeitsrechtlichen Gründen keine beliebigen Arbeitsinhalte vorschreiben konnte.

Dergleichen nagt am Selbstbewußtsein, ein schleichender Entwertungsprozeß – auch wenn man weiß, daß weniger persönliche als strukturelle Gründe verantwortlich sind.

Manchmal fragte ich ihn vorsichtig: „Hast du dich eigentlich schon mal erkundigt, wie es finanziell aussehen würde, wenn du ganz aufhörtest?" Zwei seiner Freunde, nur wenig älter als er, waren gerade vorzeitig in den Ruhestand gegangen. Aber daran mochte er noch nicht denken. „Den Gefallen tue ich ihnen nicht." „Ich meine ja nicht, daß du es sofort tun sollst – nur falls die Dinge sich weiterhin unerfreulich entwickeln. Wenn wir wüßten, wir kämen finanziell zur Not klar, dann hättest du immerhin die Freiheit zu sagen: Ihr könnt mich mal. Du müßtest dir nicht alles gefallen lassen und dich nicht kleinmachen."

Er nahm es zur Kenntnis. Aber ich hatte nicht den Eindruck, daß es für ihn während der existentiellen Stürme, die ihn im Herbst beutelten, wirklich ein entlastender Hintergrundgedanke war. Nachträglich bin ich froh, daß er sich nicht bei der Rentenberatungsstelle nach seiner Altersversorgung erkundigt hat. Es hätte seinen Sorgen nur noch eine weitere hinzugefügt.

Einstweilen grub er den Innenhof um, und in den Sommerwochen gelang es ihm weitgehend, seine unsichere berufliche Zukunft zu vergessen. Er hackte den Boden auf, schaufelte Erde, reparierte Kellerschränke und ordnete das Werkzeug im Stall. Manchmal, wenn ich mit meiner Arbeit nicht weiterkam, beobachtete ich ihn verstohlen aus dem Fenster und fragte mich, an was er dachte, während er den Pickel mit solcher Wucht gegen die verhärtete, von Baufahrzeugen festgefahrene Hofoberfläche führte. Manchmal schaute er auf, sah mich: „Wo bleibt die Konzentration?"

fragte er, anscheinend gutgelaunt, „muß ich etwa hochkommen und kontrollieren, was du heute getan hast?"

Um den Rasen zu säen, hätte es gereicht, den Boden zwanzig Zentimeter zu lockern, aber W. ging mindestens einen halben Meter tief, eine extrem anstrengende Arbeit. Wir hatten beim Pflanzen des Apfelbaums und beim Ausgraben des alten Wassertrogs festgestellt, daß es etwa einen Spatenstich unter der Erdoberfläche eine wasserundurchlässige Schicht gab, die das Ablaufen des Wassers nach Wolkenbrüchen verhinderte. Es war eine Schicht von gelbem verklebtem Sandsteingebrösel. Wahrscheinlich waren die Generationen von Steinhauern verantwortlich, die den Innenhof als Arbeitsplatz genutzt hatten. Unter dieser gelblichen Schicht kam noch nicht der vertraute Lehmlöß, sondern ein magerer, steiniger Boden – und auf einer Tiefe von 50 bis 80 cm stieß W. unerwartet auf ein altes unregelmäßiges Steinpflaster.

Offenbar war der Hof ursprünglich einmal vollständig gepflastert gewesen. Das mußte schon lange her sein, mehrere Jahrhunderte, da inzwischen das Straßenniveau, der Kellerabgang und die Tür zur Brennkammer erheblich höher lagen. Vielleicht ging das Hofpflaster bis ins 15. Jahrhundert zurück, in die Zeit, bevor das frühere Wohnhaus ausbrannte. Denn das tieferliegende Hofniveau paßte zu den noch sichtbaren Überresten des Vorläuferhauses, den niedrigeren Konsolen in allen Geschossen, den schachtähnlichen Kellerfenstern, die sich jetzt unter der Erdoberfläche befanden.

Das war aufregend, das gab unserer Phantasie wieder neue Nahrung – wie das noch ungelöste Rätsel um die zugemauerte Treppe von der ehemaligen Küche in den Keller hinab. „Eines Tages, wenn wir mal nichts anderes mehr zu tun haben, machen wir einen kleinen Mauerdurchbruch und schauen nach, was sich hinter der Kellerwand, in dem von allen Seiten zugemauerten kleinen Raum befindet." Geheimnisvolle

Skelette? Die Schatztruhe aus dem Dreißigjährigen Krieg? Das Haus würde immer noch genügend ungelöste Rätsel, ungelüftete Geheimnisse wahren. Wahrscheinlich würden wir nie herausfinden, warum das jetzige Wohnhaus im 17. Jahrhundert seitenverkehrt auf dem Keller errichtet wurde. Warum der Südgiebel das Deutschordensritterkreuz trug und was auf dem verwitterten Gemälde unterhalb des Kreuzes abgebildet war, das nicht mehr restauriert werden konnte. Wir würden vielleicht auch nie erfahren, ob auf unserem Grundstück wirklich einmal Alemannengräber gewesen waren.

Die Alemannen beschäftigten uns in diesem Sommer sehr. Wir waren schon im vergangenen Jahr, als wir gut einen Meter tief für das Gemüsebeet gruben, und auch jetzt wieder auf rechteckige Steinplatten gestoßen, die, in der Erde aufrechtstehend, anscheinend wiederum zu Rechtecken angeordnet waren. Erst hielten wir sie für Begrenzungen älterer Gemüserabatten, fanden es aber bei reiflicher Überlegung unwahrscheinlich, daß irgendwelche Vorbewohner den Innenhof für den Gemüseanbau genutzt haben sollten, da er doch für ein- und ausfahrende Wagen freibleiben mußte. Dann erfuhren wir, daß bei der Flurbereinigung Ende der 60er Jahre nur wenige Meter oberhalb unseres Hauses Alemannengräber gefunden worden waren, als man einen Hohlweg eingeebnet hatte. Auf der anderen Seite unseres Hügels, zum Nachbardorf hin, gab es sogar ein ausgedehnteres Bestattungsareal.

Es war also gar nicht so unwahrscheinlich, daß sie auch auf unserem Grundstück Tote beerdigt hatten. Wir studierten die entsprechende Literatur mit roten Ohren; auch unsere Steinrechtecke waren von Ost nach West ausgerichtet, zumindest von Nordosten nach Südwesten. Vollends euphorisch wurden wir, als uns der südliche Nachbar flüsternd über die Hecke hinweg erzählte, daß sie vor Jahren auf Knochen gestoßen seien, als die Mauer zwischen unseren Grundstücken abgerissen und neu gebaut wurde. „Eine ganze Menge Knochen, als die mit dem Baggerle da durchgingen – da haben sie ganz schnell wieder zugemacht – man weiß ja, wie das Denkmalamt ist."

Wir hätten noch um einiges tiefer graben müssen, als nur bis zum mittelalterlichen oder frühneuzeitlichen Hofpflaster, um zu den Alemannen vorzudringen. Wir zögerten kurze Zeit, aber dann siegte doch unser Wunsch nach dem Garten über die unbestimmte historische Neugier. Denn wir hätten alle unsere Wildheckenbüsche wieder ausrupfen und das Gemüsebeet noch einmal um- und umkrempeln müssen – und wohin mit all der Erde? und welcher Matsch und welches Chaos! – und wer weiß, ob wir am Ende überhaupt auf etwas gestoßen wären, das die erneute Zerstörung gerechtfertigt hätte.

Allerdings sammelte ich, während W. grub und grub, mit goßem Eifer eine Reihe interessant aussehender Knochen, die ich in einer großen Blechkiste sorgfältig verwahrte. Ich war sehr enttäuscht, als ein Freund behauptete, es seien bloß Rinderknochen.

Die Sprache der Hühner

NUN geht auch der zweite Sommer allein zu Ende. Ich gestehe, ich fürchte mich noch immer vor dem Beginn einer jeden neuen Jahreszeit.

Wenn ich müßig durch das Dorf gehe, bleibe ich manchmal hier und da stehen und rede mit mir selbst: Schau mal an, der Brunnen vor der Bäckerei stammt von 1868, da war also Fridolins Anna Maria gerade zehn Jahre tot. Ich betrachte das Kruzifix, vor dem das Lisbethle so großen Respekt hatte, und stelle fest: errichtet 1887, soso, das hat also der German noch gesehen, im Jahr, bevor er Frau und Kindern zu früh entrissen wurde. – Aber sonderbarerweise kann ich mich bei manchen kleinen Dingen in meinem Leben nicht mehr genau erinnern, ob sie vor oder nach W.'s Tod stattfanden. Hat er eigentlich die Wildrose noch blühen sehen? Hat er noch mitbekommen, wie die Häuser im Oberdorf abgerissen wurden?

Ich habe während dieses Sommers so vor mich hingelebt, in den Tag hinein. Die Schmerzen waren erträglich. Ich weiß immer noch nicht wofür, aber ich habe viel im Garten geackert, habe das Unkraut gezupft, gehackt und gejätet, ich habe gesät und jetzt ernte ich. Hundertundzwei gute lagerfähige Äpfel trägt unser kleiner Baum in diesem Jahr, ohne daß ich ihn gespritzt hätte, und sicher waren es noch einmal so viele wurmstichige Falläpfel, die ich auf der Stelle gefuttert oder fortlaufend zu Kompott verarbeitet habe – Eierkuchen aus frischen Eiern mit frischem Apfelmus, ein leichtes spätsommerliches Abendessen. Am Birnbaum, den wir zu W.'s letztem Geburtstag pflanzten, hängt eine einzige, seine allererste Birne, riesig, saftig, köstlich wächst sie aus Herrn von Ribbecks Grab.

Vielleicht hatte ich ja auch den Hochmut der Glücklichen, und dies war die Strafe dafür.

Werde ich in diesem Haus alt werden? Werde ich hier sterben? Ich denke an die alte Frau Mayer, die letzte, wenn auch nur angeheiratet, am Ende einer zweihundertjährigen Familiengeschichte. Maria Mayer, geborene Winterhalter, die in ihren Siebzigern die Treppe zum ersten Stock herunterfiel und den Oberschenkelhalsknochen brach. Auch ich bin schon auf diesen Stufen gestolpert. Vielleicht werde ich mich eines Tages wie sie, vor Schmerzen stöhnend, am Fuß dieser Treppe zusammengekrümmt finden und immer wieder das Bewußtsein verlieren, während ich versuche, mich so dicht an die Vordertür heranzurobben, daß ich sie einen Spalt weit öffnen und die Nachbarn zur Hilfe rufen kann. Dann werde ich mich an das Elend der alten Frau Mayer erinnern, die allerdings das Lisbethle hatte, das mit einer Botschaft nach nebenan geschickt werden konnte, wenn es auch zur Pflege nicht taugte, so daß die beiden das Haus verlassen mußten, um nie wieder zurückzukehren.

So, als sei nichts geschehen, vergehen die Tage des Sommers. Morgens erwache ich vom Krähen des Hahns und finde mich allein. Früher weckte mich das Angelusläuten der Kapelle, heute ist es häufiger Jonathan, der den Heiligen Barbara und Rosalia einige Minuten zuvorkommt. Wenn ich mich dann vorsichtig unter der Decke rühre und in die Dämmerung blinzele, erscheint Klio, eine schwarze Silhouette mit hochgerecktem Schwanz, in der Fensteröffnung und plumpst mit einem fordernden Miau ins Zimmer hinein. Aufstehen! Sie, die nachts lautlos kommt und geht, die ich nur manchmal im Halbschlaf als schnurrendes tröstliches Gewicht bei meinen Füßen fühle, kennt um diese Stunde keine Rücksicht mehr. Aufstehen! Zeit für unser Futter! Wuchtig spingt sie zu mir aufs Bett, während Kaspar sich abwartend an der Fensterscheibe entlangdrückt.

Jonathan, mein stolzer Hahn, ist mit fünf Monaten zum Mann geworden. Von einem unscheinbaren mageren Hähnchen, das seiner Schwester, der Schwarzen Susanne, um ein Haar glich, hat er sich in den Sommermonaten zu einem strammen Burschen gemausert, mit schwarz-grün-türkis schimmerndem Federkleid, leuchtend rotem Kreuzkamm und üppigem Kehllappen, kraftstrotzend, samt dem dazu passenden majestätischen Stimmorgan.

Vergangene Woche schien mir, als hörte ich ihn nachts gegen drei Uhr ein paar mal verhalten krähen, gedämpft durch den Hühnerstall und die Scheune. – „Das kann doch nicht dein Ernst sein, Jonathan!“ sagte ich, mich im Bett aufsetzend, „um kurz nach fünf hast du deinen ersten Einsatz!“ Dann fiel mir das Datum ein: der Sechsundzwanzigste, und ich dachte: Ob er mich wohl noch einmal an die Stunde von

W.'s Tod erinnern wollte? Aber vielleicht habe ich mir das alles nur im Traum eingebildet.

Dann und wann kommt noch Post für W., meistens Drucksachen und Bitten um Spenden. Manchmal berührt mich von hinten ganz sachte eine Hand, wenn ich in der Scheune an seinem spinnwebenüberzogenen Fahrrad vorübergehe. Ja, W., ich weiß, daß du noch da bist. Du wirst immer hier wohnen, wenn auch unsichtbar, atmosphärisch verdünnt, aber nichtsdestotrotz für immer präsent. Der kleine Lukas von schräg gegenüber zeigte mir neulich auf der Straße seinen neuen Windvogel und erklärte dabei unvermittelt: „Der W. kann ja im Himmel noch höher fliegen, und er fällt zwischendurch nicht immer wieder runter wie mein Drachen." – Daß er sich überhaupt noch an ihn erinnert, mit seinen sechs Jahren.

Meine kleinen Hühner zeigen mir das Vergehen der Zeit. Als ich sie im Mai bekam, waren sie gerade taubengroß, jetzt sind sie stämmiger und korpulenter als die beiden vierzehn Wochen älteren Legehennen. Alle zusammen, die Alten Erdmuthe und Bilhildis, die Jungen Belinda, Genoveva und Heloise legen mir täglich im Schnitt fünf Eier. Das wird nun bald weniger, wenn der Winter kommt. Gegenwärtig hat nur die Schwarze Susanne ausgesetzt, sie will nämlich ins Brutgeschäft gehen. Zur Unzeit ist sie glucksig geworden, jetzt da ein allerdings noch herrlich warmer September sich seinem Ende zuneigt.

„Nein, Susanne", sage ich und hebe sie aus dem Legenest, „Schau, hier ist der Futternapf, bewege dich, friß: Es ist jetzt nicht die richtige Zeit für Küken. Außerdem bist du selber noch viel zu zart und schmal, geh raus zu den andern und sieh, daß du erst mal was zwischen die Rippen bekommst – im Frühjahr darfst du dann brüten. Glaub mir, du würdest sie nicht großkriegen, bevor der Winter kommt!" – Doch bei meinem nächsten Besuch im Hühnerstall hockt Susanne schon wieder im rechten unteren Legenest, aufgeplustert, und gibt uneinsichtige kollernde Laute von sich, hackt auch vage mit dem Schnabel nach meinen Fingern. „Ich will aber jetzt brüten", heißt das, „laß mich zufrieden." Und ich bin wider Willen gerührt und denke an einen kleinen Kükenstall, den ich im nächsten Frühling bauen will, mit einem mobilen Mini-Auslauf. „Aber erst im Frühjahr, hörst du!" Vielleicht könnte ich auch irgendwann Hasen und einen Esel halten.

Vor kurzem hatte ich die Rote Vogelmilbe im Stall, die mich das Fürchten lehrte. Kleine wabernde Dreckhäufchen, schwarz-silbrig, auf der Auflagefläche der Sitzstangen, das waren die Millionen von Eiern, und ein paar verirrte winzige zwei Millimeter große rote Krabbeltiere auf meiner Haut die Vogelmilben selbst. Ich bemerkte den Schädlingsbefall, weil Erdmuthe kränkelte. Sie war eines Abends draußen geblieben, nachdem die anderen in der Dämmerung in den Stall geflattert waren; es fiel mir auf, als ich das Licht löschen wollte und die Stange entlang die Häupter meiner Lieben zählte. Da ging ich sie mit der Taschenlampe suchen, fand sie im Dunklen in der Ecke unter dem Hasel hocken und erkannte mein vorwitzigstes Huhn nicht wieder. „Du krankes Hühnchen", sagte meine Mutter manchmal früher zu uns Kindern, und als ich Erdmuthe sah, wußte ich warum: gesenkter Kopf, hängende Flügel, ein Bild des Jammers. Ich trug sie auf dem Arm in den Stall. Am nächsten Morgen wollte sie nicht fressen und blieb wieder in einer Ecke hocken.

Bei genauerer Inspektion des Stalls fand ich dann die Roten Vogelmilben. Sie vermehren sich bei großer Hitze ungeheuer schnell; sie hocken, eine Invasion des Schreckens, tagsüber in den Holz- und Mauerritzen und stürzen sich nachts zu Tausenden auf die armen Hühner, saugen ihr Blut, so daß sie matt und anfällig werden. Ein Blick in meine kleine Hühnerbibliothek reichte, um das Übel zu benennen, und ruckzuck hatte ich mir ein Anti-Parasiten-Spray bei der

Tierärztin besorgt. Aber ich brauchte zwei Tage à acht Stunden, um den ganzen Stall auseinanderzunehmen, die Fußbodendielen, das Stangengerüst, die Hühnerleitern und die Legenester gründlich zu reinigen und alles mit Kalk zu streichen. – Am unangenehmsten war die Stunde, in der ich mich vor dem Stall herumdrückte und dachte: Ob es vielleicht reicht, nur das Gerüst sauberzumachen? Oder das Gerüst und die rechte Wand? Als ich mich aber einmal entschlossen hatte, den Teufel zu verschlingen, war es eine sommerliche Beschäftigung wie manche andere.

„Ist Ihnen mal aufgefallen, wie die Hühner trinken?" fragt die ältere Nachbarin, die sich um meine Tiere kümmert, wenn ich fort bin. Natürlich; sie nehmen einen Schluck, rucken mit dem Hals und legen den Kopf in den Nacken. „Keinen Tropfen Wasser trinkt das Huhn / ohne einen Blick zum Himmel zu tun", zitiert sie, „das sagte man früher so."

Inzwischen verstehe ich mich ein bißchen auf die Sprache der Hühner.

Ihr Triumphgegacker, wenn sie Vollzug melden: Ich hab' gelegt! Ein Ei! Ein Ei!, und wie die anderen Hennen sich einmischen: Ich auch! Ich auch! oder vielleicht heißt es: Gib doch nicht an! Kann ich auch! Kann ich auch! Ich kenne ihre Nörgelgeräusche, wenn sie sich langweilen und zänkisch herumzergeln, ihr Gezeter, wenn sie dem lüsternen Hahn davonrennen, der alle seine Damen mehrmals täglich zu beglücken versucht, ihr Gekreisch, wenn sie ihn Sekunden später, nach vollbrachter Tat, abschütteln. Sobald ich aus der Hintertür trete, stimmen sie einen freundlichen kleinen Chorgesang an; sie haben mich gehört, sie machen auf sich aufmerksam. Bring uns etwas Besonderes, außerhalb der Reihe, etwas Leckeres, singen sie, wie wäre es mit Resten von deinem Mittagessen, auch ein paar frische Salat- oder Mangoldblätter wären nicht schlecht. Hast du nicht noch ein bißchen Käserinde oder altes Brot? Wann immer ich mich dem Gatter des Hühnerhofes nähere, stürmen sie mir flügelschlagend, mit begeisterten Schlachtrufen, entgegen, die sich, wenn ich ihnen wirklich etwas bringe, in ein Gurgeln der Genugtuung verwandeln, das sich am besten mit: Na also! Endlich! übersetzen läßt, mit Sieh mal an! Also doch!

Bleibt abzuwarten, ob die Nachbarschaft Jonathans imperiales Krähen duldet. Ich bange für ihn und für mich. Denn wenn Jonathan in den Topf muß, muß ich ihn schlachten, und ich fürchte mich vor dem ersten Mal. Aber irgendwann muß ich ran, denn es ist verlogen, Hähnchenbrustfilets aus der Fleischtheke zu kaufen, sauber abgepackt und von Blut gereinigt. Ich könnte mich höchstens zur konsequenten Vegetarierin entwickeln – aber ist der Tod nach Krankheiten und Altersschwäche, durch Fuchs, Marder oder Raubvogel für ein Huhn wirklich so viel angenehmer als der rasche Schlag auf den Hinterkopf und der feste Hieb mit dem Beil? Meine Hühner sollen zwei schöne Sommer lang gut leben und wenn ihre Zeit gekommen ist, möglichst schmerzlos sterben.

Meine Sommerpause geht dem Ende zu. Ich muß bald wieder viel reisen. Ich habe Weintrauben von der eigenen Rebe geerntet, die wir noch zusammen pflanzten, zum Üben für W. – „damit du schon weißt, wie es geht, wenn du nach der Pensionierung deinen Weinberg pachtest." Fünf Kilo blaue Trauben an der Bruchsteinmauer der Vordertreppe in der südlichen Sonne gereift. Die Tomaten brauchten in diesem Jahr lang und schmecken erst seit dem August wirklich gut; es gibt noch reichlich Bohnen, weil ich die letzte Abteilung zum spätest möglichen Termin legte; es war ein gutes Gurkenjahr, doch die Gurken sind längst gefuttert, auch die Zucchini gehen jetzt dem Ende zu, während die Mangoldpflanzen mir noch unermüdlich, Woche für Woche, ein bis zwei Gemüsemahlzeiten produzieren, den ganzen Sommer hindurch, bis zum ersten Frost. Auf den frei gewordenen Beeten ist schon Feldsalat und Spinat für das Frühjahr gesät.

Der Sommer geht zu Ende. Ich vermisse die kesse kleine Koriander, die sich gern in den schmalen Zwischenraum zwischen dem Zaun des Hühnerhofes und dem Zaun zum Nachbarn zwängte; dort saß sie stundenlang und schaute fasziniert den Hühnern zu, die umgekehrt überhaupt keine Notiz von ihr nahmen. Nun hat auch Koriander das Haus verlassen wie acht Wochen vor ihr schon Thymian und Ysop; ich vermisse ihre abendlichen Dribbelübungen mit einem Weinkorken unter dem Schopf. Jetzt bin ich wieder allein mit Katz und Kater, Kaspar und Klio, die nebeneinander auf dem Deckel des Regenfasses in der Abendsonne dösen, als posierten sie für ein Landhaus-Foto.

Ich habe vor kurzem wieder von W. geträumt; ich träumte, ich säße am Schreibtisch und blätterte in einem Reisekatalog. Es gab darin wundervolle Fotos von südlichen Landschaften, vielleicht war es auch gar kein Katalog, sondern eines unserer Fotoalben von den Ferienreisen. Ich war schrecklich traurig, weil ich all das nie mehr mit W. zusammen sehen würde; ich saß an meinem Schreibtisch, blätterte die Seiten um und weinte. W. war auch da; obwohl er schon gestorben war und wir beide wußten, daß er tot war, lehnte er gegen den Schreibtisch und schaute mir über die Schulter zu. Er war da, ich konnte mit ihm reden, aber nicht mehr mit ihm verreisen. Er sagte freundlich: „Mach es mir nicht noch schwerer, als es ohnehin schon ist!“ Und ich dachte: „Er hat recht, du mußt mit dem Heulen aufhören, damit es nicht so traurig für ihn ist.“

Auch das Haus erscheint mir manchmal noch wie ein Ort, den ich bloß geträumt habe, besonders jetzt, wo es ein bißchen eingewachsen ist. Werde ich je so abstumpfen, daß ich seine verträumte Schönheit nicht mehr wahrnehmen kann? Im ersten Jahr bewegte ich mich oft rückwärts die

Straße herunter, wenn ich fortging und mich unbeobachtet fühlte, damit ich das Vergnügen des schönen Anblicks zweimal genießen konnte, beim Gehen und beim Kommen.

Ich habe jetzt eingewilligt in das Vergehen der Zeit. Natürlich ist mir bekannt, daß sie auch ohne meine Zustimmung vergeht, aber es läßt sich leichter ertragen, seit ich mich nicht mehr gegen die Vergänglichkeit stemme.

Ich weiß nicht, was das Leben noch mit mir vorhat. Ob ich doch das Haus werde verkaufen müssen, eines Tages. Vielleicht werde ich eines Tages meine Hühner eins nach dem andern schlachten und aufessen und fortziehen müssen, irgendwohin, um etwas Neues zu beginnen und anderswo zu sterben.

Advent

DER Herbst war so merkwürdig auf und ab. Es begann mit dem Rippenbruch, der aber, als W.'s ärgste Schmerzen vorüber waren, auch seine freundlichen Seiten hatte: daß er nämlich häufiger zu Hause war als sonst um diese Jahreszeit. Im stillen dachte ich: Von mir aus könnte er seinen Beruf aufgeben – so angenehm war der geteilte Alltag.

Dann fiel das Birnbaumfest ins Wasser, was W. noch mehr als mich betrübte – aber dafür gewannen wir das seit langem schönste und intensivste Wochenende mit den Kindern.

Nicht nur der September, auch der Oktober brachte noch längere Phasen von strahlendem Hochdruckwetter. Das letzte Gartenfrühstück des Jahres fand an einem sonnigen Novembersonntag statt, am kleinen Tisch unter dem immer noch belaubten Apfelbaum, rosa Tischtuch, ein Chrysanthemenstrauß, ringsum blühten noch Tagetes, Herbstastern, Margeriten. So zeigt es das letzte Foto, das ich von ihm gemacht habe. Die ersten Fröste kamen spät in diesem Jahr, und unser Innenhof war ein geschützter Raum.

„Bleiben die Störche nach Bartholomä / kommt ein Winter, der tut nicht weh."

Doch dann kamen Dinge, die weh taten. Wir waren zum Martinsgans-Essen geladen; W. traf leicht verspätet aus Bonn ein, grau und müde. „Das übliche?" fragte ich ihn. Er wühlte ohne Appetit mit der Gabel im Rotkohl. Ein Kollege aus dem aufgelösten Bonner Institut, den man „abgewickelt", also entlassen habe, hatte sich im Keller seines Einfamilienhauses aufgehängt; die halbwüchsige Tochter hatte ihn gefunden. W. kannte den Mann nicht näher, aber es ging ihm lange nach.

„Wie gut, daß ich eine Gegenwelt habe, die trägt."

Er nahm jetzt öfter wieder Mitte der Woche seinen freien Tag, der in beruflichen Streß-Zeiten meist geopfert worden war, obwohl W. nur eine vier Fünftel-Stelle innehatte. Ich träumte, unser Haus ginge in Flammen auf; wir standen dabei und sahen, wie geschwinde kleine Flammen an Öl- oder Benzinadern entlangzüngelten, die kreuz und quer über das Grundstück verliefen.

Dann wieder gute Nachrichten. Er rief von einer Reise an: Es sieht jetzt so aus, als würde ich dem Institut in Darmstadt angegliedert. Er klang erleichtert und erfreut. Die Vorgespräche waren befriedigend verlaufen, es fehlten anscheinend nur noch ein paar Formalien. Er war wieder zuversichtlich. Das könnte überhaupt die beste Lösung sein; vielleicht ließe es sich sogar mit einem Computer-Arbeitsplatz zu Hause verbinden. Auf jeden Fall würde es ihn unabhängiger vom Freiburger Institut machen, wo sein ungesicherter künftiger Berufsstatus bereits zu subtilen Diskriminierungen führte: Erst hatte man ihn von einem größeren in ein kleineres Zimmer komplimentiert; nun sollte er in ein anderes Stockwerk ausweichen, in ein mit einem Kollegen geteiltes Büro.

Er war körperlich längst wieder fit und bewegte sich wie vorher. Er radelte nicht nur täglich seine zweiundzwanzig Kilometer zur Stadt und zurück, sondern er mußte auch mich schon wieder zu einer für meine Verhältnisse viel zu langen Fahrradtour überreden, an einem Novembersonntag über die Dörfer nach Süden, den alten Rheinarm entlang, das Vogelschutzgebiet in den malerischen Pastelltönen des Spätherbstes, immerhin 60 km, so daß ich mit Muskelkater und zwei Tage lang schmerzendem Hinterteil zurückkehrte.

Dann sagte er: „Ich wundere mich, daß ich immer noch nichts von Darmstadt gehört habe. Ich werde heute mal eine e-mail schicken."

Die Absage traf ihn völlig unerwartet. Es war doch schon fast perfekt gewesen. Ihm war unklar, wer da hinter den Kulissen welche Fäden gezogen hatte – wenn er es sich hätte erklären können, wäre es vielleicht weniger kränkend gewesen. „Sie wollen mich nun also doch nicht." Er kam mit dieser Nachricht früher als gewöhnlich nach Hause, vor allem daran merkte ich, wie tief es ihn getroffen hatte. Er war meistens sehr ruhig in Krisen und redete sehr vernünftig, so daß es zunächst scheinen konnte, als könne er Unangenehmes einfach wegstecken. Aber das täuschte; die Rückstöße kamen mit zeitlicher Verzögerung.

„Nun ist also eingetreten, was ich verhindern wollte: Ich stehe als eine Art Sozialfall da." Er war jetzt auf die Intervention des Freiburger Institutsleiters angewiesen, eine Abhängigkeit, die ihn bedrückte.

In den ersten Dezembertagen trennte sich der Apfelbaum von seinen Blättern. W. beschäftigte sich in seiner freien Zeit am Wochenende mit dem Hausmuseum. Stundenlang räumte er in der Scheune, im rückwärts gelegenen zugigen Stall. Er zimmerte Regale aus alten Brettern, auf denen er unsere Ausgrabungsfunde arrangierte; er legte dort ein unregelmäßiges Steinpflaster in den Erdfußboden. Wir heizten jetzt abends immer den Ofen ein und lasen viel, beide immer noch Fontane; ich hatte mir noch einmal

„Effi Briest" vorgenommen, W. las „Unwiederbringlich". Manchmal klebte er auch Fotos ein; er hockte am Eßzimmertisch, um sich herum all die bunten Bilder des Sommers gebreitet, und er nahm sich viel Zeit, jede Seite kunstvoll zu gestalten. Bevor wir zu Bett gingen, mußte ich sie alle einzeln bewundern.

Der erste Schnee fiel und blieb ein paar Tage auf den Schwarzwaldhöhen liegen. Wir wanderten mit einem befreundeten Paar durchs Weiße, genossen die Verzauberung, die Verfremdung, sackten schon knöcheltief ein und trockneten anschließend unsere nassen Socken beim abendlichen Glühwein. W. schien wieder leichter und freier mit seiner Situation umzugehen. Er erzählte den Freunden von einem berühmten Bonner Kollegen, inzwischen ein älterer Mann, der vor zwei Jahrzehnten irgendetwas Bahnbrechendes in der Informatik erfunden hatte. Nach außen hin habe er sich einen Namen gemacht, nach innen sei er aber schon so gut wie gestorben, er lebe auf einer Art wissenschaftlichem Altenteil, isoliert und von allen gönnerhaft belächelt, ein Relikt, das niemand mehr ernst nehme.

Als es auf Weihnachten zuging, verkroch sich W. viel im Haus, und das Haus tat ihm sichtbar gut. Ich hatte im November meine Terminarbeit abgeliefert und endlich etwas Zeit für Muße, zum Plätzchenbacken und Briefeschreiben. Ich freute mich auf Weihnachten. Für die Feiertage hatten wir die Großfamilie geladen, meine Schwestern und Schwager und sämtliche Neffen und Nichten, die auch vor zwei Jahren zu unserem Einzug hier gewesen waren. W. setzte allen Ehrgeiz daran, nach der Scheune, dem Stall und dem Keller auch das Hausmuseum zu Weihnachten fertig zu bekommen. Vor zwei Jahren hatte das Fest gewissermaßen auf der Baustelle stattgefunden; die Gäste mußten sich sogar das Essen selbst mitbringen. Dieses Mal sollte es anders sein: ein großes, üppiges, ruhiges, altmodisches Weihnachtsfest; ich würde ein barockes Menü kochen, ein Kontrast zu dem improvisiert zigeunerischen Einzugsweihnachten.

In der ersten Adventswoche hielt ich den letzten Vortrag dieses Jahres, in einer Nachbarstadt, nur eine Zugstunde entfernt. W. wollte mich abends am Bahnhof abholen. Die Veranstalterin bot an, mich im Auto mit nach Freiburg zurückzunehmen; es war ohnehin später geworden als geplant. Ich sprach W. diese Nachricht auf den Anrufbeantworter. „Ich nehme dann vom Bahnhof den Bus, du brauchst nicht noch einmal los in die Kälte.“ Dabei hatte ich mir nicht klar gemacht, daß er zum Zeitpunkt meines Anrufs schon unterwegs sein mußte. Das wurde mir auch nicht gleich bewußt, als ich zu Hause eintraf. Zuerst wunderte ich mich nur, daß er mich nicht an der Bushaltestelle abholte, dann fand ich die Haustür verschlossen, das Wohnzimmer erleuchtet – aber keinen Zettel, nirgendwo eine Botschaft. Während ich noch herumwanderte und nach Zeichen suchte, hörte ich den Kies knirschen; W. kam vom Bahnhof zurück. „Wo warst du?“ riefen wir uns gegenseitig entgegen.

Wir hatten uns verpaßt, kein Weltereignis, obwohl das bei unseren vielen und oft auch recht abenteuerlichen Verabredungen selten der Fall war. Sonderbar war nur, daß W. so aufgebracht war, regelrecht zornig, was ich überhaupt nicht verstand. Er habe auf dem zugigen Bahnhof gestanden und gewartet, ich hätte doch versprochen anzurufen, wenn es wider Erwarten länger dauern würde. Er habe noch zwei Züge abgepaßt; dann sei er völlig ratlos gewesen. Er habe sich große Sorgen gemacht. Er hätte ja gar nicht gewußt, wo er mich hätte suchen lassen sollen, wenn mir nun etwas passiert sei. Was er der Polizei hätte sagen sollen.

Gewöhnlich machte W. sich keine Sorgen. Die übertriebenen Sorgen waren eher meine Angelegenheit. Ich war schon mal bänglich, wenn es abends bei ihm spät wurde, wenn er im Dunklen von der Stadt zurückradelte, über unbeleuchtete Wald- und Heckenwege, zumal ich seine Neigung kannte, immer neue Routen auszuprobieren. Aber W. war sonst ganz unbekümmert in den Dingen des alltäglichen Lebens; er nahm nie den schlimmsten Fall an.

Sein unerwarteter Zorn verdeckte eine merkwürdige Angst. „Ich überlegte schon, was ich den Leuten sagen sollte, wenn ich meine Reise morgen absagen müßte, weil du in der Nacht nicht wieder aufgetaucht wärst." Woher kam seine Angst, diese Unruhe?

Am Wochenende vor Weihnachten feierten wir unser Zweijähriges: zwei Jahre im Haus, zwei Jahre im Dorf, zwei Jahre neues Leben. Wir feierten es mit einem Waldspaziergang im Schnee, es waren am Vortag fünf bis zehn Zentimeter gefallen, die eigens für uns auf den Hügeln noch ein wenig liegenblieben. Wir zogen am Spätnachmittag los, nach den üblichen Samstagsarbeiten, als es schon dunkel war. Im Wald schimmerten die Wege hell, und wir waren in feierlicher Stimmung. Erst hüpften wir albern im unberührten Schnee herum, zeitweise gingen wir Hand in Hand und sangen Weihnachtslieder. „Nun ist für uns eine Zeit angekommen, die bringt uns eine große Freud." Dann kamen, wie von selbst, die bilanzierenden Gespräche. „Es grenzt wirklich an ein Wunder, daß wir das mit dem Haus hingekriegt haben", sagte W., und irgendwie werde es auch mit seiner Stelle im neuen Jahr weitergehen. – „Bestimmt. Denn du hast es immer irgendwie geschafft", sagte ich ihm. Er war eine Weile nachdenklich und redete dann wie vor sich hin: Äußerlich habe er sicher nicht die ganz große Karriere gemacht, aber eigentlich könne er doch mit seiner beruflichen Entwicklung zufrieden sein. „Wenn man bedenkt, woher ich komme", sagte er, Bauernsohn, und niemand in der Familie hatte studiert, niemand hatte ihm in Kindheit und Jugend die Wege geebnet. Dann sagte er noch etwas, das mich zutiefst rührte: „Außerdem rechne ich es zu meinen Lebenserfolgen, daß ich dich bekommen habe und halten konnte." Auch ich sagte ihm im Gegenzug, wie gut ich es mit ihm getroffen habe. Er schien mir übrigens auf diesem Gang keineswegs mutlos, sondern eher aufgekratzt. Als wir nach unseren schönen Gesprächen und schrägen Gesängen aus dem Wald herauskamen, fuhren wir noch zum Griechen, aßen Gyros und tranken Retsina; später kehrten wir angeheitert und wirklich guter Dinge nach Hause zurück. Das war am Vorabend des vierten Advent.

Er wollte eigentlich die ganze Woche vor Weihnachten Urlaub nehmen, mußte aber dann doch noch an zwei Tagen ins Institut, u.a. zu einer Besprechung seiner beruflichen Zukunft mit dem Institutsleiter. An diesem Tag waren wir zur Mittagspause auf dem Markt beim Münster verabredet, um dort eine lange rote Wurst zu essen; er wollte mir sofort Bericht erstatten. Er kam höllisch verspätet, im Laufschritt daher, blaß im Gesicht. „Er hat mich erst einmal so richtig fertiggemacht. Keiner will dich mehr, hat er gesagt, du bist doch längst out, out, out!"

Es war vielleicht nicht das einzige, was W. erzählte, es war aber das, was ich behalten habe. Ich empfand augenblicklich einen großen Haß auf diesen Mann, ich hätte ihn hier und jetzt zusammenschlagen können. Aber W. schien weder wütend noch zerschmettert – er stand da und betrachtete seine Bratwurst, als sei sie gar nicht da. „Was für eine Unverschämtheit!" stieß ich hervor. „Er hat mir aber auch gesagt, er wolle sich für mich einsetzen, daß ich weiter hier bleiben könnte." Es macht wohl besondere Freude, sich als jemandes Retter aufzuspielen, wenn er vorher am Boden liegt und man noch ein bißchen auf ihm rumgetrampelt hat. „Er will versuchen, noch vor Weihnachten mit dem Vorstand zu telefonieren, um etwas zu erreichen."

„Mußt du heute noch ins Institut?"

„Nein. Ich denke, ich fahre jetzt mit dir nach Hause“, sagte er still.

Sein Zustand war mir unbegreiflich. Ich an seiner Stelle hätte gewütet, getobt, meinetwegen auch gejammert – er war wie jemand, dem man einen Arm abgerissen hat, er stand da und blickte auf die Stelle, wo der Arm war, anscheinend ohne Schmerz zu empfinden, nur verwundert.

Er hatte wenig Lust, zur Weihnachtsfeier seines Institutes zu gehen, aber wir kamen überein, daß er es wohl durchstehen müsse, und ich, die ich auch geladen war, begleitete ihn, voller Wut und Widerwillen, lauter weihnachtlichen Gefühlen, hinter einer Fassade des Lächelns versteckt. „Wenn wir das hinter uns gebracht haben, beginnt Weihnachten.“

Wir brachten es hinter uns. Die Ferien begannen. W. übernahm das Einkaufen fürs Fest, verbrachte aber sonst seine Tage im Hausmuseum, auf allen vieren auf der feuchten Erde, den Steinfußboden legend. Er arbeitete vor sich hin, und ich merkte, daß es ihm half, Distanz zu gewinnen. Aber er arbeitete ohne die Begeisterung und den freudigen Stolz, den er noch im Sommer bei vergleichbaren Tätigkeiten zur Schau getragen hatte. Es war wohl mehr, um sich an etwas festzuhalten. Gut, daß er das hat, Haus und Hof, dachte ich, gut, daß erst mal Ferien sind.

Ich buk Makronen, Spekulatius, Heidesand, kleine Florentiner und Spritzgebäck. Es war übrigens scheußliches Wetter in dieser Vorweihnachtswoche. Nach dem kurzen Kälteeinbruch und dem ersten Schneefall Mitte Dezember hatte das typische Weihnachtstauwetter eingesetzt, Schmuddelwetter, regnerisch, grau, zu mild. Wir warteten immerfort sehnsüchtig darauf, daß es wieder kälter würde, wir wollten doch Weihnachten mit der Familie oben im Schwarzwald schneewandern und Schlitten fahren. W. war ein wenig erkältet und schniefte, was Wunder, dachte ich, das Wetter und die ganze andere Scheiße. Zwischendurch brachte ich ihm mal eine Tasse Kaffee, mal Tee in den Stall in der hinteren Scheune, an seinen selbstgewählten Arbeitsplatz, wo er sich verkrochen hatte. Im Laufe der Woche, auf Weihnachten zu, schien er sich wieder aufzurappeln.

Am Tag vor Heiligabend war auch das Hausmuseum fertig. „Ich bin nur so lahm und müde, ich werde schon die ganze Woche nicht richtig wach", sagte er.

Weihnachten

DIE Zeit mit ihm ist noch ganz wirklich. Die Zeit ohne ihn ist inzwischen auch wirklich. Aber sein Sterben wird immer unwirklich bleiben.

Wir sind am ersten Weihnachtstag kurz nach Mitternacht zu Bett gegangen. Wir kuscheln uns aneinander wie immer, ich rolle mich um seinen Rücken, schiebe mein linkes Bein zwischen seine Beine und meine linke Hand in seine Achselhöhle und tunke meine Nase in die wohlriechende Haut zwischen seinen Schulterblättern, wie immer, und ahne nicht, daß ich all dies zum letzten Mal tue und schlafe sofort ein. Um kurz vor zwei werde ich wach, weil ich seine Unrast neben mir fühle. „Was ist?" Er wälzt sich unruhig hin und her. „Ich hab so Schmerzen." „Soll ich dir einen Kamillentee kochen?" Ich dachte, er hätte zuviel gegessen. –

Wir hatten zuviel gegessen. Das war meine Schuld, ich hatte tagelang gekocht, ich wollte doch ein barockes Menü mit vielen Gängen: marinierter Fisch, russischer Borschtsch, Salat, gefüllte Babypute mit buntem Reis, Wildschwein mit Rotkohl, zum Nachtisch Preißelbeergefrorenes und Pflaumen in Rotwein, doch er hätte ja nicht von allem nehmen müssen, die anderen hatten auch ein bißchen gestöhnt, aber lustvoll. „Du hast wie immer zu viel gekocht", sagte er, etwas mißmutig, bevor wir zu Bett gingen.

„Wie fandest du es?" fragte ich ihn, als wir untergehakt nach Hause gingen, wir hatten die beiden Schwestern und ihre Männer in die Pension gebracht, fünf Minuten, um die Ecke, ein bißchen frische Luft tut gut nach der Fresserei, und als wir zurückkamen, sah das Haus märchenhaft aus in der Winternacht. Ringsum war in der Nachbarschaft schon alles dunkel, nur bei uns leuchteten sämtliche Fenster, Sterne aus rotem und blauem Transparentpapier klebten an den Wohnzimmerfenstern, warmes Licht strömte aus den Luken des Spitzgiebels, wo die Neffen und Nichten ihr Lager aufgeschlagen hatten. „Wie fandest du es?" „Schön. Aber du hast wie immer zu viel gekocht." Wir blieben kurz stehen, aneinandergelehnt, betrachteten das feierlich erleuchtete Haus mit Wohlgefallen. „Wie schön es ist!" Jetzt schnell ins Bett. Hoffentlich wird es morgen kälter, hoffentlich schneit es. Morgen will noch meine jüngste Schwester mit ihrem Mann und den drei kleineren Kindern kommen; hoffentlich können wir dann oben im Schwarzwald schon Schlitten fahren.

Er hatte in der Nacht zuvor schon einmal Herzschmerzen, das erwähnte er am ersten Weihnachtstag beiläufig. Wir hatten einen so schönen Heiligen Abend gehabt, einzig das Wetter war unerfreulich, viel zu warm, fast föhnig, dazu dieser unaufhörliche Nieselregen. Doch der Temperatursturz stand unmittelbar bevor, er wurde seit Tagen prophezeit, Kälte und Schnee.

In der Nacht zum Heiligen Abend träumte ich sogar von diesem Regen. Es hatte auch im Traum tagelag geregnet, ich wanderte mit W. eine Straße entlang, die schon ganz aufgeweicht war. Er war mir ein paar Schritte voraus, ich sackte bis zu den Knien ein und steckte plötzlich fest und rief ihn: W., hilf mir! Ich versinke! Er hatte eine kleine Treppe am Ende des Weges erreicht, ein paar Stufen, die zu einem Torbogen führten, der allein für sich mitten in der Landschaft stand. Er drehte sich kurz nach mir um, dann wandte er sich ohne ein Wort ab und schritt durch den Torbogen. Er ließ mich allein, ließ mich im Dreck stecken! Nur mit viel Mühe gelang es mir, meine Beine aus dem Morast zu ziehen, mit Hilfe einer fremden Frau, die vorüberkam. W. war verschwunden. Ein Alptraum. Im Erwachen dachte ich: Wieso? Wieso träume ich so was? Er hat mir doch in letzter Zeit nicht den geringsten Anlaß gegeben. Er läßt mich doch nicht hängen.

Es war sechs Uhr, ich stand auf, weil ich nicht wieder einschlafen konnte, und setzte mich an den Schreibtisch, um meine beklemmenden Gedanken zu sortieren. Wenig später kam W. in mein Zimmer marschiert und beschwerte sich: „Was ist denn das für ein Heiliger Morgen! Ich wache auf, und du hast dich aus dem Bett geschlichen! Schrecklich!" sagte er, „schrecklich, schrecklich! Ich träumte du wärst weg, dann wurde ich wach und war ganz beruhigt und streckte meine Hand nach dir aus – da warst du wirklich weg". Es sollte spaßig klingen, aber es schwang Ernst mit. – Wir krochen ins Bett zurück, wir wärmten uns aneinander, wir schliefen noch einmal ein.

Ich liebte jede Handbreit seines Körpers. Ich liebte seine Körperwärme und wie er mich nachts hielt. Als er gestorben war und ich den Rest der Nacht neben ihm lag, an seine Schulter gekuschelt, dachte ich, es ist nicht wirklich, es kann gar nicht wahr sein, denn er fühlte sich noch an wie immer, ich hörte auch kleine Töne aus seinem Inneren, wie ein leises Atmen, wie ein vorsichtiges Räuspern, das Gluckern seiner Magensäfte. Mehrfach wollte ich die anderen zusammenrufen: Wir haben uns getäuscht, gleich kommt er wieder zu sich. Erst gegen Morgen wurde er kühl wie eine Marmorstatue.

Wir gehen um kurz nach zwölf ins Bett, wir wachen um zwei Uhr auf. Ich denke erst, es handelt sich um eine normale Übelkeit: „Du hast zuviel gefuttert. Soll ich dir einen Kamillentee kochen?“ „Es ist nicht der Magen. Es tut hier weh.“ Er preßt die Hand in die Mitte der Brust. Er steht auf, geht zum Klo, ich folge ihm ratlos. Zurück im Bett fängt er an zu stöhnen, wirft seinen Oberkörper hin und her. Es ist also doch etwas Ernsteres; W. übertreibt selten; ich fange an, mir Sorgen zu machen. „Soll ich den Notarzt anrufen? Oder Walter wecken?“ Walter ist Arzt, der Mann meiner ältesten Schwester. „Walter wäre gut“, keucht er. „Ich fahre rüber und hole ihn, dann geht es schneller.“ „Nein. Dann bist du ja so lange weg.“

Da schrillen Alarmsirenen in meinem Kopf, ich renne in mein Zimmer, die Telefonnummer der Pension muß irgendwo herumliegen, ich finde sie nicht, meine Hände zittern und die Seiten des Telefonbuchs kleben aneinander, ich kann auf einmal das Alphabet nicht mehr, ich denke, schneller, schneller! Eine verschlafene Stimme meldet sich mürrisch, bitte, sage ich, der Schwager ist Arzt, mein Mann hat einen schlimmen Herzanfall! Ich stürze auf den Dachboden, die Köpfe der Nichten bewegen sich trunken in den Schlafsäcken, ich schüttele den ältesten Neffen, schnell, schnell, fahr Walter entgegen, hier ist der Autoschlüssel. Er fährt wortlos in seine Hose, automatisch, noch ohne wach zu sein, vielleicht sehe ich aus wie ein Gespenst. Ich renne wieder zu W., der seinen Oberkörper von links nach rechts wirft und von rechts nach links, kalkweiß im Gesicht, beide Hände in die Mitte der Brust gepreßt. Er hat die Bettdecke weggestrampelt, er liegt splitternackt, er wird sich erkälten, ich lege sie ihm über, er stößt sie wieder fort, ich laufe noch einmal zum Neffen, um ihm den Weg zur Pension zu erklären, ich stehe im Bademantel auf der Straße und rudere sinnlos mit den Armen, dabei wäre nur links, zweite wieder links zu sagen, aber ich schaffe es nicht, mir das vorzustellen, in Worte zu fassen. „Fahr einfach los. Er ist bestimmt schon auf der Straße.“

Zurück zu W., der erschöpft auf dem Rücken liegt. „Dagegen waren die Schmerzen gestern nacht ein Kinderspiel“, preßt er hervor, und schon geht es wieder los mit dem Veitstanz, dem Hin- und Herwerfen. „Versuch ganz ruhig durchzuatmen.“ Was für banales Zeug man redet, wenn man so furchtbare Angst hat. Ich kann den Anblick seiner Schmerzen nicht ertragen, ich möchte ihn anfassen und wage es nicht wegen der Wucht, mit der er die Decke weggestoßen hat, er kämpft gegen etwas Unsichtbares und braucht alle seine Kräfte, ich darf ihn nicht behindern; mir fällt nichts ein, als ihm in den Pausen einen nassen Waschlappen auf die Stirn zu legen. Sein Gesicht ist weiß wie ein Laken und voller Schweißperlen. „Versuch ganz ruhig durchzuatmen.“

Warum habe ich nicht daran gedacht, ihm ein Schmerzmittel zu geben? Wir hatten noch Novalgin da und Valoron, aus der Zeit nach dem Rippenbruch, ich Idiotin hätte wenigstens seine Schmerzen lindern können. Ich bin gar nicht auf die Idee gekommen, das nehme ich mir heute noch übel, vielleicht hätte es auch nicht mehr gewirkt. Vielleicht hätte ich mich über W.'s Wünsche hinwegsetzen und sofort den Notarzt rufen sollen.

„Das hätte ihn auch nicht gerettet“, sagte der Schwager. „Höchstens, wenn sie bei seinem Aufwachen schon mit voller Ausrüstung neben dem Bett gesessen hätten. Vielleicht nicht einmal dann.“

W. hatte auch ihm gegenüber auf dem Nachmittagsspaziergang die Herzbeschwerden der vergangenen Nacht erwähnt, ähnlich beiläufig. Dann hatte er ausführlich von seiner beruflichen Misere erzählte. „Er war eigentlich wie immer“, sagte der Schwager. „Man merkte schon, daß er ein bißchen bedrückt war“, sagte die Schwester.

Der erste Weihnachtstag war in schöner Muße angelaufen. Wir hatten lange geschlafen, im Bett geschmust, ausschweifend gefrühstückt. Dann legte ich noch einmal Hand an das

Abendmenü, während W. mit seinen Kindern, seiner Schwester und einem Freund telefonierte; ich hörte seine Stimme aus dem Wohnzimmer, während ich in der Küche wirkte; sie klang fast heiter. Er erzählte dem Freund zwar, daß beruflich alles noch ungeklärt sei; aber irgendwie werde er schon zurechtkommen. „Warum sagst du ihm nicht ehrlich, wie mies du dich in den letzten Tagen gefühlt hast?“ fragte ich, den Kopf um die Ecke steckend. Muß er schon wieder das Stehaufmännchen spielen! dachte ich.

Ich genehmigte mir einen weihnachtlichen Mittagsschlaf. Als ich wieder herunterkam, saß W. im Wohnzimmersofa und las, ich flegelte mich in das andere, gemütlich, die letzten ruhigen Augenblicke vor der großen Familieninvasion. Zwischendurch rannten wir alle halbe Stunde zum Außenthermometer, um zu schauen, ob die Temperatur endlich absank. Wir wollten doch endlich, endlich Schnee; ich wartete darauf wie auf eine Erlösung. Ein Teil der Großfamilie traf schon zum Nachmittagskaffee ein, und während ich auf den zweiten Satz wartete, ging W. mit den anderen spazieren, Bewegungshunger, trotz Dunkelheit und triefendem Nebel. Er sei auf dem Spaziergang im Matsch ausgerutscht und hingefallen, erzählten sie mir später. Der eingetrocknete Dreck klebte noch Monate nach seinem Tod am Ärmel seiner Jacke; ich mochte sie nicht ausbürsten.

Beim abendlichen Festgelage, das sich lange hinzog, waren wir zehn Personen. Vielleicht war es wirklich ein bißchen zu üppig; W. aß einigermaßen schweigsam vor sich hin, aber so war er gewöhnlich im Kreis der redseligen Familie. Nach dem Essen hatte ich mir Weihnachtssingen gewünscht, die anderen waren einverstanden, nur meine zweitälteste Schwester erzählte an einer langen Geschichte, die kein Ende nehmen wollte. Sie handarbeitete dabei, ihre Weihnachtsgeschenke wurden oft erst nach Weihnachten fertig, ihre Geschichte nahm immer neue Wendungen, alle waren ein wenig müde von der langen Fahrt, und ich wurde ungeduldig. Ich wollte unbedingt vor dem Schlafengehen noch singen, ich wollte ein Gefühl von Weihnachten, der beklemmende Schleier sollte zerreißen, den ich seit Tagen über uns fühlte. Bitte, endlich singen, jeder darf sich ein Lied wünschen! murrte ich. Sofort, gleich bin ich fertig, erwiderte meine Schwester gutmütig, sie ließ sich nicht aus der Ruhe bringen, und es folgte eine weitere Verästelung ihrer Geschichte. Aber schließlich sangen wir doch. W. wählte „Stille Nacht, heilige Nacht", ich wünschte mir „Nun ist für uns eine Zeit angekommen, die bringt uns eine große Freud." Anschließend suchten die anderen ihre Siebensachen zusammen, und W. und ich brachten sie hinüber in die Pension. „Wie fandest du den Abend?" „Schön, du hast nur wieder viel zuviel gekocht." Das Haus leuchtete warm in der Winternacht. Um kurz nach zwölf sind wir im Bett. Gegen zwei wachen wir auf.

„Versuch ganz ruhig durchzuatmen."

Ich habe das Zeitgefühl verloren, aber seit dem Anruf in der Pension sind erst zehn Minuten vergangen, als der Schwager ins Schlafzimmer stürmt. „Was machst du denn für Geschichten?" sagt er zu W., der bei seinem Anblick sichtlich erleichtert ist. „Hast du ein Aspirin, am besten eine Brausetablette", sagt der Schwager zu mir und „Sofort den Notarzt anrufen!" Ich bin froh, daß er die Regie übernimmt. Doch dann bringt das Telefonieren mich wieder zur Verzweiflung. Unter der Nummer der diensthabenden Notärztin läuft ein Band, das mich auffordert, mich an die ärztliche Notzentrale zu wenden, und dort ist eine unfreundliche Stimme, die wissen will, was mir fehlt, und mich dann auffordert, neben dem Telefon auf den Rückruf von Frau Doktor zu warten, die unterwegs sei, die man erst anpiepsen müsse, und als ich mit schriller Stimme inkohärent rede – kann doch nicht hier sitzen, muß doch zu ihm, bitte schicken Sie jemand, ganz schnell! –, noch eine Note unfreundlicher erklärt: Ob ich etwa glaube, ich sei die einzige, die an Weihnachten ein Problem habe?

Ich laufe zurück ins Schlafzimmer. „Hast du 110 gewählt?“ fragt der Schwager; auf die Idee bin ich gar nicht gekommen. „Ich glaube, ihr braucht keinen Notarzt zu holen“, mischt sich da W. mit ruhiger Stimme ein. Meine Schwester, die mit ihrem Mann gekommen ist, sitzt bei ihm am Bettrand, er lächelt, entspannt auf dem Rücken liegend, ganz gelöst, langsam kehrt die Farbe in sein Gesicht zurück. „Ich glaube, es ist vorbei“, erklärt er.

„Jetzt ist es zu spät, jetzt ist der Notarzt unterwegs“, werfe ich ihm patzig hin, das ist die kleine Brise von Erleichterung, die ich verspüre. Der Schwager ist verschwunden, zum Telefon, über Polizeinotruf hat er sofort einen Notarztwagen vom nahegelegenen Herzzentrum bekommen.

„Ich glaube, er kann das Aspirin nicht mehr trinken“, höre ich da auf einmal meine Schwester mit unnatürlich heller Stimme zum wiedereintretenden Schwager sagen, „er ist nicht mehr ansprechbar.“ Ich ziehe mir gerade in Windeseile einen Pullover über den Kopf, ich will doch gleich mit ihm ins Krankenhaus fahren. Da sitzt meine Schwester neben W. und hat eine Hand auf seine Stirn gelegt. „Ich glaube, er braucht dich jetzt“, sagt sie zu mir, immer noch mit dieser fremden Stimme, und ich möchte plötzlich schreien, so laut ich kann, den Kopf in den Nacken werfen und mit langgezogener Stimme Nein! heulen wie ein Nachttier, aber es kommt kein Ton heraus. Ich hocke mich neben ihm aufs Bett, streichele ihn, wispere heiser zärtlichen Unsinn. Er spricht nicht mehr, seine Augen sind geschlossen. Das letzte, was er gesagt hat, ist „danke!“, berichtet meine Schwester später, er hat sie angelächelt und „danke!“ gesagt, als sie sich zu ihm setzte.

„Du siehst richtig schön aus“, hatte ich ihm gesagt, als wir an Heiligabend aus der Kirche kamen, St. Trudpert, eine stattliche Barockkirche im Münstertal. Sein Gesicht leuchtete von innen. In den Wochen davor hatte er oft grau und erschöpft gewirkt. Jetzt trug er unter seinem langen Wintermantel ein senfgelbes Hemd zum karamelfarbenen Pullover und braune Hosen, die Kleider, in denen wir ihn auch begruben. Es war gar nicht leicht, sie ihm am Morgen nach seinem Tod anzuziehen, denn da waren seine Gliedmaßen schon starr. Wir bekamen die Arme nur mit Mühe in die Hemdsärmel, mußten das Hemd am Rücken aufschneiden. Meine Schwestern halfen mir, ihn fertig zu machen; er lag dann den ganzen Tag in seinen Lieblingskleidern auf unserem Bett, und viele kamen und betrachteten ihn, weinten und gingen wieder. Zwischendurch, wenn niemand da war und ich allein sein wollte, legte ich mich zu ihm. Abends tranken wir noch ein Glas Sekt bei ihm, bevor die Männer vom Bestattungsinstitut ihn holten, alle, die gekommen waren, und es waren viele, ich kann mich aber nicht mehr im einzelnen erinnern. „Ist das nicht ein wunderbares altes Haus?“ sagte der eine Totenträger zum anderen, als sie ihn die Treppe hinuntertrugen, mit den Füßen zuerst. In der Diele stand der Sarg.

Heiligabend zu zweit war so schön gewesen. Zwar war die Predigt nichts Besonderes, eine naive Erzählung über die Entstehung des Liedes von der Stillen und Heiligen Nacht. Aber die Orgelmusik und die Barockkirche im Kerzenlicht waren genau das, was ich mir zum Auftakt des Festes wünschte, eine meditative Stimmung, und da paßte auch das mystische Rosenkranzgemurmel, das gerade in Gang war, als wir die Kirche betraten, eine halbe Stunde vor Beginn der Weihnachtsmesse, ein großes dunkles Gemurmel „Gegrüßet seist du, Maria, voll der Gnaden, der Herr ist mit dir, du bist gebenedeit unter den Frauen, und gebenedeit ist die Frucht deines Leibes, Jesus“ – „Heilige Maria, Mutter Gottes, bitte für uns Sünder, jetzt und in der Stunde unseres Todes“, murmelte es, immer abwechselnd, hin und her, mal die rechte, mal die linke Bankseite im dämmerigen Kirchenschiff.

Wir hatten uns, seit wir in Süddeutschland lebten, angewöhnt, an Heiligabend in die Kirche zu gehen. Morgens ein Schneespaziergang oben im Schwarzwald, am Spätnachmittag ein Weihnachtsgottesdienst, dann ein kleines Essen.

An diesem Heiligabend gab es Avocados mit Krabben, gebratene Forelle mit Salat und zum Nachtisch ein Stück Roquefort mit Portwein. Wir tranken zwei Flaschen Wein, wir blätterten in den Büchern, die wir uns geschenkt hatten, und W. packte die Geschenke der Kinder aus. Dann hockten wir uns in einem Sofa zusammen, Kopf an Fuß, die Beine auf dem Schoß des anderen hochgelegt, und sahen zu, wie die Kerzen des Weihnachtsbaums herunterbrannten. Wir fühlten uns so wohl, sagten einander, wie gut wir es hätten. „Egal, wie es jetzt weitergeht mit meiner Arbeit", sagte W. „Rauswerfen können sie mich nicht, zur Not gehe ich eben wieder nach Bonn zurück." Schlimmstenfalls müßten wir die nächsten paar Jahre drei Nächte in der Woche getrennt verbringen. „Dann werde ich aber Ernst machen mit meiner Vier-Fünftel-Stelle, montags hinfahren und donnerstags zurückkommen, und ich werde keinen einzigen Tag Urlaub mehr verfallen lassen und öfters krank feiern, Dienst nach Vorschrift", sagte er lachend. Wir saßen auf dem Sofa wie in einer Gondel, wir schmusten, wir tranken Wein und konnten uns nur schwer voneinander und von diesem Abend losreißen. Als wir endlich zu Bett gingen, versuchte W., mit zwei steifen Beinen die Treppe hochzusteigen.

Das war Heiligabend. Dann der erste Weihnachtstag, die Geschwister, das Abendessen, das Aufwachen in der Nacht und dann die blitzhaften Übergänge zwischen dem Alltäglichen, der Angst und dem Endgültigen. „Ich glaube, er kann nichts mehr aufnehmen. Ich glaube, er braucht dich jetzt."

Ich hocke neben ihm, halte seine Hand und wispere in sein Ohr, dann starre ich meine Schwester an: Er hat ja keinen Puls mehr!, schreiend geflüstert. W.'s Gesicht läuft rot an, er schnappt gräßlich nach Luft, konvulsisch. Scheiße! sagt der Schwager leise und schiebt meine Schwester beiseite, kniet sich neben das Bett und beatmet ihn von Mund zu Mund, dann „mach du weiter, schnell!" zu mir, und er pumpt mit überkreuzgelegten Handflächen W.'s Brustkorb. Ich kauere auf dem Bett neben ihm, über ihm und gebe ihm mit den Küssen allen Atem, den ich habe.

Mein Zeitgefühl ist gestört, einerseits scheint alles zugleich abzulaufen, andererseits dehnen sich die Augenblicke endlos. In Wirklichkeit ist es sehr schnell gegangen: Kurz vor zwei sind wir aufgewacht, eine Viertelstunde später ist der Schwager da, nach zehn weiteren Minuten der Notarztwagen vom 6 km entfernten Herzzentrum. Drei weißbekittelte Männer bewegen sich auf einmal zielstrebig im Schlafzimmer. Drei Uhr steht als offizieller Todeszeitpunkt in den Papieren. W. ist aber schon nicht mehr bei Bewußtsein und ohne Reaktion, als sie ihn auf den Schlafzimmerfußboden legen und intubieren. Das EKG zeigt keinen Ausschlag mehr. Ich hoffe, er hat nichts mehr von diesen letzten Behandlungsversuchen gespürt. Sie haben ihm bei der künstlichen Beatmung die Rippen wieder gebrochen. Sie wollen mich aus dem Schlafzimmer schicken, aber ich lasse es nicht zu, ich sitze zu seinen Füßen und streichele seine Beine. Ein kleines Blutrinnsal läuft aus seinem Mund, als sie es aufgeben und seinen nackten, leblosen Körper wieder auf das Bett zurücklegen.

Nach zehn Minuten sind die Formalitäten erledigt, der Schwager gibt die nötigen Auskünfte, ich hocke wimmernd in einer Ecke, Erbrochenes von W. auf meinem schwarzen Weihnachtspullover. Jetzt erst nehme ich im Vorraum meine Neffen und Nichten wahr, meine zweite Schwester und ihren Mann, blasse Statisten, mit länglichen grauen Gesichtern und verlangsamten Bewegungen. Sie sind schon die ganze Zeit im Hintergrund zugegen gewesen, sie sind mit den anderen gekommem und zwischendurch herunter auf die Straße gelaufen, dem Notarztwagen entgegen, sie haben den Arzt und seine Assistenten ins Haus geführt, die Notärztin empfangen, die auch noch eintrifft, als er schon tot ist.

Ich habe es noch geschafft, die Kinder anzurufen, um halb vier Uhr morgens. Dann bin ich allein durch das Dorf gelaufen, sie wollten mich erst nicht gehen lassen, bitte, sagte ich, allein, nur zehn Minuten, sonst werde ich verrückt. Vielleicht bin ich schon verrückt. Den Rest der Nacht verbrachte ich neben ihm.

Das Glück, sagte ich mir in den folgenden Nächten, du mußt dir einfach immer das Glück vor Augen halten: wie gut, daß er zu Hause gestorben ist, in deinen Armen. Er hätte auch allein sein können und du auf Reisen. Er hätte im Notarztwagen sterben können oder auf der Intensivstation, nachdem sie noch alles mögliche mit ihm angestellt hätten. Er wurde zu Hause geboren, er hat sein Haus fertiggestellt, er ist zu Hause gestorben. Das ist Glück.

Es ist, als ob ein Vorhang reißt, der Vorhang vor dem Zentrum der Dinge, einen Augenblick schaut man in das glühende Innere der Welt, in die blendende Schneewüste des Nichts, und wird dann wieder zurückgeschleudert. Es sind riesige überbelichtete Bilder, die in meinem Bewußtsein aufbewahrt sind, in einem Zwischenreich. Der Blitz hat einen berührt, eine Zeitlang ist man gezeichnet, weil man für Sekunden hinter den Vorhang geschaut hat, jedoch ohne wirklich etwas zu sehen. Man hat es nur gefühlt. Vorübergehend war man wie erblindet. Die Berührung des Todes erhebt einen auch, man ist aussätzig und ausgezeichnet zugleich. Man fühlt sich den anderen entrückt, als könne man nun nie mehr als normaler Mensch zwischen Menschen leben. Aber dann wirft es einen machtvoll zurück – nein, du nicht, er ja, aber du noch nicht. Du bist nur Zeuge gewesen, langsam verblaßt das Erhabene, die Erinnerung wird schwächer, mit kleinen

Nachbeben geht die Erschütterung vorbei. Zwei Jahre später ist er einfach nur noch tot, eben nicht mehr da, und du bist einfach nur allein. Du bist wieder auf ganz gewöhnliche Weise unbehaust in einer Realität, die ohne ihn um so viel ärmer ist. Doch die Bilder bleiben aufbewahrt in einem Zwischenreich. Wenn sie sich das nächste Mal wieder beleben, ist es vielleicht bei deinem eigenen Tod.

Lebenszeugnisse

Lucie Aubrac
Heldin aus Liebe
Eine Frau kämpft gegen die Gestapo
Aus dem Französischen von Andrea Spingler
2. Auflage. 1997. 279 Seiten mit 11 Abbildungen. Gebunden

Ulrich Beck/Wilhelm Vossenkuhl/Ulf Erdmann Ziegler
Eigenes Leben
Ausflüge in die unbekannte Gesellschaft, in der wir leben
13.–16. Tausend. 1995. 216 Seiten mit 105 Abbildungen und Fotos im Duoton von Timm Rautert. Klappenbroschur

Adam Czerniaków
Im Warschauer Getto
Das Tagebuch des Adam Czerniaków 1939–1942
Aus dem Polnischen von Silke Lent.
1986. XXVI, 303 Seiten mit 19 Abbildungen. Gebunden

Saul Friedländer
Wenn die Erinnerung kommt
Aus dem Französischen von Helgard Oestreich
2. Auflage. 1998. 192 Seiten. Paperback
Beck'sche Reihe Band 1253

Niza Ganor
Wer bist du, Anuschka?
Die Überlebensgeschichte eines jüdischen Mädchens
Aus dem Hebräischen von Wolfgang Jeremias
1996. 123 Seiten. Klappenbroschur

Freya von Moltke
Erinnerungen an Kreisau
1930–1945
19. Tausend. 1997. 138 Seiten mit 20 Abbildungen. Leinen